울타리와 우리의 교육인간학

울타리와 우리의 교육인간학

윤 재 흥 著

서 문

'울타리'에 대한 연구를 주제로 택한 지는 벌써 여러 해 전이다. 박사과정에 진학해서 우리의 삶과 교육의 주제들에 대한 연구를 내가 걸어갈 연구의 여정으로 선택한 후로 본격적인 첫 시도가 '울타리'인 셈이다. 연구를 마무리하지 못하고 군대에 다녀와서 다시 시작한 연구는 예기치 못한 힘겨운 일로 거의 중단될 뻔하였다. 가족들의 사랑과 오인탁 선생님의 격려가 없었다면 아마도 지금과는 다른 길을 걷고 있을지도 모른다는 생각을 한다. 지금도 그 힘겨웠던 날들을 생각하며 고마운 모든 분들에게 감사를 드린다.

군입대로 인한 연구의 중단과 더불어 이 연구는 참 힘든 과정을 통해 박사학위논문으로 세상에 나왔다. 끝마치는 것이 중요하다는 주변의 격려와 일단 매듭을 짓고 가족들을 돌보아야 한다는 생각에 서둘러 끝마칠 수밖에 없었던 절박함이 그 때에는 더 컸다. 그래서 끝내고 난 뒤에도 여전히 마무리하지 못한 것 같은 아쉬움이 더 컸던 연구이다. 그 아쉬움을 달래고자 여러 번에 걸쳐서 보완적인 연구들을 시도하였다. "마당의 교육인간학적 고찰"(연세교육연구, 2000), "전통주거에 반영된 조화적 자연관과 환경교육적 시사"(한독교육학연구, 2000), "대화적 세계관의 인식론적 토대와 그 교육학적 의미"(연세교육연구, 2001), "인식론적 전제와 방법론에 비추어 본 교육인간학의 의의"(교육철학, 2001), "골목과 이웃의 교육인간학"(교육철학, 2002), "집의 교육인간학: 전통 한옥을 중심으로"(한국교육사학, 2003) 등이 그러한 후속연구들에 속한다. 그리고 2004년에는 그동안의 연구들을 묶고 또 일반독자들을 고려해서 쉽게 풀어쓴 『우리 옛집, 사람됨의 공간』(집문당)을 펴낸 바 있다. 사실 이 책으로 '울타리'에 대한 연구를 일단락하고 새로운 주제들로 옮겨 가려는 생각이었다.

따라서 이 책 『울타리와 우리의 교육인간학』은 어쩌면 이미 지나간 연구에 대한 부연인 셈이다. 그럼에도 불구하고 책으로 펴내고자하는 한국학술정보(주)의 뜻에 동의한 것은 박사논문으로 있는 것 보다는 책으로 간행되는 것이 보다 많은 독자들과 연구자들에게 도움이 될 것이라는 생각에서였다. 그리고 박사논문의 부족한 부분들을 정리해서 보완할 수 있는 마지막 기회라는 생각도 있었다. 이 책은 전체적으로 박사학위논문의 틀을 그대로 따르면서도 제목과 문장 등은 많은 부분에서 수정이 이루어졌다. 여러 해가 지난 다음에 다시 자신의 글을 읽으면서 수정하는 작업이 주는 부담을 참 많이 느낀 시간들이었다. 다시금 글쓰기의 어려움과 엄밀하고 철저한 사유와 글쓰기에 대해 생각하게 되었다.

이 책이 나오도록 관심을 기울여주신 한국학술정보(주)의 모든 분들에게 감사드리며, 강진이님께 특별한 감사를 드린다. 점점 더 살아간다는 것이 기대고 어울려서 함께 가는 길임을 깊이 알게 된다. 그럼에도 불구하고 늘 받는 것보다 주는 것이 너무나도 적은 인색한 삶을 사는 느낌이다. 지금 곁에 있는 이들이나 이미 내 곁을 떠나간 모든 이들에게 감사를 드린다. 함께 한국의 교육현실을 연구하며 일생을 학문의 동반자로 지내자고 약속하였던, 너무나도 깨끗하고 성실한 벗으로 내 마음에 남아있는 하진호형을 추억하며 이 책을 마무리한다.

2006년 11월

윤 재 홍

목 차

제1장 서　론

1. 연구의 필요성

　한국 교육이 오늘날 위기에 직면하고 있다는 것은 누구나 공감하는 사실이다. 지식 전달에 치우친 단편적인 교육과 대학입시에 초점이 맞추어진 비정상적인 교육체제 등으로 인한 학교교육의 비인간화는 오래전부터 비판의 대상이 되어 왔다. 이에 대한 문제의 원인 규명과 해결책의 제시는 주로 입시제도, 교과 편성, 평가, 교사의 자질 향상 등 제도적인 측면을 중심으로 이루어지고 있다. 여기에 더해 국가적인 경제위기와 국제적인 경제전쟁의 심화라는 교육외적인 조건에 힘입어 교육을 국가경쟁력 제고를 위한 수단으로 인식하고, 교육개혁의 방향을 교육의 효율성을 높이려는 쪽으로 몰아가려는 사람들의 생각이 이 시대의 주도적인 교육이해로 자리 잡고 있다. 이러한 현실에서 인간으로서의 학생의 기본적인 삶과 전체적인 인격의 성장, 인간중심 교육의 실현 등은 주변적인 문제로 취급되고 있다.

　교육의 회복은 오직 포괄적인 인간이해에서부터 출발할 때만 가능하다. 교육의 주체인 인간을 부분적이고 편파적으로 이해하는 데서 출발하는 어떤 대안의 제시나 개혁도 전인적인 성장을 도모하는 활동으로서의 교육의 근원적인 역할과 그러한 역할에 충실한 인간중심 교육의 회복을 성취할 수 없다. 인간중심 교육의 전제라 할 수 있는 전체적인 인간이해를 위해서는 학교교육의 문제에만 집착하는 좁은 시야에서 벗어나서 인간의 삶이 폭넓게 전개되는 삶의 현장으로 눈을 돌려야 한다. 삶과 사람됨을 포괄하는 근원적인 장소인 일상에서부터 전체적인 인간이해의 실마리를 찾을 수 있다. 그곳은 가정이며 지역 공동체로서 이웃과 마을이다. 일상생활과 그 일상생활을 조직하고 움직이는 원리를 이해할 때, 그리고 그 원리가 학생들의 기본적인 인간형성에 어떤 의미를 갖는지를 이해할 때 사람됨에 대한 이해에 도달할 수 있다.

근원적인 삶의 현장인 일상에 대한 연구에 기초해서 사람됨의 뜻을 연구하고자 할 때 기본적인 주제가 될 수 있는 것 중의 하나가 생활공간이다. 사람들이 태어나고 삶을 배우고 자신의 독자적인 삶을 만들어 가는 곳으로서의 생활공간은 근원적인 삶의 현장이다. 따라서 가장 근본적인 삶의 양태가 생활공간에서 드러난다고 볼 수 있다. 그 공간구조의 특징과 생활양식의 특징으로부터 공간과 관련된 의식구조의 특징을 찾아낼 수 있다. 더 나아가 그 의식구조의 특징으로부터 사람됨의 본질에 대해서도 해명할 수 있을 것이다.

그런데 교육학에 있어서는 일상생활의 공간뿐만 아니라 일반적인 의미의 '공간' 전체가 비교적 상세하고 깊이 있게 다루어지지 않은 미개척 분야로 남아 있다. 교육학에서 공간에 대한 연구는 주로 학교 건축과 관련된 교육대학원과 산업대학원 등 특수대학원을 중심으로 이루어진 몇 편의 석사학위 논문들이 주종을 이루고 있으며,[1] 건축학 관련 서적들에서 학교 공간의 구성과 학교 건물의 건축에 대한 논의들이 부분적으로 이루어졌다. 최근에는, 열린교육의 확산과 함께 학교 공간을 열린교육의 프로그램에 맞게 조정하는 문제와 관련된 연구들이 교육학 안에서 흥미 있는 주제로 부각되고 있다.[2]

---

1) 이러한 연구에 속하는 예로 몇 가지를 들면 다음과 같다: 김정환, "학교의 물리적 환경 변인이 아동의 정의적 행동 특성에 미치는 영향", 석사학위논문, 고려대학교 대학원, 1981; 장석인, "교육효과 증진을 위한 국민학교 교사구조의 개선방향 연구", 석사학위논문, 홍익대학교 교육대학원, 1988; 최영덕, "교육활동을 고려한 중학교 건축계획에 관한 연구", 석사학위논문, 연세대학교 산업대학원, 1985; 최종귀, "국민학교 건축공간계획에 관한 연구", 석사학위논문, 연세대학교 산업대학원, 1990.

2) 이러한 연구의 예로 몇 가지를 들면 다음과 같다: 정위성, "열린교육 지향의 국민학교 학습공간 요구분석", 박사학위논문, 전남대학교 대학원, 1993; 박성방,

이처럼 현재 우리의 교육학계 안에서 이루어지고 있는 공간에 대한 연구는 주로 학교라는 제도적 교육기관의 공간 구성에 초점을 맞추어 수업과 학습의 효율성을 향상시킬 수 있는 교육공간의 배치와 구성에 관심을 둔다. 따라서 인간의 삶에 있어서의 공간의 의미와 일상생활 안에서의 공간이 갖는 의미, 인간의 공간행동과 공간인식이 그 삶과 전체 사람됨에 어떤 영향을 미치는 지에 대한 고찰은 비교적 소홀히 다루어져 왔다.

이에 비해서 외국의 경우에는 공간이 인간의 삶에 있어서 어떤 의미를 지니고, 그것이 전체 인간의 형성과 인격의 도야에 어떤 의미가 있는지에 대한 고찰들을 많이 발견할 수 있다. 실존철학적 입장에서 세계 안에 던져진 존재인 인간에게 있어서 시간과 공간의 문제를 고찰한 하이데거(M. Heidegger)의 경우[3]나, 공간 안에서 인간의 안정과 인간에게 있어서의 집과 가정의 의미, 실존의 불안을 넘어선 새로운 안정의 추구와 집의 문제를 연결시킨 볼르노(Otto F. Bollnow)의 연구[4]가 있으며, 바슐라르(Gaston Bachelard)는 『공간의 시학』에서 집, 방, 창, 지붕 등 일상생활에서 체험하는 공간의 문제를 고찰한 바 있다.[5]

이외에도 존재론과 인식론, 문화이론, 건축학, 주거학 등 다양한 분야에서 공간에 대한 연구들이 행해지고 있다. 이들 연구들의 공통적인 특징은 학교 공간이라는 좁은 범위를 벗어나서 일상생활의 다양한 공간경험들을 들추어 내고 그 의미를 여러 가지 시각에서 탐색해 낸다는 것이다. 그러한 일상의 공간에 대한 철학적 고찰은 그대로 인간에 대한 이해의 기초로 작용하고, 다

"열린학교-교수학습과 학교시설", 「교육연구」 (1994. 6), 65-68쪽.

3) Martin Heidegger, *Sein und Zeit*, in Gesamtausgabe, Frankfurt am Mein: 1977; 이규호 역, 『존재와 시간』, 서울: 청산출판사, 1974.

4) Otto Friedrich Bollnow, *Mensch und Raum*. 5 Aufl., Stuttgart, 1984.; *Neue Geborgenheit-Das Problem einer Überwindung des Existentialismus*. 2 Aufl., Stuttgart, 1960.

5) Gaston Bachelard, *La Poétique de Léspace*. 곽광수 역, 『공간의 시학』, 서울: 민음사, 1990.

시금 학교의 건축과 같은 실용적 분야에 적용되고 있다. 이와 같은 과정은 인간의 이해에서 출발해서 제도의 문제로 나아가는 문제접근의 태도를 보여준다. 일상생활의 연구로부터 인간본질에 대한 이해에 이르고, 그러한 인간본질에 대한 이해에 기초해서 새로운 인간의 환경을 구성하는 것이다.

이러한 사유의 흐름과 문제에 대한 접근방식은 우리 교육 현실에서 이루어지는 공간문제에 대한 접근방식과 판이하게 다르다. 우리 교육에서의 공간 이해는 수업의 효율성이나 학생의 통제 등 사회적이고 경제적이며, 제도적이고 관료적인 측면에서의 효율성이 우선이 되고 인간은 종종 뒷전으로 밀려나고 만다. 이러한 접근방식의 한계를 극복하기 위해서는 인간의 삶으로부터 인간의 본질을 해명해내는 노력들이 이루어져야 하고, 인간본질의 해명에 바탕해서 새롭게 제도를 구성하는 것이 필요하다. 이 연구에서 울타리라는 일상생활의 양식에 관심을 기울이고, 그 공간구조와 인간관계의 특징으로부터 인간의 존재구조를 해명하고자 하는 것은 바로 이러한 맥락에서이다.

일반적으로 '울타리'는 집을 둘러싸고 있는 차폐물 정도로 인식되어 왔다. 따라서 그동안 울타리에 대한 고찰은 주로 집에 대한 고찰에서 부수적으로 다루어지거나 생략되는 것이 보통이었다. 이러한 경향은 건축학뿐만 아니라 주거학 등 울타리 관련 학문들의 연구 경향에서 공통적으로 확인되는 것이다. 울타리는 지금까지 모든 학문 영역에서 그렇게 큰 비중으로 다루어지지 않은, 연구가 미진한 분야 중의 하나로 남아있다고 할 수 있다.

그런데 울타리는 한국인의 일상생활에서 중심이 되는 기본적인 영역들과 관련되어 있다. 울타리 안에 위치한 집, 울타리 밖의 골목과 마을에서 한국인의 삶의 대부분이 이루어진다. 이러한 울타리에는 한국인의 공간에 대한 이해와 인간관과 세계관이 가장 잘 반영되어 있다고 할 수 있다. 따라서 울타리는 한국인의 삶과 사람됨의 특징을 파악할 수 있는 좋은 매개체이다.

뿐만 아니라 '울타리'라는 우리말 표현에는 한국적인 삶의 양태와 정서, 인식의 기본적인 특징이 담겨 있다. 삶의 기본적인 공간과 범주에는 감성, 정서, 인식의 태도 등의 인간의 본질적인 특성이 침투되어 있고, 아울러 사고와 행동은 그러한 기본적인 삶의 양태와 정서에 그 깊은 뿌리를 두고 있기 때문이다. 그러므로 '울타리' 안에 간직된 삶의 양식과 사유의 양태 등을 밝힘으로써 한국인의 사람됨의 특징을 드러낼 수 있고, 더 나아가 보편적인 사람됨과의 연관성도 밝혀낼 수 있을 것으로 생각한다. 그리고 이러한 사람됨의 특징과 인간의 보편적인 존재구조의 해명으로부터 인간중심교육, 인간의 전체적인 성숙을 도모하는 교육의 근본이 되는 인간이해의 형성에 기여할 수 있을 것이다.

따라서 이 연구의 논의의 흐름은 먼저 울타리의 공간구조와 인간관계의 특징을 고찰하는 데서 출발해서 그러한 특징으로부터 인간이해와 존재의 내적인 본질에 대한 해명을 시도하고자 한다. 그리고 그러한 인간 존재구조의 해명을 통해 교육을 고찰하는 방식을 취하게 될 것이다.

2. 연구의 목적

이 연구의 목적은 울타리의 공간구조와 의식구조를 해명하고 그 교육인간학적인 의미를 밝히는 것이다.

이러한 목적을 달성하기 위해서 세 가지를 연구문제로 설정했다.

첫째, 한국인의 일상적인 생활 속에 만들어진 울타리의 공간구조와 인간관계의 특징을 밝힌다. 이를 위해서 울타리의 어원과 정의, 울타리의 기본공간으로서의 '터', 울타리의 물리적 존재양태에 대한 고찰로서 울타리의 재료, 형태, 구조, 기능 등을 살펴보며, 울타리의 상징적 의미들을 고찰한다. 다음으로 울타리침의 가장 본질적인 공간인 집과 사회적 정서적 울타리의 기본단위인 가족, 친족 등에 대해 살펴본다.

둘째, 그러한 공간구조와 인간관계의 특징을 바탕으로 한국인의 의식구조와 인간이해의 특징을 밝힌다. 이를 위해서 앞서 '울타리'에 대한 고찰에서 드러난 특징들과 '우리'를 비교하여 울타리 중심적인 의식구조가 사회적인 관계에는 어떻게 나타나는지를 고찰한다. 아울러, 울타리에 반영된 인간이해가 보편적인 인간존재의 해명으로 어떻게 연결될 수 있는지를 고찰한다.

셋째, 울타리에 포함된 인간이해의 교육학적, 인간학적인 의미를 탐색한다. 울타리의 인간상이 교육 안에서 어떤 의미를 갖는지를 먼저 일반적으로 논의하고, 아울러서 우리 교육의 현실과 관련해서 고찰한다.

3. 연구의 방법

이 연구는 울타리에 관한 교육인간학적 고찰이다. 인간학적인 해석의 방법을 통해서 울타리가 가지는 공간적 특징과 울타리를 만드는 사람들의 의식구조와 인간상을 밝히고 그 교육적인 의미를 해명하고자 한다.

인간으로부터 출발해서 인간의 삶으로부터 인간의 본질을 이해하고 그러한 본질에 대한 이해로부터 다시 교육과 교육의 문제를 보려는 이 연구의 시각은 교육인간학과 연결되어 있다. 교육인간학의 근본 전제 중 하나인 "원천적으로 인간으로부터 출발해서 인간을 그 자체로부터 이해한다. 따라서 객관적인 차원에서 인간을 인간외적인 존재와 비교하는 것으로부터 출발하여 인간을 이해하려 해서는 안 된다"[6]는 전제가 그 인식론적인 태도를 분명하게 말해준다. 교육인간학은 우리 학계에 그와 같은 인간의 회복을 위한 이론으로 소개되었다. 즉, 교육인간학은 왜곡되고 탈인간중심적인 교육현실을 타개하고자 하는 인간중심적인 교육이론으로, 그리고 그 큰 원인의 하나로 작용한 행동주의 교육학에 대한 대안으로 등장하였다.[7] 그렇게 한국에 소개된

---

6) O. F. Bollnow, *Pädagogik in anthropologischer Sicht.* 오인탁 · 정혜영 공역, 『교육의 인간학』, 서울: 문음사, 1988, 47쪽.
7) 참조: 정혜영, "독일교육학 안에서 '교육인간학'의 성립과 전개에 관한 연구", 박

교육인간학은 1960년대 말부터 한국교육학계의 주요 연구영역 중의 하나로서 지속적으로 연구되어 왔다.

그동안의 교육인간학 연구 성과들[8]은 다음과 같이 정리할 수 있다. 첫째, 한정된 범위이기는 하지만 교육인간학에 대한 소개와 연구들이 꾸준히 이루어져 왔다. 이 과정에서 연구자와 연구영역의 확산이 함께 이루어졌으며, 동시에 연구자와 연구영역이 지속적으로 확대되어 왔다. 둘째, 소개위주의 연구에서 탈피하여 교육인간학의 인식론과 방법론에 기초해서 교육현상을 해석하고 교육학의 연구경향을 논의하려는 시도가 이루어졌다. 셋째, 교육인간학의 연구사를 정리하고 새로운 연구방향을 모색하려는 노력이 등장했다. 넷째, 방법론 논쟁과 그 이후의 연구의 심화를 통해서 대안적 교육이론으로 우리 교육학계에 자리 잡게 되었다.

그렇지만 우리 학계에서 이루어진 기존의 교육인간학 연구와 이해는 다음과 같은 몇 가지 한계를 갖는다. 첫째, 절대적인 연구의 양의 부족이다.[9] 이와 같은 현상은 한국교육학계 안에서 교육인간학의 방법론에 익숙한 학자들의 절대적인 수가 부족한 데서 비롯되었다. 둘째, 교육인간학에 대한 우리 학계의 이해가 편향되어 있다는 점이다. 다시 말해서 교육인간학이 정신과학과 같은 의미로, 경험과학의 대립개념으로, 혹은 교육학의 다양한 방법론에 추가된 하나의 새로운 방법론과 새로운 연구의 패러다임으로 이해되고 있다.[10] 교육인간학에 대한 편향된 이해는 교육인간학 연구의 양적 부족과 관련이 있다. 편향적인 이해는 교육학의 기초영역이며 인간이해를 심화시켜 주는 시각

사학위논문, 연세대학교 대학원, 1991, 183-187쪽; 윤재홍, "교육학 성격논쟁에 관한 학사적 연구", 석사학위논문, 연세대학교 대학원, 1991, 40-51쪽.

8) 이 연구의 여론 1. '한국에서의 교육인간학 연구 동향'을 참조할 것.

9) 김인회, "丹溪 李奎浩와 교육개혁", 『이성과 결단』, 251-271의 254쪽; 앞의 책, 355-356쪽; 『한국교육의 역사와 문제』, 서울: 문음사, 1993, 244-245쪽; 정혜영, 앞의 논문; "한국에서 '교육인간학' 수용의 성격과 과제", 김인회 외, 『한국교육의 역사와 문화 재조명』, 서울: 학지사, 1993, 93-111쪽.

10) 참조: 정혜영, 앞의 논문, 191쪽.

을 제공하는 기초이론으로서의 교육인간학에 대한 이해와 인간과 교육에 대한 인식의 태도를 인간중심으로 전환케 하는 새로운 인식론으로서의 의의에 대한 이해를 불가능하게 만들고 있다. 그 결과 교육인간학은 우리 교육현실의 비인간화와 비본질적인 목적 추구에 따른 인간과 교육의 왜곡 등의 문제에 적절하게 대응하기 위한 비판적인 준거로서 작용하지 못하고 있다.

여기에서 우리 삶의 현실의 문제들에 대해서 교육인간학적 시각과 방법을 적용하는 연구의 필요성이 대두된다. 교육인간학이 바탕하고 있는 인간중심의 인식론적인 토대를 철저하게 고수하면서 한국교육의 구체적인 현실에서 출발해서 현 상황을 비추어 볼 수 있는 의미 있는 인간이해를 찾아내고, 이를 토대로 우리 교육의 문제를 다시 바라보는 노력이 필요하다는 것이다.

이 연구는 두 가지 측면에서 교육인간학과 연결되어 있다. 첫째, 앞서 살펴본 우리 교육의 제도교육 편향성과 교육이론의 현실과의 분리를 극복하기 위한 길로서 교육인간학의 인간중심의 태도와 전체적인 인간이해를 지향한다는 점에서이다. 둘째로 기존의 교육인간학 연구가 독일에서 발전한 교육인간학의 소개와 수용에 기울어진 경향에서 벗어나서 우리 교육이 바탕하고 있는 인간이해를 찾아내는 인간학적인 현장 연구로의 새로운 방향을 모색하는 측면에서이다.

이 연구는 다음과 같은 단계로 울타리의 특징에 대한 고찰과 인간학적 해명을 진행한다.

첫째, 울타리 관련현상들에 대한 기존의 연구결과들을 살펴보고, 이를 바탕으로 울타리의 공간구조와 그것을 만들어 낸 사람들의 의식구조를 규명한다. 이를 위해 울타리를 이해하고 특징을 규명하는 데 도움이 될 수 있는 기존 연구 문헌들을 재해석한다. 특히 민속학, 건축학, 주거학, 철학, 생태학 등의 인접 학문분야들에서 이루어진 연구들을 두루 포괄함으로써 우리 사회의 '울타리'의 특수성을 치우치지 않게 파악하고자 한다.

둘째, 울타리의 공간구조와 의식구조를 고찰함으로써 인간이해의 특징을 해명한다. 울타리의 공간구조와 울타리를 만든 사람들의 의식구조를 통해서 한국인의 본질에 대한 이해를 시도하고자 하는 것이다. 나아가 그러한 본질 해명이 인간의 보편적인 본질이해와는 어떻게 연결될 수 있는지 살펴본다.

셋째, 울타리의 공간구조와 의식구조의 특징, 그리고 그 안에 포함된 인간 이해가 교육적으로 어떤 의미가 있는지를 고찰한다.

가. 인간학적 인식론

이 연구는 교육인간학의 연구방법론에 기초해서 진행된다. 따라서 여기에서 교육인간학의 인식론적 전제와 방법론들을 고찰하고 정리할 필요가 있다.

모든 새로운 이론들의 등장에서 확인되는 바와 같이 교육인간학 또한 기존의 이론들이 바탕하고 있는 인식론의 결점을 지적하고, 하나의 새로운 인식의 태도와 착점을 마련하는 것에서 출발하고 있다. 이러한 새로운 착점에 기초해서 고유하고 독창적인 이론들이 구축되고, 우리가 교육인간학으로 통칭해서 부르는 다양한 연구 성과들이 이룩되었다. 교육인간학의 영역 안에 포함되는 이론들의 다양성에도 불구하고 교육인간학은 공통의 인식론적 토대 위에 있다. 따라서 교육인간학을 보다 근본적으로 이해하기 위해서는 교육인간학의 인식론적인 토대로부터 접근해 들어가는 것이 바른 순서일 것이다. 교육인간학적 인식의 본질을 이해할 때에 교육인간학의 방법론과 그 개별적인 연구 성과들이 보다 근본적이고 철저하게 이해될 수 있고, 한국의 교육학 연구와 교육현실에서 갖는 교육인간학의 의의도 분명해질 수 있다. 교육인간학 안에서 이루어진 인식론적 전환을 올바르게 이해하기 위해서는 그러한 인식론적인 전환이 성립될 수 있었던 시대적·학적 배경을 살펴보는 것이 필수적이다.

오늘날과 같은 의미의 인간학의 등장은 1928년 막스 쉘러(Max Scheler)에게로 거슬러 올라간다. 그가 『우주에 있어서의 인간의 지위』[11]를 저술하고, 그 책이 독일 학계의 열광적인 주목을 받게 된 때를 그 출발점으로 파악한다.[12] 또한 같은 해에 플랫스너(H. Plessner)가 쓴 책, 『유기체와 인간의 관계』(*Die Stufen der Organischen und der Mensch*)의 부제 '철학적 인간학 입문'(*Einleitung in die philosophische Anthropologie*)에서 보다 분명한 인간 학의 출발을 볼 수 있다.[13]

그렇다면 왜 인간학은 1920년대의 말에, 그리고 어떤 시대인식과 철학적 사상의 흐름 안에서 형성되었는가? 첫 번째로 생각해 볼 수 있는 것은, 쉘러 자신이 제시한 바와 같이, 인간이해의 불확실성이다.[14] 수세대에 걸친 학문 적 노작의 결과로 이루어진 인간에 대한 개별과학들의 축적 속에서 인간에 대한 전체적 이해는 더욱 혼란스러워졌다. 즉, 오늘날의 인간은 개별과학적 지식의 증가로 말미암아 그의 본성에 관해서 심각한 불확실성에 빠지게 되 었다. 이에 따라서 인간을 전체적으로 이해할 필요가 생겼다는 것이다.

그렇지만 볼르노는 이러한 쉘러의 주장에 대해서 의문을 제기한다. 인간이 해의 불확실성이란 단지 그 시대에 있어서만 특수한 현상이 아니라 인류의 역사와 더불어서 계속되어온 문제이며, 따라서 인간학 등장의 충분한 조건이 되지 못 한다[15]는 것이다. 이러한 생각에서 볼르노는 두 번째의 보다 근본적 인 배경으로서 근세 이후의 '고전적 인식론'[16]의 붕괴를 이야기한다.[17]

---

11) Max Scheler, *Die Stellung des Menschen im Kosmos*. Darmstadt, 1928.

12) O. F. Bollnow, *Die anthropologische Betrachtungsweise in der Pädagogig*. 3 Aufl. Essen, 1965, p.11.

13) O. F. Bollnow, Die philosophische Anthropologie und ihre methodischen Prinzipien. Hrsg. von Roman Rocek und Oskar Schatz, *Philosophische Anthropologie heute*. München, 1972, pp.19-36의 p.19.

14) Max Scheler, *Die Stellung des Menschen im Kosmos*. p.8. Aufl., Darmstadt, 1975, p.9ff., p.14.

15) O. F. Bollnow, *Die Anthropologische Betrachtungsweise in der Pädagogig*. 하 영석, 허재윤 역, 『교육학과 인간학』, 서울: 형설출판사, 1977, 3-92의 32쪽.

16) 고전적 인식론: 볼르노는 『인식의 해석학』에서 고전적 인식론을 다음과 같이 이야기한다. 즉, "고전적 인식론은 "아르키메데스의 기점"에 대한 물음을 통해 서 특징지어지고, 그러한 아르키메데스의 기점으로부터 인식론은 모든 회의적

19세기 말엽부터 사람들은 어떤 확고한 기점에서 출발해서 점차적으로 나아가는 인식이란 불가능하다는 것을 깨닫게 되었다. "오히려 모든 인식의 성취들은 포괄적인 삶의 관련성 안에 포함되어져 있다는 사실과 실천적인 행동 안에 짜여져 있으며 채색되어져 있다는 사실, 그리고 여러 가지 종류의 기분들, 감정들, 충동들에 의하여 채색되고 제약되며, 또 영혼의 어떤 무의식적인 기저들로부터 나와서 거기서부터 계속 운반되어진다는 사실 등이 명백해졌다."[18] 이에 따라서 "이제는 인식 작용이 허공에 떠돌지 않고 인간의 삶의 보다 깊은 근거 속에 뿌리박고 있으며 오직 이것으로부터 이해되어질 수 있을 따름이라는 사실이 점점 명백하여졌던 것이다. 이론적 태도는 세계와의 근원적인 실천적 교섭의 기반 위에서 비로소 발전되어 나온다. 합리적 파악은 기분, 감정, 의지작용 등의 보다 포괄적인 연관 속에 관련되어져 있으며 이들에 의해서 광범위하게 인도되고 규정된다."[19]는 이해가 형성되었

인 것을 배제한 후에 점차적으로 발전하는 인식론적 구성에서 확실한 인식의 체계를 이룩할 수가 있을 것으로 생각하였다. 이러한 점에서 근대 철학적 사유의 외관상 대립되었던 두 사조가 일치하는 것이다. 합리론으로서나 경험론으로서를 막론하고, 이 모두는 그러한 아르키메데스 기점을 찾아 나섰다." O. F. Bollnow, *Philosophie der Erkenntnis: Das Vorverständnis und die Erfahrung.* 2 Aufl., Stuttgart, 1981, 백승균 역, 『인식의 해석학: 인식의 철학 Ⅰ』, 서광사, 1993의 25쪽.

17) O. F. Bollnow, *Die philosophische Anthropologie und ihre methodischen Prinzipien.* p.72.

18) O. F. Bollnow, 오인탁, 정혜영 역, 앞 책, 42쪽: 볼르노는 이러한 이해의 등장 배경으로 낭만주의 시대 이래의 일련의 비지성주의적 운동들을 들고 있다. 18세기 질풍노도 시대의 헤르더(Herder), 괴테(Goethe), 야코비(Jacobi)의 사상을 비롯하여, 루소(J. J. Rousseau)의 사상이 이러한 이해의 형성에 크게 기여하였고, 이러한 흐름은 19세기의 딜타이(W. Dilthey)와 니체(F. Nietsche)를 통해서 구체화되고 체계화되었다. 이러한 흐름 안에서 인간과 그의 삶에 독립된 밖으로부터의 절대적인 기점에 근거한 인식은 거부되고, 자연 상태로의 인간과 인간의 감정들이 존중되게 되었으며, 삶이 인식의 중심적 위치를 점유하게 되었다(O. F. Bollnow, 백승균 역, 앞의 책, 13-26쪽.).

다. 인식작용에 있어서의 이와 같은 삶의 연관의 필연성에 대한 이해는 인간학의 직접적인 형성배경이 된 삶의 철학적 바탕과 더불어서 인간학적 인식 전환의 큰 토대를 형성한다.

세 번째로, 보다 넓은 연관에서 볼 때, 인간학의 탄생은 19세기 이래의 삶의 철학의 이론적인 출발점이 방법론적으로 이행한 것으로 볼 수 있다.[20] 삶의 철학은 19세기까지의 계몽주의와 합리주의에 대항하면서, 다른 한편으로는 낭만주의 사조를 계승하였다. 그리하여 단순한 이론적인 사유로서는 파악할 수 없는 '생동적인' 삶을 파악하고자 하였다.[21] 이러한 맥락에서 "삶을 순수하게 삶 그 자체에서 이해하고자 하는 철학적 사색의 방법론적 원칙"[22]이 확립되었으며, 이것은 철학적 인간학의 이념으로 그대로 계승되었다.[23] 인간학은 삶의 철학의 이와 같은 자극을 수용하고 그것을 지속적으로 수행해나간 것으로 파악할 수 있다.[24]

---

19) O. F. Bollnow, 하영석, 허재윤 역, 앞의 책, 33쪽.

20) O. F. Bollnow, 오인탁, 정혜영 역, 앞의 책, 43쪽; 백승균 역, 앞의 책, 189, 237쪽.

21) 삶의 철학자들의 공통적인 특징은 현실주의자(Aktualisten), 유기적(organische) 현실파악, 비합리성, 즉, 직관과 감성에 의한 사물의 통찰과 이해와 체험에 대한 강조, 그리고 탈주관주의적이며 다원주의적인 경향 등이다. (H. J. Störig, *Kleine Weltgeschichte der Philosophie*, 임석진 역, 『세계철학사 下』 왜관: 분도출판사, 1978의 350-351쪽.) 또한 이들 삶의 철학은 딜타이(W. Dilthey)를 비롯한 독일 역사주의와 정신과학과도 밀접한 연관 아래 있었다. 이러한 정신과학과의 연관은 볼르노의 인간학적 전환을 통해서 더 한층 깊어지게 되며, 인간학의 깊은 토대로 작용하고 있다.

22) O. F. Bollnow, 백승균 역, 앞의 책, 178.

23) 위의 책, 11장 방법론의 문제 참조.

24) O. F. Bollnow, 오인탁, 정혜영 역, 앞의 책, 44쪽; 하영석, 허재윤 역, 앞의 책, 35쪽. 볼르노는 이와 같은 삶의 철학적 발상은 오직 해석학적인 논리학 안에서만 완성될 수 있다고 보았으며, 그러한 길을 일관되게 추구해간 것이 미쉬(Misch)라고 하였다.(O. F. Bollnow, "립스의 해석학적 논리학", O. Föggeler 편, 박순영 역, 『해석학의 철학』, 141쪽.) 그런데 이러한 삶의 철학적 발상은 해석학뿐만 아니라 해석학을 그 방법론적 통로로 하는 정신과학과 밀접한 연관

결국, 이러한 인간학적 인식의 전환은 인식이 자율적이고 순수한 사고의 영역에 속한 것이 아니고, 인간 삶의 포괄적인 연관 안에서 이루어진다는 것이며 또 그러한 연관성에서 이해될 수 있다[25]는 것을 의미한다. 이것이 새로운 인식론으로서의 인간학적 인식론이다. 따라서 인식론에 대한 새로운 자리매김 또는 "종래의 인식론을 대신"[26]한다는 말은 기존 인식론의 거부나 포기라기보다는 인식론적 착점의 인간학적 전환으로 이해할 수 있다. 즉 인간학적 착점인 인간으로부터 출발해서, 혹은 인간의 삶과 관련해서 인식으로 향해 간다는, 착점의 전환[27]으로 보아야 할 것이다.

인간학은 이러한 인간이해의 한계에 대한 인식 및 인간학적 인식의 전환과 더불어서 실존철학이 갖는 부정적 인간이해의 극복으로부터 논의를 전개한다.[28]

아래 있는 인간학적 인식에도 영향을 미쳤음이 분명하다. 인간학과 삶의 철학의 연관은 인간학의 창시자의 한 사람인 막스 셸러 자신이 딜타이와 베르그송(Bergson)을 비롯한 삶의 철학자들로부터 영향을 받았다는 사실에서 증명된다.(참조: H. G. Gadamer, trans. by R. Sullivan, *Philosophical Apprenticeships*, Cambridge Massachusetts: The MIT press, 1985의 pp.27-34; Störig, 임석진 역, 앞의 책, 408쪽.) 또한 볼르노 자신이 인간학자이자 동시에 대표적인 딜타이 학파의 일원이며, 정신과학의 연구자임에서도 분명하게 드러난다.

25) O. F. Bollnow, 백승균 역, 앞의 책, 46쪽.

26) O. F. Bollnow, 오인탁, 정혜영 역, 앞의 책, 29쪽.

27) 삶의 철학으로부터 형성된 이러한 착점의 전환은 인간학뿐만 아니라, 낭만주의와 삶의 철학이라는 동일한 근원에서 출발해서 서로 밀접한 연관 아래 서로 상호작용하는 해석학과 현상학을 포함하는 현대 철학의 인식론으로 자리 잡고 있다.

28) 특별히 이러한 실존철학의 극복의 문제는 볼르노에게 있어서 중요한 의미를 갖는다. 볼르노의 초기 사상은 주로 삶의 철학과 실존철학에 바탕하고 있었으며, 그의 인간학적 노작들은 실존철학적인 사유와 인간이해에서부터 그것을 초월할 수 있는 가능성을 찾음에서 출발하고 있기 때문이다. 또한 볼르노가 이야기하는 실존철학의 극복이란 단순히 실존철학을 폐기해버리려는 극복이 아니고, 실존철학에 기초해서 그 속에서 얻어진 통찰들을 그대로 수용함에서 출발하는 것이다. 따라서 실존철학을 극복하고자 하는 새로운 철학(인간학)은 오직 실존에

원래 인간학의 직접적인 학적 형성배경은 삶의 철학과 실존철학이며, 이 중 실존철학은 삶의 철학의 극단으로 파악된다.[29] 삶의 철학에 의해 이룩된 인간의 삶을 그것을 초월한 모든 가정으로부터 탈피해서 그 자체에서 이해하고자 하는 태도는 "철학에 있어서 하나의 결정적인 출발"[30]이다. 이것은 "대상적인 사고로부터 주체적인 사고로, 좀 더 적절하게 말하면 주체와 결합되어 있지 않은 사고로부터 주체와 결합된 사고로 옮아가는 의식적인 전향을 의미한다."[31] 그렇지만 이러한 삶의 철학에 있어서의 삶이란 모호하며 다양한 의미를 갖는 개념이며, 아직 규정되지 않은 포괄적이고 열려진 개념이다. 실존주의는 이러한 삶의 철학의 모호함과 포괄성에서 초래되는 상대주의를 극복하고 "그 자체로 모든 상대화의 가능성을 초월한 '절대적이며 무제한적인 것'을 찾고자 하였다."[32]

따라서 실존철학은 "「일반적」인 인간의 「삶」이 중요한 것이 아니라 「개체적」인 인간의 「삶」이 무엇보다 중요하다"[33]고 주장한다. 본래적인 실존의 무한한 빛 앞에서 모든 세계는 의미 없는 배경으로 전락하게 된다는 것이다. 이러한 실존철학적인 파악을 통해서 당시의 절망적인 시대적 상황 안에서 인간은 최후의 궁극적인 삶의 근거에 도달할 수 있었다. 삶과 분리되어진 객

관한 철학과 아울러서 삶과 세계에 관련된 것으로서의 철학을 전개하여야 한다는 것이다. 이 새로운 철학은 삶과 세계를 실존철학이 배제해버린 내용적인 풍부함의 측면에서 다루어야 하며, 이 경우에 이 새로운 철학은 항상 실존철학과 밀접한 연관 아래 있으면서, 동시에 팽팽한 긴장과 모순관계 속에 있어야 한다고 이야기한다. 이와 관련해서는 다음의 글들을 참조할 수 있다: O. F. Bollnow, 최동희 역, 『실존철학』, 서울: 이성과 현실, 1989의 14장; *Neue Geborgenheit*, p.17ff와 4, 5장, 또한 오인탁, 정혜영 역, 앞의 책, 7장; 백승균 역, 『삶의 철학』의 "역자의 해제".

29) 참조: O. F. Bollnow, 최동희 역, 앞의 책, 23-24쪽; 백승균 역, 앞의 책, 13-21쪽.
30) O. F. Bollnow, 최동희 역, 앞의 책, 24쪽.
31) 위의 책, 같은 쪽.
32) 위의 책, 25쪽.
33) O. F. Bollnow, 백승균, 앞의 책, "역자의 해제", 243쪽.

관적 파악이 상대화되고 주체의 위치가 새롭게 확고해졌으며, 더불어서 그동안 간과되었던 오성 이외의 부분, 즉 불안, 죽음, 현존의 불안, 시간성, 역사성 등의 새로운 영역들이 철학의 대상으로 포함되었다.[34]

그렇지만 이러한 실존철학의 개체적 인간 삶에 대한 파악으로부터 인간실존의 한계성, 고독, 죽음, 불안, 공포 등이 인간의 본질적 상태로 파악되게 되고, 실존철학은 불안과 절망의 철학이 되었다. 여기에 대해서 인간학은 실존철학이 상정하는 "극단적인 고립"(Vereinsamung)의 상황 안에서의 실존[35]이라는 실존철학의 인간이해로부터 탈피하고자 하였다. 오히려 이러한 삶은 인간이 자신의 고독(Einsamkeit)을 극복하고 더 나아가서 자신 밖에 있는 어떤 지속적인 실재에 대한 관련을 발견하기를 요구한다[36]는 것에 초점을 맞춘다.

따라서 인간학은 타인들과의 관련에 관심을 둔다. 인간학적 인간이해와 세계이해의 바탕이 되는 것은 "인간적인 삶은, 삶이 오로지 그와 같은 세계에 대한 신뢰에 의해서 지탱되어지는 곳에서만 비로소 가능할 수 있다"[37]는 것이다. 볼르노는 이러한 인간학이 갖는 인간의 삶에 대한 긍정적인 확신을 "희망"(Hoffnung)이라고 부른다. 이 희망 안에서 인간에 대한 긍정적인 고찰이 도출된다. 그런데 이러한 신뢰와 희망은 인간의 자유의지와 노력의 산물이 아니라 하나의 "은총"[38](Gnade)이다. 그리고 "이러한 '은총'은 오직 인간이 무질서한 힘들에 대항하기 위해 그 자신의 입장에서 혼신의 노력을 다 할 때에만 비로소, 곧 자신의 세계를 질서지우고, 또 확고하게 하기 위한 자신의 고유한 노력 안에서만 비로소 인간에게 주어지는 것이다."[39] 이러한

---

34) O. F. Bollnow, 최동희 역, 앞의 책, 189-193쪽.

35) O. F. Bollnow, 오인탁, 정혜영 역, 앞의 책, 128쪽; Störig, 임석진 역, 앞의 책, 425쪽.

36) O. F. Bollnow, 오인탁, 정혜영 역, 앞의 책, 129쪽; 참조: 최동희 역, 앞의 책, 196-197쪽.

37) O. F. Bollnow, 오인탁, 정혜영 역, 앞의 책, 130쪽.

38) 위의 책, 132쪽.

39) 위의 책, 133-134쪽.

인간의 노력에 대한 가능성 안에서 볼르노는 삶의 철학과 실존철학에서 배제되었던 인간의 다양한 본질들의 자리를 되찾고 있다.

따라서 인간학 안에서 수행되는 실존철학의 극복은 첫째, 인간이해의 암울함과 극단성으로부터 관계와 일상성으로의 전환이며, 둘째, 이성 이외의 다양한 인간 본성들의 자리를 새롭게 마련했다는 점에서 포괄적인 인간이해로의 진전이라는 점에서 이중적인 것이라고 할 수 있다. 그리고 이러한 포괄적 인간파악은 인간학의 근본 원리인 인간이해의 개방성과 전체성으로 연결되는 것이다.

위에서 고찰한 바와 같은 인식의 전환으로부터 인간학은 다음과 같은 두 가지 전제를 도출하였다. 그리고 이러한 전제 안에 인간학적 인식의 근본 원리와 태도가 함축되어 있다.

1. 어떤 특정한 측면(Aspekt)을 선호하지 아니하면서 인간에게서 발견할 수 있는 모든 본질특성들을 근본적으로 동등하게 수용한다.
2. 원천적으로 인간으로부터 출발해서 인간을 그 자체로부터 이해한다. 따라서 객관적인 차원에서 인간을 인간외적인 존재와 비교하는 것으로부터 출발하여 인간을 이해하려 해서는 안 된다.[40]

따라서 인간학의 등장은 기존의 인간이해의 시각으로부터의 전환, 즉 돌아섬이요, 편협한 가치부여와 어떤 특수한 목적에 관심을 두고 인간을 편협하게 규정하려는 시도에 대한 비판이요 대항으로 이해할 수 있다. 또한 실존철학의 암울한 인간이해로부터 긍정적인 인간이해로 나아갈 수 있는 희망적인 인간관의 바탕을 제공한다. 따라서 실존철학의 극단성과 한계성으로부터 다시금 현실에 기반을 둔 생활세계의 철학으로의 복귀를 의미한다.

아울러 이러한 인간학의 두 전제는 인간학적 인식과 방법론의 토대로 작용하며, 다양한 인간학적 연구들의 중심축이 된다. 인간학의 인간중심성은

---

40) 위의 책, 47쪽.

근본적으로 이러한 인식론적 전제 혹은 태도에서 자연스럽게 연관되어 나오
는 것이라고 할 수 있다.

나. 방법론적 원리들

인간학의 인식론적 특징들은 인간학의 원리 안에 근본적이고 핵심적인 모
습으로 표방되어 있다고 한다면, 방법론적인 원리들을 통해서 보다 구체적이
고 활용 가능한 모습으로 서술되고 있다. 인간학의 방법론적 원리는 인간학적
환원의 원리, 기관의 원리, 인간학적 해석의 원리, 개방성의 원리 등이다.[41]

첫째, 인간학적 환원(das Prinzip der anthropologischen Reduktion)

인간학의 첫 번째 원리인 인간학적 환원의 원리는 위에 든 인간학의 두
가지 전제 중 주로 두 번째 전제와 연관된 것으로서 플랫스너의 책 『힘과
인간의 본질』(*Macht und menschliche Natur*)[42]로부터 직접 이끌어낸 원리
이다. 플랫스너는 이 원리를 "문화의 모든 시간외적인 의미영역들을 역사의
지평 안에 있는 그것들의 원천인 인간과 관련시키는 원리"[43]로 표현하였다.

---

41) 교육인간학의 방법론적 원리는 1931년에 플랫스너(H. Plessner)가 그의 책 『힘
    과 인간의 본질』(*Macht und menschliche Natur*)에서 처음으로 제시하였으며,
    그 후 볼르노가 여러 차례에 걸쳐 자신의 견해들을 첨가하고 발전시켜 네 가지
    로 정리하였다.

42) H. Plessner, *Macht und menschliche Natur*, Berlin, 1931.

43) das Prinzip der Relativierung aller außerzeitlichen Sinnsphären einer Kultur
    auf den Menschen als ihre Quelle im Horizont der Geschichte, *Macht und
    menschliche Natur*. p.18, 『교육의 인간학』에서는 "인간에 대한 모든 시간외적
    인 의미영역들을 역사의 지평 안에 있는 그것들의 원천들로서 상대화하는 원
    리"로 번역하였다. 하영석과 허재윤은 이것을 "문화의 모든 時間外的 意味 領
    域을 歷史的 地平 속에 있는 그의 근원으로서의 人間에 相關시키는 原理"로 번
    역하였다.(『교육학과 인간학』, 38쪽.) 여기에서는 원문과의 대조를 통하여 본문

26

볼르노는 후에 이것을 그의 책 『삶의 철학』(*Die Lebensphilosophie*)[44]에서 인간학적 환원의 원리로 표현하였고, 그 후로 그러한 표현을 반복하여 사용하면서 하나의 원리로 정착하게 되었다. 이 원리는 인간의 산물로서의 모든 문화영역들, 즉, 경제, 국가, 예술, 종교, 과학 등은 인간의 '창조적인 업적들'이라는 것이다. 따라서 이들은 "그 자체 안에 근거하고 있는 대상적인 영역들로서 이해되어서는 안 되고, 그것들을 생겨나게끔 해준 인간의 욕구들로부터, 그리고 인간의 삶의 내부에서 성취하지 않으면 안 되는 그것들의 기능으로부터 이해되어져야 한다는 것이다.[45]

볼르노는 이러한 인간학적 환원이 인식론 안에서 칸트(I. Kant)가 이룩한 업적, 즉 인간인식의 산물들을 인간의 인식 작용의 소산으로 파악한 연관의 "단순한 인식연관을 넘어서 인간의 문화연관의 전체에로의 확대"[46]로 파악하였다.

둘째, 기관의 원리(Organon-Prinzip, 機關의 原理)[47]

　　과 같이 번역하였다.

44) O. F. Bollnow, *Die Lebensphilosophie*, Heidelberg, 1958, p.16.

45) O. F. Bollnow, 오인탁, 정혜영 역, 앞의 책, 49쪽.

46) 위의 책, 51쪽.

47) Organon-Prinzip을 번역함에 있어서 하영석과 허재윤은 '器官의 原理'로 표기하였다.(『교육학과 인간학』 39쪽.) 이에 반해서 오인탁과 정혜영은 '機關의 原理'로 표기하였다.(『교육의 인간학』 52쪽.) 이러한 한자표기의 차이는 이 원리를 이해하는 데 있어서 강조점을 어디에 두느냐에 따라서 달라진다고 보인다. Organon이라는 단어는 이 두 가지 한자표기의 의미를 함께 포함하고 있기 때문이다. 문화와 인간의 관계를 유기체적인 연관에서 파악한다면 器官이라는 표현을 보다 적절한 것으로 수용할 수 있다. 반면에 인간을 이해하는 데 있어서의 출발점으로서의 문화의 수단적 역할에 초점을 맞춘다면 機關이라는 표현이 보다 적절할 수 있다. 이 연구에서는 인간의 산물로서의 문화를 인간의 본질이해의 통로로 본다는 점에 초점을 맞추어서 機關이라는 표현을 수용하고자 한다. 다만, 문화가 인간의 본질과 유기체적으로 연관되어 있다는 착점에 대해서는 그 타당성을 충분히 인정할 수 있다고 생각하며, 문화현상의 해석을 통한

기관의 원리(Organon-Prinzip) 또한 플랫스너에 의해 발전된 것으로서 볼르노가 방법론적 원리의 하나로 수용하였다.[48] 이 두 번째 원리는 첫 번째의 인간학적 환원의 원리와 비교할 때, 그 사유의 방향에서 상반되는 구조를 갖는다고 할 수 있다. 즉, 첫 번째 인간학적 환원의 원리가 인간이해를 위해서 인간의 산물들을 인간의 내적 욕구들로부터 추론해서 이해하고자 하는 데 반해, 두 번째 기관의 원리는 인간의 창조물들을 통하여 인간을 이해하고자 하는 것이다.

이 원리는 다음과 같은 물음에서 출발하고 있다.

> 인간의 본질이 도대체 어떻게 구성되어져 있기에, 인간은 그의 내적인 욕구들로부터 예술, 학문, 정치 등을 산출할 수 있는가, 우리는 이러한 창조물들로부터 그것들의 창조자에 관하여 무엇을 배울 수 있는가?[49]

따라서 기관의 원리는 인간의 소산물로서의 모든 문화영역을 인간이해의 출발점으로 이용하고자 하는 것이다. 그리고 이는 근본적으로 "인간이 직접적인 자아성찰의 길을 통하여 자아인식에 이르는 것이 아니라 그의 객관화들(Objektivationen)이라는 우회로를 통하여 간접적으로만 자아인식에 이른다"는 딜타이(W. Dilthey)의 사상을 이어받아 '보편적인 인간학의 이론적 착점'으로 발전시킨 것이다. 이러한 이해 안에는 인간에게 있어서 문화란 부수적인 첨가물이 아니라 인간은 '본성적으로 문화적 존재'(von Natur ein Kulturwesen)라는 이해가 바탕이 되어 있다. 우리는 여기에서 교육인간학이 갖는 정신과학과의 깊은 연관을 찾아볼 수 있다.[50]

인간본질의 해명의 과정에서 그러한 연관성이 충분히 바탕이 되어야 할 것이라고 생각한다.

48) O. F. Bollnow, 오인탁, 정혜영 역, 앞의 책, 52쪽.

49) 위의 책, 52쪽.

50) 위의 책, 51 이하.

셋째, 개별현상들의 인간학적 해석(Die anthropologische Interpretation der Einzelphänomene)[51]

앞에서 살펴본 바와 같이, 인간이 본래적으로 문화적인 존재요, 문화 속에서만 생존할 수 있다고 할지라도 인간의 삶에는 '문화로부터는 결코 파악해낼 수 없는 현상들'이 있다. '인간의 육체적인 조직과 정신적인 조직의 많은 특징들, 기분, 감정, 충동 등'이 그러한 것들이다. 이 원리는 이와 같은 인간의 삶을 구성하는 특정한 문화외적인 현상들 즉, 불안, 환희, 부끄러움, 노동, 축제, 직립보행, 손의 사용 등으로부터 출발하여 이 임의적인 한 현상을 살핌으로써 인간에 대한 전체적인 이해를 얻고자 한다. 따라서 이 원리는 다음과 같은 물음에서 출발한다.

삶의 사실 속에 주어져 있는 현상이 삶의 필연적이며 의미 있는 부분으로 파악되기 위하여 인간의 본질은 전체적으로 어떻게 구성되어져 있어야만 하는가?[52]

결국, 볼르노가 설정한 인간학의 방법론적 원리의 세 번째인 인간의 삶의 개별현상들에 대한 인간학적 해석의 원리는, 인간의 개별적인 현상으로부터 출발하여 이 개별현상으로부터 인간의 본질을 해명하고자 하는 것이다. 따라

---

51) 이 원리를 오인탁과 정혜영은 『교육의 인간학』에서 '個別現象들의 人間學的 解釋'으로 제목을 번역하였다.(54쪽) 그리고 본문 중에서는 '인간의 삶의 **개체현상**들에 대한 인간학적 해석의 원리'라고 번역하였다. 또 하영석과 허재윤은 『교육학과 인간학』에서, '하나하나의 현상들의 인간학적 해석'으로 제목을 번역하고,(41쪽) 본문 중에서는 '인간의 삶의 개별적 현상들을 인간학적으로 해석하는 원리'로 번역하였다.(42쪽) 이 연구에서는 '개별현상'이라는 표현이 간단하면서도 분명하게 의미를 전달한다고 생각해서 '개별현상들에 대한 인간학적 해석'을 수용하였다. 따라서 본문의 '개체현상'이라는 표현은 통일성을 기하기 위하여 '개별현상'으로 바꾸는 것이 좋을 듯하다.

52) O. F. Bollnow, *Das Wesen der Stimmungen*, Frankfurt a. M., 1941, p.16. 여기에서는 오인탁, 정혜영 역, 앞의 책, 55-56쪽에서 재인용하였음.

서 인간의 삶의 일상 안에서 일어나는 모든 개별현상들이 이 원리를 통한 인간상의 해명의 대상이 된다. 그러므로 엄밀한 의미에서는 문화적인 현상들 또한 그러한 인간의 일상을 이루는 개별적인 현상들의 범주에 속하고, 따라서 이 원리의 적용범위에 포함된다. 그런 맥락에서 볼르노는 플랫스너의 기관의 원리가 보다 일반적인 "인간학의 방법론적 원리의 단지 하나의 특수한 경우"라고 이야기하였다.[53] 그리고 이러한 본질해명에 있어서 "인간의 삶의 여러 가능성들의 광대무변(廣大無邊)한 다양성의 배후에서 이것들에 앞서서 미리 규정되어 있는 하나의 공통적 근거에로 소급해가고 그러한 결정적으로 획득되어져야 할 기초 위에서 다양한 개개의 현상들을 파악하려는 모든 시도는 용납할 수 없는 단순화인 것이며 그 자체가 어쩔 수 없이 좌절하지 않으면 안 될 운명에 빠진다."[54] 따라서 이것은 인간의 전체적 이해에 있어서 모든 삶의 가능성들의 동등성과 개방성을 전제하는 것이며, 앞서의 인간학의 두 전제 중 첫 번째 전제에 깊은 토대를 두고 있다. 더불어서 우리는 여기에서 삶의 철학의 영향이 인간학 안에서 작용하고 있음을 보다 분명하게 확인할 수 있다.

  넷째, 개방적 물음의 원리(Prinzip der offenen Frage)[55]

---

53) 위의 책, 55쪽.

54) O. F. Bollnow, 하영석, 허재윤 역, 앞의 글, 46쪽.

55) 개방적 물음의 원리(Prinzip der offenen Frage)는 원래 플랫스너(H. Plessner) 가 처음 사용한 개념이다.(*Macht und menschliche Natur*, Berlin, 1931; 후에 다시 Zwischen Philosophie und Gesellschaft, Bern, 1953에 실렸다.) 볼르노는 1965년의 *Die anthropologische Betrachtungsweise in der Pädagogik*(위의 책 38)에서 이를 네 번째 방법론적 원리로 수용할 수 있다고 하였다. 같은 해에 쓴 Methodische Prizipien der Pädagogische Anthropologie(Bildung und Erziehung 18(1965), pp.161-164.)에서는 개방성의 원리를 방법론적 원리로 포함해서 4개의 원리로 제시하고 있다. 그러나 1969년의 *Pädagogik in anthropologische Sicht* 에서는 방법론적 원리와는 별개로 결론 부분에서 인간학적 시각의 교육학적 의의와 관련해서, 인간학적 고찰방법의 태도로서 이를 다루었다.(12장, 특히 210-213쪽을 참조하시오) 그러다가 1972년에 Die philosophische Anthropologie

이상으로 볼르노가 정리한 인간학 방법론의 세 원리를 정리해 보았다. 그러나 여기에 하나의 문제가 대두된다. 이러한 인간학적 방법으로부터 도출되는 인간상, 개별현상의 이해의 종합으로서의 전체적 인간상은 어떠한 것인가? 이 문제와 관련하여 많은 사람들이 인간학의 불완전성, 완결성에 대해 의문을 제기한다.

이에 대해서 플랫스너는 다음과 같이 대답한다. 즉, 그는 인간의 탈중심성, 세계 개방성, 은폐성 등의 개념과 관련해서 인간은 원칙적으로 애매하고 불확실한 존재라고 이야기한다. 따라서 인간에 대한 어떤 낙관적인 견해나 인간역사에 대한 진화론적 발전사관도 타당한 것이 될 수 없다는 것이다. 그러므로 인간이해는 언제나 새로운 가능성을 향해 열려 있어야 한다는 것이다.[56]

볼르노는 이러한 플랫스너의 생각을 수용해서 다음과 같이 이야기한다. 즉, 인간학이 추구하는 인간상은 어떤 완결된 상(像)을 추구하는 것이 아니라는 것이다. 즉 "상(像)의 상실성(Bildlosigkeit) 속에서, 곧 매번 새롭게 편견 없이 시작하고 그리하여 하나의 완결된 인간의 본질규정에 대한 경솔한 희망을 사나이답게 거부하는 준비 속에서, 바로 그러한 모든 새로운 내용들에 개방적인 인간학적 고찰방법의 특별한 태도가 나타나는"[57] 것이다.

---

und ihre methodischen Prinzipien.(Hrsg. von Roman Rocek und Oskar Schatz, *Philosophische Anthropologie heute*. München, 1972, pp.32-36.)에서 정식으로 네 번째의 방법론적 원리로 수용해서 체계화 시켰다. 따라서 개방적 물음의 원리는 교육인간학의 방법론적인 원리임과 동시에, 다른 방법론적 원리들에서도 그러한 인간학 연구의 태도와의 관련성을 마찬가지로 발견할 수 있지만, 인간학 연구자의 필수적인 태도라고 볼 수 있다.

56) Helmuth Plessner, Homo Absconditus, Hrsg. von Roman Rocek und Oskar Schatz, *Philosophische Anthropologie heute*. Verlag C. H. Beck, 1972, pp.37-50. 또한 다음의 글을 참조하시오.: *Die Stufen des Organischen und der Mensch: Einleitung in die philosophische Anthropologie*. 3 unveränderte Aufl., Berlin, 1975의 제7장. Die Sphäre des Menschen, pp.288-348.

57) O. F. Bollnow, 오인탁, 정혜영 역, 앞의 책, 212쪽.

이러한 인간학이 가지는 인간상에 대한 개방적인 태도가 인간학적 방법의 제4의 원리로 파악된다. 더 나아가서, 방법론적 원리라기보다는 모든 인간학적 연구자들이 지녀야 할 연구자의 '태도'로서, 또는 인간학의 기본전제로서 이해될 수 있다.

인간에 대한 어떠한 고정되고 완결된 상을 추구하고 상정하게 될 때 거기서부터 인간은 이미 그 본질적인 다양성과 가소성을 제약 당하게 된다. 따라서 완결된 인간상은 인간에 대한 압력이나 강제 혹은 구속으로 작용하게 된다. 인간학은 하나의 인간상의 설정을 거부하고 다양한 인간상에 대해 물음을 개방한다. 즉, "인간학은 '무엇이냐'(was ist)에 연구를 한정하지 않고, '무엇일 수 있느냐'(Was sein kann)로 연구를 개방한다."[58]

따라서 인간학이 견지하는 개방적인 태도는 인간학의 두 전제 중 첫 번째의 전제로부터 필연적으로 도출되는 것으로서 인간의 본질에 대한 깊은 성찰로부터 비롯된 인간학의 가장 고귀한 산물이라고도 할 수 있을 것이다. 특별히 볼르노는 교육학과 관련해서 "교육학은 어떤 주도적인 인간상을 지향하여 물들어가는 모든 시도들을 교육학의 가장 깊은 본질에 있어서 타당치 않은 것으로 거부하지 않으면 안 된다"[59]고 강조하였다. 이를 통해 교육학에 있어서의 폐쇄적이고 편협하게 설정된 인간이해의 위험을 경고하고 있다.

오인탁은 인간이해의 개방성의 문제를 연구의 패러다임과 관련하여 교육학의 연구방법론의 영역으로 전환하였다. 그는 학문의 본질적인 특성에 따라서 패러다임의 혁명적 변천이 요청되는 학문과 "패러다임의 공존이 발전이라고 불려질 수 있으며, 과학적 발전이 이를 필연적으로 요청하는 학문이 있다"[60]고 하여 학문을 두 가지로 분류하였다. 딜타이가 말하는 '정신과학'들

---

58) 오인탁, "인간학적 비교-이해지평의 정신과학적 확대", 「교회와 신학」 10(1978), 146-171의 154쪽.

59) O. F. Bollnow, 오인탁, 정혜영 역, 앞의 책, 213쪽.

60) 오인탁, "현대교육학 연구의 좌표 - 이념과 사상의 측면", 「교육학 연구」 22. 2(1984. 9), 5-13의 11쪽.

이 후자에 속하며, 교육학 또한 그러한 범주에 포함된다는 것이다. "교육학에 있어서 패러다임의 새로운 제시는 교육학의 풍요를 의미할 뿐"이며, 따라서 교육학 안에서 패러다임 변천의 시도는 무의미하다. "서로 상이한 여러 패러다임들의 공존에서 교육학의 자명성을 확인하는 일이 교육학의 논리적인 본질에 속한다. 환언하면, 교육학은 방법론적 단일주의가 아니라 방법론적 다수주의를 연구와 이론 정립의 통로로 수용하여야 할 것이다. 이러한 의미에서 연구논리들의 공존과 이에 따른 여러 교육학 이론들과 구상들의 탄생과 전개는 교육학의 존재형식이다."[61]

오인탁은 이러한 교육인간학의 네 가지 방법론적 원리에 추가해서 '인간학적 비교'를 하나의 새로운 방법론적 원리로 제시하였다.[62] 인간학적 비교는 교육인간학의 인간이해의 개방적인 태도와 밀접하게 관계되어 있다. 오인탁은 기존의 인간학이 갖는 특정한 문화 안에서 인간을 이해하고 해명하는 데서 비롯되는 오류의 가능성에 주목하고, 인간학의 문화적 제약성을 극복하여 "간문화적인" 이해에로 이끌어줄 수 있는 원리로 이 원리를 제시하였다. 따라서 특정한 한 문화 안에 깊이 물들어있는 시각에서부터 인간을 해석하는 데서 오는 인간학적 해석의 편파성이 이 인간학적 비교 안에서 해소된다는 측면에서 인간이해의 개방성과 밀접하게 연결되는 것이다.

오인탁은 서구의 인간학은 "사회와 역사의 한가운데서 자신을 발견하는 존재로 파악"하는 것으로, 따라서 "언제나 이미 고유한 문화의 이해능력을 동원하여 새로운 현상을 해석"하고, "문화권내의(intrakulturell) 이해능력의 지평 안에서 발전하여"온 "문화적으로 제약된 인간학"으로 평가하였다.[63] 이러한 평가에 기초해서 '비교'를 이러한 문화제약성을 탈피하는 방법으로 제

---

61) 위의 글, 같은 쪽.

62) 오인탁, "인간학적 비교: 이해지평의 정신과학적 확대", 「교회와 신학」 10(1978), 146-171., 오인탁, "교육학에 있어서의 인간학적 비교방법론 시론", 한국교육철학회, 「교육철학」 2(1980. 3), 131-151쪽.

63) 오인탁, 앞의 글, 146-171의 153쪽 이하.

시하였다.

그는 철학적 인간학은 이미 문화적인 제약성을 그 안에 내포하고 있다고 판단하고, 그러한 문화적 제약성을 다음과 같이 표현하였다. "우리는 일정한 문화의 이해 지평 안에서 이해한다. 그렇기 때문에 우리는 하나의 진술에 보편타당성을 요청할 수 있을지 또는 보편타당성의 배후에 문화의 특수한 제한성이 이미 내포되어 있는지 모른다. 이 경계는 우리가 하나의 문화로부터 출발하는 한 결코 넘어설 수 없고, 비교적인 관점을 거쳐서만 극복이 가능하다." 따라서 비교의 방법을 통하지 않고는 문화적 제약성을 극복할 수 있는 다른 방법이 없다. 그는 여기에서 '비교의 인간학적 시초의 불가피성'을 찾았다.[64]

따라서 인간학적 비교에서 비교는 기존의 비교교육학에서 말하는 비교와는 다른 의미와 차원의 비교이다. 즉, "고유한 기준들을 다른 것에 전용(轉用, übertragen)하거나, 다른 것을 고유한 기준들을 통하여 보는" 것이 아니라 "처음부터 상호교환적인 학습을 지향"하는 원리이다.[65] '비교' 안에서 인간학은 "다른 문화에로의 접근에 있어서 고유한 문화적 전승의 벽을 파괴하는 수단이 될 수 있다"고 하였으며, 이런 의미에서 "인간학은 오로지 비교인간학으로서만 가능하고 중요하다"고 단정적으로 이야기하였다.

그리고 "비교인간학은 인류의 일원성을 문화의 다양성 안에서 파악"하려는 시도이다. 비교인간학 안에서 문화는 "상이한 인간 집단들의 의식적인 삶의 전체 조형(造型)을 의미한다."[66] 따라서 비교인간학은 "여러 문화들의 무조건적인 동등권 인정의 전제"위에 확고하게 정초하고 있다.[67] '여러 문화의 무조건적인 동등권 인정'은 곧 하나의 특수한 문화에게는 '문화적 한계성'을 의미한다. "**하나의** 문화는 무한히 일정해질 수 있는 인간의 가능성들의 **하나의** 일정해진 구분과 접합의 형식(Artikulationsform)에 불과하며, 여기에

---

64) 위의 글, 152쪽.
65) 위의 글, 150-151쪽.
66) 위의 글, 156쪽.
67) 위의 글, 159쪽.

서 인간과 세계는 **하나의** 고정된 관계 속으로 들어가게 된다."[68] 따라서 비교는 이러한 특수한 문화들의 한계성을 직시하게 하고, 그러한 자명한 것으로서의 사회적 현실과 문화의 상대화를 통해서 문화들의 차이를 인정하게 하고 다양성을 드러내도록 하는 것이다. 이러한 과정을 통해서 비교 안에서 "이해지평의 확대"가 이루어진다.[69]

이러한 비교의 '이해지평의 확대'의 작용 안에서 인간학적 비교의 교육적인 의미가 너무나 분명하게 드러난다. 즉 "인간학은 간문화적인 비교에서 고유한 전승의 울타리를 파괴하여 개방하고, 고유와 외부의 관찰 쉐마를 극복하고, 문화들의 상이성을 의사소통의 가능성으로써 서술하며, 문화 포괄적이고 문화 파급적인 학습을 가능케 하는 수단으로 이해되고 수용된다."[70] 같은 맥락에서, 특정한 하나의 사회적·문화적 울타리 안에서 진행되는 개혁이 단순한 전통의 재생산에 그치지 않고 '인간의 새로운 가능성을 열어주는 행위'가 될 수 있도록 개혁들을 '구형'(具形, formulieren)하는 데에서 또한 비교의 교육적인 의미를 찾을 수 있다.[71]

다. '울타리'에의 적용

앞서 살펴본 방법론적 원리들을 활용해서 울타리를 고찰한다는 것은 무엇을 의미하는가? 그것은 '울타리'를 보되 오직 울타리 자체의 특징들에만 주목하고, 그 특징자체의 의미에 천착하는 것이 아니라 그 특징들을 울타리를 만들어낸 창조자인 인간과 관련해서 보고 그 의미를 해명하는 것이다. 다른

---

68) 위의 글, 166쪽. 강조된 부분은 원저자에 의한 것이며, 원문에는 강조점으로 표시되었으나, 여기에서는 진하게 표시하였다.

69) 위의 글, 168쪽.

70) 위의 글, 170쪽.

71) 위의 글, 169쪽.

한편으로, 울타리의 특징들로부터 출발해서 울타리를 만든 사람들의 내면적인 욕구와 인간의 본질을 유추하는 것이다. 아울러서, 울타리의 특징을 한국 문화의 특수성 안에서만 보지 않고 타 문화권의 울타리와 비교해서 그 문화적인 제약성과 특수성을 상대화하며, 조심스럽게 전체적인 인간이해와 관련해서 논의하는 것이다.

울타리의 인간학적인 고찰의 길은 우선 앞서 방법론적 원리들의 고찰에서 보았던 교육인간학의 물음을 울타리와 관련해서 다시 진술하는 데서 분명하게 드러난다.

먼저, 울타리를 인간의 내적인 욕구에 견주어서 이해할 때 우리는 다음과 같이 물을 수 있다.

인간의 본질이 어떻게 구조화되어 있기에 사람들은 울타리를 만들고 그 안에서 살아가는가? 자신의 영역을 둘러싸고, 그것을 통해서 안과 밖을 가르고, 가름을 통해서 차별하고, 안을 밖으로부터 보호하며, 그럼에도 불구하고 문과 그 밖의 통로들을 통해서 울타리 밖의 세계와 교류하는 울타리의 특징은 인간 본질의 어떤 구조와 역학으로부터 비롯되는가?

상반된 방향에서 울타리로부터 인간의 본질을 유추하기 위하여 우리는 다음과 같이 질문할 수 있다.

울타리가 삶의 필연적이며 의미 있는 부분으로 파악되기 위하여 인간의 본질은 전체적으로 어떻게 구성되어져 있어야만 하는가? 울타리가 갖는 경계와 차별, 중심과 중심으로부터의 거리에 따른 위계, 울타리 안의 동질성과 관계의 우선성, 개방성과 관계지향성 등의 특징들이 삶의 필수적이고 중요한 의미를 갖는 부분으로 이해될 때, 그러한 특징으로부터 인간의 본질의 어떤 측면을 이해할 수 있으며, 또 그러한 본질적 특징으로부터 인간본질의 전체적인 모습은 어떻게 이해될 수 있는가?

이 연구의 전개과정에서는 울타리와 관련된 각각의 특징들을 이러한 두 개의 원천적인 물음으로 돌아가서 반복해서 묻고 그러한 물음으로부터 본질의 해명으로 나아가려고 한다.

아울러서 인간학적 비교는 울타리의 인간학적인 의미 해명과 밀접한 연관이 있다. 울타리는 공관과 관련된 인간의 행동을 특징적으로 보여주는 동시에 인간의 정서적, 정신적인 활동과 관련해서도 이해될 수 있다. 따라서 울타리는 한 사회의 특정한 문화 안에서 만들어지고 유지되며 변형되어 온 것이다. 이 연구의 출발점이 이미 그러한 문화제약성과 문화특수성을 염두에 두고 있다. 따라서 인간학의 다른 방법론적 원리들로부터 한국의 울타리가 갖는 의미를 해명해내면, 그 안에서 드러나는 결과들은 당연히 한국문화 특수적인 울타리에서 비롯되는 제약을 가질 수밖에 없다.

비교는 이러한 한국 특수적인 울타리의 해명의 결과들이 보편적인 인간상과 연결될 수 있기 위한 필수적인 단계로 요청된다. 타 문화권의 울타리에 대한 고찰의 결과들이 한국의 울타리에 대한 해명들과 상호 연관되고, 또 각각의 울타리에 대한 이해가 그 공통성과 상이성을 분명하게 드러냄으로써 상대화되어야 한다. 그때에 비로소 울타리에 대한 이해는 보다 광범위하고 보편적인 인간상의 해명으로 나아갈 수 있다.

그렇지만, 이 연구에서는 그러한 인간학적인 비교의 작업을 수행하지 못했다. 따라서 그러한 인간학적인 비교를 거치지 않은 데 따른 일반화의 제약이 분명하게 설정되며, 그러한 한계 안에서 조심스러운 해석에 머무르려고 한다.

끝으로, 교육인간학적 의미의 도출과 관련해서는 크게 두 가지 측면에서 울타리를 교육과 관련시켜 논하려 한다. 첫째는, 교육인간학의 인식론적 근본 전제인 '모든 본질특성들의 근원적 동등성'에 기초해서 울타리의 고찰을 통해서 확인된 인간의 본질적 특성이 교육과 관련해서 어떻게 의미 있게 작용할 수 있을 지에 대해서 논의한다. 즉, 울타리의 고찰을 통해서 인간본질의 특성들이 교육 안에서 고려되고 실행되고 있는지, 실행되지 않고 있다면 그 실행을 위해서 교육이 그러한 측면들을 어떻게 고려하고 계획해야 할 것인지에 대해서 논의한다. 둘째로, 울타리의 고찰에서 드러난 인간본질의 특정한 측면이 오늘의 우리의 삶과 교육에서는 어떤 의미를 갖는지를 고찰한다. 즉, 울타리적인 인간상이 오늘날에도 지속적으로 의미를 갖는 것인지, 그렇지 않다면 그러한 변화가 내포하고 있는 교육적인 의미는 무엇인지를 고찰하는 것이다. 이러한 작업은 동시에 오늘날의 삶과 교육의 현장에서 왜곡되고 억압되고 있는 인간 본질에 대한 인간학적인 인식론, 즉 인간중심의 비판적 작업을 함께 요청하는 일로 판단된다.

제2장 울타리의 개념

　울타리가 삶의 기본적이고 본질적인 양태 중의 하나라는 것은 우리의 일상생활을 잠시 돌아보는 것만으로도 분명하게 알 수 있다. 사람들의 생활은 그 출발부터가 가정과 집이라는 제도적·물리적·정서적인 울타리에 근거하고 있기 때문이다. 인간은 집에 태어난다. 다시 말해서 인간은 울타리 안으로 태어난다. 뿐만 아니라 인간의 삶 전체가 가족, 집, 마을, 친족, 또래집단, 학교, 교회 등의 물리적 혹은 추상적인 울타리에 근거하고 있다. 이러한 의미에서 볼르노는 "경계는 인간본질의 구성요소이다."[72] 라고 하였다. 인간의 삶은 근본적으로 어떤 공간적·정서적·정신적으로 구별된 범주 안에서만 가능하고 따라서 그것은 인간 본질과 인간 존재의 근본적 특징 중의 하나임을 의미한다.

　이러한 이해에 기초해서 앞으로의 논의에서는 일상생활의 구체적인 예들을 통해서 울타리의 특징을 살펴보고, 그것이 인간의 본질을 이해하는 데 있어서 어떤 의미를 갖는지를 보려 한다. 이에 앞서서 울타리의 어원과 울타리를 구성하고 있는 요소들 및 그 기능 등의 기초적인 사항들을 살펴보기로 한다.

---

72) O. F. Bollnow, *Neue Geborgenheit. Das Problem einer Überwindung des Existentialismus.* p.179ff.

1. 울타리의 어원

울타리 개념이 가진 의미를 보다 분명히 하기 위해서는 사전에 나타난 정의와 어원을 고찰해 보는 것이 도움이 된다.

사전에 나타난 울타리 및 이와 관련된 개념들의 정의를 살펴보면 다음과 같다.73)

울타리: 담 대신에 풀, 나무 등을 얽어서 집 따위를 둘러막거나 경계를 가르는 물건. 울짱. 준) 울

울: 다른 개인이나 패에 대해서 이 편의 힘이 될 족속 또는 떨거지나 동아리

울: 속이 비고 위가 트인 물건의 가를 둘러싼 부분/울타리/신울

울: /우리^2

우리^1: 짐승을 가두어 두는 곳

우리^2: 자기나 자기 무리를 대표하여 스스로 일컫는 말. 준) 울

이러한 사전적 개념정의를 통해서 우리는 다음과 같은 몇 가지 사실을 확인할 수 있다. 첫째, 울타리가 '울'이라는 준말로 사용될 수 있다는 것이다. 둘째, '울'은 또한 '우리'와 바꾸어 쓸 수 있는 말이라는 점이다. 셋째, 같은 말로 쓰이는 이들 '울타리', '울', '우리'라는 말들은 경계, 가름, 둘러쌈 등의 의미를 내포하고 있다는 점이다. 넷째, 이러한 경계, 가름, 둘러쌈에 의해 설정된 영역은 외부와는 다른 부류로 분류된다. 즉, 같은 족속, 떨거지, 패거리로 분류된다는 것이다. 이러한 네 가지 사실에 바탕해서 우리는 다음과 같이 정리할 수 있다. 첫째, '울타리＝우리＝울'의 동근어(同根語)의 가능성을 발견할 수 있다. 둘째, 울타리를 비롯한 이들 세 단어는 모두 경계, 가름, 둘러쌈 등의 의미를 공유하고 있다. 셋째, 울타리 지워진 영역의 동질성과 외부

---

73) 『동아 새국어사전』, 서울: 두산동아사, 1994(개정판).

와의 차별성을 상정한다.

이러한 공통적인 특징에 착안해서 울타리, 우리, 울의 관계를 어원과 관련해서 조금 더 살펴보자. 어원적인 연구들은 '울타리＝우리'라는 직접적인 동근어(同根語)의 가능성을 보여준다. 서재극은 중세국어의 단어군 연구를 통해서 '울타리'와 '우리'가 같은 단어군에 속함을 밝히고 있다.[74]

Φ어리(檻, 노(우리 노), 圈) n.

Φ오래(門) n.

Φ우리(笠) n.

· 우리(我等) n.

· 울ㅎ(籬) n.

· 울ㅎ다, · 옳다(籬, 揷) v.

이와 같은 동일 어근을 갖는 단어군, 단어족의 연구는 어원 연구를 위한 중요한 기초 작업이라고 할 수 있다. 서재극의 연구는 '울타리'와 '우리' 사이의 연관성 규명에 중요한 자료를 제공하고 있다.

이러한 간접적인 가능성 이외에 '울타리'와 '우리'의 직접적인 연관성, 동일 어원을 주장하는 연구들도 있다.

안옥규는 "대명사 '우리'는 역사적으로 볼 때 '울(울타리)'을 의미하던 명사이다. 이 '울'은 물건의 가를 둘러싼 부분, 범위, 둘레와 같은 의미로부터 점차 추상화되어 자신과 함께 둘레의 여러 사람을 가리키는 대명사로 되어, 복수를 표시하는 사람 대명사로 되었다."[75]고 하였다. 이러한 안옥규의 주장은 '울'과 '우리'의 변천과정에 대한 상세한 규명이 생략되어 있다는 점에서

---

74) 서재극, 『中世 國語의 單語族 硏究 －試論을 위한 資料 配列－』, 대구: 계명대학교 출판부, 1980, 117쪽.

75) 안옥규, 『우리말의 뿌리: 알고 쓰면 유익한 우리말 900가지』, 서울: 학민사, 1994. 이 책은 북한의 우리말 어원 연구 성과를 정리한, 연변 동북조선민족교육출판사에서 발행한 『어원사전』(1989)을 재편집 발간한 것이다.

그 타당성을 검증받을 수 있는 근거가 부족하다. 따라서 울타리와 우리의 동근원성을 추정하는 불충분한 근거로서 한정된 의미를 가질 뿐이다.

백문식 또한 '울타리'와 '우리'가 동근원이라고 주장하였다. 즉 "'우리(울)'는 안[內·里], 담[垣·墙]과 마찬가지로 내향적(內向的) 내포적(內包的) 의미를 갖고 있다. 1인칭 복수 대명사 '우리'와 '울'(울타리)은 동원어"라는 것이다. 이와 함께 그는 신라어의 향찰 표기인 '五里', 일본어의 ware, udi, 몽고어 uru-q(親戚) 등과 우리말 '우리'의 대응관계, 그리고 고문에서의 용례 등을 들어서 우리와 울타리의 동근원을 주장하였다.[76] 최승열 역시 '울타리'와 '우리'는 같은 어원으로부터 출발한 동근어라는 입장에 동조하고 있다.[77]

그렇지만 이와 같은 '울타리'와 '우리'의 동근어 주장들은 "방법론상의 비과학성과 성급한 결론의 도출에 따르는 위험"[78]을 공통적으로 안고 있다. 따라서 이들 두 단어가 동근어라고 결론을 내리는 것은 성급한 결정일 수 있다.

이러한 울타리와 우리의 동근어 주장에 비해 다음의 이남덕의 연구는 보다 체계적이고 구체적인 가설에 기초해서 이루어진 논의라는 점에서 주목된다. 이남덕은 앞서의 여러 사람들의 연구와는 달리 우리(籬)와 우리(吾等)가 같은 원형어계(圓形語系)에 속하는 말로서 하나의 어원에서 나오기는 하였지만, 그 변천과정에서 다른 갈래를 밟아서 형성된 것으로 보고 있다.

즉 '우리'(籬)는 *puk 〉 kup 〉 *kul 〉 xul 〉 hul 〉 ul의 변천과정을 겪은 말인 데 반해서,[79] '우리'(吾等)는 "*mur-~mut-어근에서의 m-탈락을 일으킨 말로 이해될 수 있다"[80]는 것이다. 그러면서도 그는 이 두 말을 내포와

---

76) 백문식, 『우리말의 뿌리를 찾아서』, 서울: 삼광출판사, 1998, 318쪽.

77) 최승열, 『韓國語의 語源』, 서울: 한샘, 1987, 23쪽.

78) 강헌규, 『韓國語 語源硏究史』, 서울: 집문당, 1988, 265쪽. : 강헌규의 이러한 지적은 최승열의 연구에 대한 지적이지만, 이 연구에서는 이들 동근어 주장 일반에 대해 확대해서 적용할 수 있는 것으로 판단하여 인용하였다.

79) 이남덕, 『한국어 어원 연구 Ⅱ』, 한국문화연구원 한국문화총서, 서울: 이화여자대학교 출판부, 1985-1986, 149-150쪽.

80) 위의 책, 180쪽.

핵심의 의미를 갖는 원형어계에 함께 속하는 것이라고 하였다.[81] 또한 '우리'(吾等)는 집단의 개념을 그 안에 함께 포함하고 있다는 것이다.[82] 결국, 이남덕도 근원과 변천과정의 차이는 있을 수 있다고 인정하지만 '우리'(籬)와 '우리'(吾等)가 같은 원형어계에 속하는 말로서 내포와 함축이라는 같은 의미를 갖는다는 점에는 동의하고 있는 것이다.

2. 울타리의 정의

이상의 고찰을 통해서 볼 때 '울타리'는 둥근 모양을 나타내는 개념에서 파생되어 나온 말로서 내포와 핵심을 의미하는 개념이다. 또한 집의 한계나 나를 포함한 동질집단의 한계를 의미하는 구획 개념이다. 그러므로 이 개념은 물리적 공간에서의 경계나 내포뿐만이 아니라 원초적으로 이미 개념적이고 정신적인 영역의 경계, 내포, 동질성과 일체성의 한계를 의미함을 알 수 있다. 또한 '우리'(吾等)에서 볼 수 있듯이 집단, 무리, 동질적인 모임 등을 의미하는 말이기도 하다. 우리말의 우리, 울타리, 집, 두레, 누리, 나라 등의 개념이 모두 이러한 울타리적인 특징을 갖는 개념이며 동일한 원형어 계통의 말들이다.

그러나 앞서 살핀 바와 같이 지금까지의 연구들에서는 '울타리'와 '우리'가 같은 근원에서 출발해서 분화되었다는 결론에 도달하지는 못하였다. 최초의 우리말 어원사전이라 할 수 있는 『우리말 어원사전』에서도 '우리'와 '울타리'의 어원을 아직 밝히지 못한 것으로 처리하고, 다만 그에 대한 다양한 학설들을 참고하도록 안내하고 있다.[83] 이처럼 '울타리'와 '우리'의 어원에 관해

---

81) 위의 책, 같은 쪽.
82) 위의 책, 212쪽.
83) 김민수·최호철·김무림 공편, 『우리말 語源辭典』, 서울: 태학사, 1997, 803, 809쪽.

서 아직 정설이 없다. 따라서 이 연구에서는 그동안의 연구결과들을 참조하는 데 그치고 앞으로의 연구성과들에 대해 문을 열어둠으로써 결론을 유보하고자 한다.

그렇지만 앞서의 고찰들을 통해서 '우리'와 '울타리'가 같은 어원에서 비롯되었을 수 있다는 개연성은 확인하였다. 아울러 '울타리'와 '우리'가 동일한 의미의 범주를 표현하는 개념군에 속하는 말들이라는 것은 확인했다.

"모든 언어에는 한 겨레의 문화적인 전통 속에서 자라난 '얼'이 담겨 있다. 언어는 늘 하나의 공동체와 더불어 자라나는데, 그 언어 속에는 그 공동체의 정신적인 전통이 담겨 있어서 그 공동체에 속한 사람들의 정서와 사유와 감성까지 인도한다는 것이다."[84] 따라서 말은 그 말을 사용하는 사람들을 이해하는 가장 본질적인 통로가 된다고 이야기할 수 있다. 또한 한국인의 특성을 이해하는 것도 한국어라는 통로를 통할 때보다 쉽게 그 근원과 본질에 이를 수 있다고 할 수 있다.

따라서 여기에서 '우리'라는 말이 한국어와 한국인의 삶에서 차지하는 의미를 살펴보는 것은 말이 갖는 의미에 비추어서 매우 의미 있는 작업이다. '우리'라는 말은 한국어의 무수하게 많은 단어들 중의 하나가 아니라 한국인의 사유와 삶의 핵심적인 부분을 드러내는 중요한 말로 생각되기 때문이다. 한국어에서 '우리'는 기본적인 인간 호칭의 단위이다. 아울러서 모든 친밀한 대상들을 포괄하는 호칭이다. 가족, 집, 친구, 소유물 등 일상의 기본적이고 중심적인 부분을 차지하는 모든 것들을 우리로 일컫는다.

'우리'는 '나'를 나의 주변과 분리될 수 없는 하나로 지칭하는 호칭이며, 따라서 나 자신과 나와 밀접하게 연결된 주변을 하나로 사유하는 세계이해이다. 개별자에 중심과 강조점이 있는 것이 아니라 함께 존재하는 것들 사이의 끊을 수 없는 연관과 함께 하는 삶에 강조점이 있는 것이다.

물론 인간의 존재구조 자체가 '나'만으로 된 것이 아니고 언제나 나와 마주선 '너'를, 그리고 나와 이웃한 다른 사람들과 존재들을 포괄하는 관계를

---

84) 이규호, 『말의 힘』, 93쪽.

내포하고 있다. 그렇지만 '우리'라는 말이 한 겨레의 언어생활에서 기본적인 개념일 때는 그 의미가 각별하다고 할 수 있다. '우리'가 기본단위라는 것은 '나'를 기본단위로 하는 말과 사유와는 매우 다른 것이기 때문이다. '나'를 기본단위로 하는 언어와 사유와 생활에서도 '나'와 마주 선 상대로서, 나와 관계하는 '너'와 또 '타자'가 있다. 다른 사람과 존재가 함께 사유의 대상이 되고 그 세계이해 안에 포함될 수 있다. 그렇지만 그것은 어디까지나 '나'라는 분명한 개별자의 확립 이후의 문제이다. '나'가 확립된 후에, 나에 의해서 인식되고 사유되고 관계의 대상이 되고 처리되는 세계이다. '나'라는 주체에 대한 객체이다. 사유하고 판단하고 관계하는 원천이면서 척도가 되는 것은 '나'이다. 생각하는 주체이며 세계를 회의하고 판단하는 주관으로서의 '나' 중심성이 그 안에 있다.

'우리'가 기본이 될 때에는 그러한 연관이 달라진다. '우리'가 기본단위라는 것은 개별적인 주체, 독자적인 사유의 주체이며 척도로서의 '나'의 우선성이 확인되지 않음을 의미한다. 언제나 함께 연관된, 분리해서 생각하고 인식할 수 없는 존재의 덩어리로서의 사람들이 확인될 뿐이다. 주체와 객체의 분리할 수 없는 연관성의 확인이며, 언제나 주체와 객체가 하나의 묶음으로 구분 없이 사유된다. 함께 하는 삶의 끊을 수 없는 상호연관성에 대한 철저한 이해와 내면화가 기본단위로서의 '우리' 안에서 확인된다. 따라서 우리중심의 말과 생각과 삶은 사람들 사이의 밀접한 상호연관성에 대한 철저한 이해이며, 나중심의 인간과 세계이해와는 다른 차원의 세계관인 셈이다.[85] '우리'

---

85) 이규호는 우리말의 '사고유형의 특징' 또는 '논리적 특징'을 1. 술어를 중심으로 한 현상의 논리이며 사고방식에 있어서는 현상학적 사고이다. 2. 나와 너와 상황의 삼각관계에서 이루어지는 상관논리이며, 그 때문에 우리나라 사람들은 상대방에 대해서 관심이 많다. 3. 접미사가 발달해서 직선적인 추리의 논리가 아니고 우회적인 추리의 논리이다. 4. 추상적인 이론의 논리가 아니고 구체적인 삶의 논리이다. 라고 네 가지로 정리하였다.(이규호, 『말의 힘』 9. 우리말의 논리 부분 참조.) 이러한 우리말의 논리에 대한 파악은 '우리'를 통해서 본 한국어의 특징과 그 안에 반영된 인간이해와 매우 유사하다고 생각한다.

안에서 파악되는 인간은 관계를 중시하며 관계 안에 개체들을 흡수하고 통합하는 인간이해이며, 삶의 상호연관성과 분리할 수 없는 의존성으로 이해된 세계관이다.

'울타리'와 '우리'의 연관성으로부터, 그리고 '우리'가 한국인의 삶과 사유의 기본을 형성하는 중요한 한국어 표현임에 비추어서 다음과 같은 중요한 시사점들을 이끌어낼 수 있다.

첫째, 생활공간의 기본적인 특징을 드러내는 '울타리'와 말과 생각의 기본 단위인 '우리'가 매우 밀접한 관련에 있다는 것으로부터 공간구조와 의식구조의 연관성을 확인할 수 있다. '우리'라는 우리 겨레의 삶과 사유의 근본 단위이며 삶의 기초 개념으로 확인되는 특징적인 표현이 울타리와 동근어이거나 혹은 매우 밀접하고도 유사한 특징을 지닌 것으로 파악되었다. 그렇다면 울타리에 대한 연구를 통해서 울타리로 대표되는 생활공간의 특징뿐만 아니라 사회적, 정서적, 정신적인 영역에서의 특징적인 현상들도 파악할 수 있다. 이에 착안해서 이 연구에서는 '울타리'를 공간적인 측면에서뿐만 아니라 정서적·정신적인 측면에서도 함께 고찰한다.

둘째, '울타리'와 '우리'가 공간과 관련된 기본적인 유형이며, 말과 생각의 기본적인 단위라면 이들이 공유하는 특징들이 한국인의 사람됨의 기본적인 특징과 연결될 수 있다. 울타리와 우리가 공유하는 특징들 즉, 둘러쌈, 가름, 동질적인 영역, 중심 등은 단순하게 특정한 현상의 특징이다. 그러한 현상과 관련된 사고방식의 특징으로만 그치지 않고 한국인의 의식구조의 특징으로, 사람됨의 기본적인 특징으로 연결될 수 있다는 것이다.

따라서 이 연구에서는 이러한 우리와 울타리의 밀접한 연관성에 비추어서 울타리의 개념을 다음과 같이 정의한다. 즉, 울타리는 물리적인 공간과 정서적·정신적인 측면에 함께 적용되는 현상으로서 어떤 중심, 핵심을 둘러싸고 있는 일정한 동질적인 영역의 경계이다.

3. 울타리의 구성요소와 기능

앞의 울타리의 정의로부터 울타리를 구성하는 본질적인 요소들과 울타리의 일반적인 기능들을 정리해 낼 수 있다. 먼저 구성요소로는 중심, 동질성, 둘러막음, 경계 등을 들 수 있다. 이러한 요소들은 일차적으로 공간과 관련된 울타리에서 분명하게 확인되는 요소들이며 또한 우리로 대표되는 인간들 간의 관계의 울타리에서 확인되는 요소들이다.

첫째, 모든 울타리는 특정한 영역을 둘러싸고 있다. 둘러쌈을 통해서 울타리는 그 둘러싼 공간과 영역을 그 밖의 공간과 영역에 대해서 경계 짓는다. 울타리는 집을 비롯한 건물이나 장소를 둘러싸고 있다. 이러한 둘러쌈을 통하여 외부로부터 둘러싸인 영역을 만들어 낸다. 둘러쌈은 가름을 의미한다. 일정한 장소(터)를 둘러쌈을 통해서 울타리는 자연 상태의 중립적인 공간에 구분된 영역을 만들어 낸다. 따라서 둘러싸는 가름은 또한 경계이다. 울타리는 둘러쌈을 통해서 공간 전체로부터 어떤 공간을 갈라낸다. 가름은 울타리의 기본적인 성격이다. 이러한 가름은 경계를 설정하는 것이요, 다른 한편으로는 한정하는 것이다. 가름은 구별이다. 울타리에 의해서 집과 외부 세계가, 안과 밖이 구별된다. 경계를 설정함으로써 공간의 차별성을 창조한다. 구별하고 한정하고 배제한다. 구별을 통해 차별한다.

더불어서, 우리의 삶 자체가 울타리로 인해 일정한 정도로 그 안에 한정되게 된다. 경계 지움을 통해서 다른 사람이나 사람들의 집단에 대해서, 나와 나의 집단을 구별하고 또한 그것은 타인의 집단과 외부 영역에 대해서 나의 집단을 그 안에 한정하는 기능을 함께 수행한다.

볼르노는 이러한 경계, 한계를 "인간 본질의 구성요소"[86]라고 하였다. 이 말은 인간의 삶이 이러한 벽과 담 등의 경계를 통해서 보호될 뿐만 아니라 근본적으로 어떠한 한정지음과 제한하는 조건들을 벗어나서는 존립할 수 없

---

86) O. F. Bollnow, *Neue Geborgenheit*, p.179ff.

48

다는 것을 의미한다. 인간의 인간다움은 어떤 규정과 제한과 범주 안에서 그
렇다는 것이다.

그런데 인간의 삶뿐만 아니라 동물의 생태에도 이러한 경계와 제한이 분
명하게 존재한다. 생물학과 생태학에서 쓰이는 터(territory)개념이 바로 그
것이다. 윌슨(E. O. Wilson)에 따르면 터란 "한 마리 또는 한 집단의 동물이
노골적인 방어나 자기존재의 광고로 축출행위를 하여 다소간 독점적으로 차
지하는 지역을 말한다."[87] 브룸(D. M. Broom)은 "다른 개체들을 배격하고
그 안으로 들어오는 것을 제지하는 역할을 하는 경계설정과 투쟁에 의해서
방어되는 영역을 터라고 정의한다."[88]고 하였다.

이러한 터의 정의를 통해서 알 수 있는 터의 기본적인 구성요소들로는 특
정 지역에 대한 지속적인 점유, 경계 혹은 한계설정, 타 개체나 집단에 대한
배타성, 방어나 광고에 의한 독점성 등이다.[89] 터의 방어와 유지에 소요되는

---

87) Edward O. Wilson, *Sociobiology.* (The Abridged Edition), 1980. 이병훈, 박시
  룡 역, 『사회생물학 Ⅰ - 사회적 진화와 메커니즘』, 서울: 민음사, 1989, 318쪽.
88) Donald M. Broom, op. cit., p.196.
89) 우선 '특정 지역에 대한 지속적인 점유'에 대해서 살펴보자. 동물들이 어떤 특
  정한 지역을 독점적으로 사용하는 방법에는 다음과 같은 5가지 방식이 있다.
  "1) 명백한 방어, 2) 광고에 의한 반발, 3) 서로 다른 생활형(life form)이나 유
  전형(genetic morph)에 의해 각기 다른 생존 장소를 선택, 4) 무작위적인 분산
  효과를 통해 개체들이 충분히 흩어지는 것, 5) 이들 효과 가운데 어떤 식의 조
  합들에 의한 것을 말한다."(Ibid., p.323.) 특히 동물들 사이의 상호작용이 앞의
  두 가지 조건(1, 2)에서 일어날 때 그 점령지역을 바로 터라고 말한다.
  특정지역에 대한 지속적인 점유와 함께 고찰할 수 있는 것으로 경계설정의 요
  소를 들 수 있다. 명백한 한계 혹은 경계의 설정이다. 동물들이 지속적으로 점
  유하고 방어하는 터는 유동적이고 애매한 공간이라기보다는 명백하게 구분되는
  지역으로 이루어진다. 비록 그러한 경계의 설정이 눈으로 명백하게 식별되는
  것은 아니지만 발톱으로 나무에 상처를 내거나, 페로몬(pheromone)의 분비, 짖
  거나, 과시적 행동 또는 싸움 등으로 경계를 표시하거나 방어한다.(Broom, op.
  cit., p.196.)
  이러한 경계의 설정과 방어는 상당한 에너지를 필요로 한다. 따라서 터의 유지

에너지가 너무나 막대하기 때문에 어떤 동물은 결코 터를 갖지 않으며, 혹은 번식기와 같은 특정한 시기에만 터를 갖는다. 반면에 다수의 동물들은 터를 형성하지 않고서는 번식할 수 없다. 종종 이러한 터 형성 혹은 점유의 실패는 짝짓기의 실패와 더불어서 개체의 생존에도 영향을 미친다. 다시 말해서 터를 소유하지 않은 개체는 그렇지 않은 경우보다 생존율이 훨씬 낮다.[90]

이것은 매우 중요한 의미를 갖는데 그것은 터가 동물들의 본질적인 생존과 밀접하게 관련된 시기에 보다 필수적인 요소로 된다는 점이다. 다시 말해서 터가 동물들의 생존과 번식에 있어서 근본적인 요소로서 요청되어진다는 것이다. 다른 말로 표현하면, 터를 소유하는 동물들의 본성은 터가 부여하는 안정 안에서만 짝짓기와 번식과 양육이 가능하도록 되어있다. 이러한 터의 필수불가피성은 어떤 동물종들에 있어서는 그 동물의 생존 시기 전체에 걸쳐서 확인된다. 따라서 터를 배제하고는 동물들의 그러한 본질적인 부분에 대한 이해가 불충분해지거나 전혀 불가능하게 될 수 있다. 우리는 터와 관련해서만 그런 동물들의 본질과 특성에 보다 철저하고 합당하게 접근해 들어

와 방어가 주는 이익과 그것을 방어하는 데에 소요되는 에너지를 고려해서 터의 적정한 크기를 결정하는 것이 대단히 중요하다(Broom, op. cit., p.199의 그림 132 참조). 또한, 터의 범위는 그 범위 안에 속한 먹이의 풍족한 정도, 개체나 집단의 방어 능력 등의 요인에 영향을 받는다.

경계의 설정과 그 경계 안에 속하는 영역에 대한 지속적인 점유가 갖는 장점은 다음과 같다. 경쟁자를 축출함으로써 그 지역의 먹이를 독점할 수 있고, 그 지역에 친숙해 짐으로써 낯선 지역을 여행하는 데서 오는 위험을 피할 수 있으며, 따라서 먹이를 쉽게 발견할 수 있고, 적절한 은신처를 쉽게 찾아낼 수 있다. 아울러 날씨와 기타의 외부적 위협으로부터 피할 수 있는 안식처를 쉽게 확보할 수 있다.(Ibid., p.196.) 아울러 타 개체와의 싸움이나 공격적 행동을 감소시킴으로써 에너지의 소비를 감소시킨다.(Robert A. Wallace, *The Ecology and Evolution of Animal Behavior*, 2nd Ed. Santa Monica: Goodyear Publishing Co. Inc., 1979, p.181.)

90) Donald M. Broom, *Biology of Behavior: Mechanisms, functions and applications*, New York: Cambridge University Press, 1981, pp.198-199.

갈 수 있다. 이들 동물들에게 있어서 터는 본질적이고 기본적인 생존의 조건이었다. 따라서 이러한 터를 배제하고는 이들 동물들의 본질적인 특성을 제대로 이야기할 수 없다.

그렇다면 동물들에게 있어서 터와 유사한 특징과 기능을 갖고 있는 울타리는 인간의 삶에서 어느 정도의 비중과 의미를 갖고 있는가? 울타리는 인간의 본질적인 특성을 이해하기 위해 필수적으로 탐구되고 이해되어야만 하는 요소인가?

인간의 삶에서 경계로서의 벽, 울타리, 담에 의해서 인간의 삶의 공간은 내부세계인 집과 외부세계로 구분된다. 그러한 구분은 물리적인 구분에 그치지 않고 질적이고 정신적인 구별을 동시에 의미한다. 이러한 경계에 의해서 울타리 안은 집 코스모스 중심 성역 고향 안정의 장소로, 외부 세계는 어둠과 불안의 장소로 나누어지게 된다.

그리고 경계 지움이나 집을 만드는 것이 인간의 삶에서 근본적인 것처럼, 이러한 공간의 분할 또한 인간의 삶의 본질적인 특징이다.[91] 인간의 전체적 삶은 내부 공간인 집과 외부세계 사이의 끊임없는 대응과 그 두 세계를 오고 감에서 지속되며, 성장해 가기 때문이다. 따라서 벽 담 울타리 등의 경계에 의한 공간의 질적인 분할은 집의 방어적·보호적인 기능과 그것이 부여하는 안정의 바탕이 되는 삶의 본질적인 측면의 한 요소이다.

울타리에 의해 만들어진 내부 공간이 갖는 의미에 대해서는 제4장 '울타리 안의 공간'에서 보다 상세하게 고찰하기로 한다.

둘째, 외부에 대해서 내부를 막아주는 역할을 한다. 즉 배타적인 영역으로 내부를 설정한다. 그러한 배타성은 높이와 물리적인 강도를 통해서 외부로부터의 침입과 투시를 방지함을 통해서 이루어진다. 이 경우 막아줌은 시각적인 차단일 수도 있고 물리적인 위협으로부터의 방어일 수도 있다. 인간과 인간의 관계에 있어서는 구별과 차별을 의미한다.

동물계와 인간의 삶에서 공통적으로 확인되는 집의 기본적인 기능은 방어

---

91) O. F. Bollnow, *Mensch und Raum.* p.130.

와 보호 기능일 것이다. 집은 모든 외부로부터의 위험 공격 압력에 대해서 그 안에 거주하는 존재들을 보호해 주는 기능을 한다. 거의 대부분의 동물들이 이러한 의미의 집을 만들고, 또한 집을 만드는 것 자체가 그들의 삶에서 가장 우선적인 과제 중의 하나이다. 이처럼 삶을 지속시켜주는 방어와 보호의 기능을 제공한다는 점에서 집은 동물과 인간의 삶에서 필수적이고 기본적인 것이다.

집이 제공하는 방어와 보호의 기능을 위해서 필수적으로 요청되는 것이 울타리 담 벽 지붕 등이다. 울타리와 담 벽 지붕을 통해서 인간은 비바람과 추위를 포함한 날씨나 짐승들로부터의 위험이나 낯선 존재들로부터의 위험 등에서 스스로를 보호한다. 그리고 그러한 벽, 지붕, 울타리, 담 등은 곧 집을 구성하는 요소들이다. 그러므로 집이란 어떤 의미에서는 이러한 방어와 보호를 위한 목적에서 자연스럽게 생겨난 결과라고 할 수 있다. 집에는 방어의 기능이 이미 언제나 포함되어 있다.

그런데 방어의 측면에서 볼 때 인간의 집과 동물의 집은 본질적인 차이를 드러낸다. 동물의 경우에는 집 자체가 방어적인 역할을 하는 경우도 있지만 대부분의 경우는 집을 둘러싼 특정 지역을 동물 스스로의 노력으로 방어한다.[92]

---

92) 동물의 터 방어에는 몇 가지 유형이 있는데 브룸(Donald M. Broom)은 이를 다섯 가지 유형으로 분류한다.
A형: 은신, 구애, 교미, 영소 그리고 대개의 먹이수집이 이뤄지는 하나의 큰 방어지역을 말한다. 이러한 터는 특히 저루어류(低樓魚類), 수상(樹上)도마뱀, 식충성 새와 소형 포유류에서 흔히 볼 수 있다.
B형: 번식활동은 모두 이뤄지나 먹이의 주 원천이 되지는 못하는 큰 방어지역을 말한다. 이런 식의 터는 약간 드문데 이러한 터를 이용하는 종의 실례에는 쏙독새 Caprimulgus europaeus와 갈대휘파람새 Acrocephalus scripaceus가 있다.
C형: 소굴 부근에 작은 방어지역을 이루며 군체성 새는 대개 이와 같이 제한된 터를 이용한다. 여기에는 대개의 해조들, 왜가리, 따오기, 홀라밍고, 산까치 무리가 들어가고 곤충에서는 송곳벌과 무리를 지어 영소하는 벌들이 속한다.
D형: 구애와 교미 또는 이 가운데 어느 하나를 위한 터를 말한다. 그 실례로는 실잠자리와 잠자리의 수컷들, 그리고 새와 유제류 수컷들의 구애장을 들 수 있다.

이에 대해서 인간은 울타리를 침으로써 방어한다. 그 안에 집을 지음으로써 이중의 방어벽을 구성하고 핵심적인 방어구역을 설정한다. 이러한 울타리침은 자신의 영역을 방어하기 위한 노력을 줄여준다. 즉, 터의 방어에 드는 에너지를 감소시킴으로써 다른 활동으로 에너지를 전환할 수 있게 해 준다. 이것이 인간의 삶을 동물들과 다르게 변화시키는 중요한 요소 중의 하나이다. 즉 인간은 울타리를 침으로써 자신의 생존을 위한 필수공간을 방어하는 데 드는 힘을 현저하게 감소시켰다. 이에 따라 남은 에너지를 자신의 삶의 다른 영역으로 전환시킴으로써 동물계와는 다른 인간의 세계, 즉 문화를 만들어 내는 것이다. 정주와 정착으로부터 문명이 시작되는 것은 이러한 울타리침과 관련된 방어에 드는 에너지의 감소와 관련된다.

울타리침이 가져다주는 에너지의 절감은 물리적인 측면과 정신적인 측면 모두에 관계된다. 물리적 울타리를 통해 물리적인 위협에 대처함과 마찬가지로, 사회적·정신적인 울타리를 통해서 타인과의 관계에서 오는 심리적·정신적인 위협으로부터 자신을 방어하고 보호하는 것이다.

그러므로 울타리가 부여하는 방어 기능이 인간을 이해하는 데 있어서 갖는 의미는 각별하다. 울타리의 방어 기능이 부여하는 안정을 바탕으로 인간의 삶의 다양한 잉여적 산물들이 형성되기 때문이다. 생존을 위한 부단한 노력의 감소에 따른 여가를 통해 인간은 문화를 꽃피우는 존재가 될 수 있었다. 그러므로 울타리가 수행하는 방어는 문화적 존재로서의 인간을 형성하는 조건이며, 따라서 울타리는 인간이해의 본질적인 부분이다.

셋째, 울타리에는 대체로 중심이 있다. 이 중심은 주거에서 가장 분명하게 확인된다. 주거에 있어서는 집이 중심이 되고, 여타의 건물을 둘러싼 울타리

E형: 휴식처와 은신처를 말한다. 날여우박쥐에서 동굴서식인 미오티스(Myotis)와 타다리다(Tadarida)에 이르는 많은 종류의 박쥐들은 집단휴식을 하는데 그 속에서도 개체별 수면위치(personal sleeping position)가 방어된다. 이 밖에 무리를 지어 휴식을 취하는 종달새, 영국참새, 집비둘기 같은 새들의 경우도 같다.(Donald M. Broom, op. cit., p.325.)

에서는 그 건물이 중심이 된다. 중심은 인간의 삶과 관련된 울타리에서 보다 분명하게 드러난다. 앞서 언급한 주거에 있어서의 집이 가장 분명한 요소이다. 뿐만 아니라 가족이라는 기본적인 사회적 울타리 안에서도 가장이라는 분명한 중심이 존재한다.

중심은 울타리 밖과의 관계맺음과 역동적인 작용에서 어떤 흔들리지 않는 토대를 제공함으로써 항상성을 보장한다. 집이라는 중심이 있기에 인간은 광활한 세계 안에서 이리저리로 움직이고 다양한 작용들에 노출되면서도 스스로의 자리를 잃지 않는다. 집을 중심으로 인간은 그의 전 생애 동안에 나아가고 들어오는 작용을 반복한다. 중심이 없으면 인간의 삶은 표류하는 유랑이 되고 말 것이다. 그러므로 중심은 인간의 삶에 안정을 부여하는 절대적인 요소이며 인간의 울타리에서 가장 중요한 요소 중의 하나이다.

중심은 동질적인 요소들로 구성된 울타리 안에서 위계를 만들어 내고 결집된 힘을 발휘하게 한다. 중심에서부터의 거리에 따라서 위계가 정해진다. 중심과 거리가 멀면 그 관계의 강도가 약해지고 결속도 약해지며 위계가 낮아진다. 집 안 공간이 인간의 삶에서 가장 중요한 공간이고 그 다음이 이웃이며 그 다음이 마을이다. 마을보다 더 넓은 세계는 인간의 삶에서는 그리 중요한 의미를 차지하지 못한다. 이렇게 중심은 관계의 강도와 요소들 간의 위계를 정하는 기준이 되기도 한다.

넷째, 울타리 안은 동질적인 영역이다. 울타리 안은 울타리 밖의 영역에는 포함되어 있지 않은 어떤 공통의 요소들로 이루어진다. 집, 가족, 마을, 우리 등은 모두 어떤 공통적 요소, 즉 혈연, 지연, 학연 등의 공통적인 요소들로 이루어진 집단이다. 집이라는 울타리 안에서 살아가는 가족은 혈통과 주거라는 동질적인 요소를 가지고 있다. 마을이라는 울타리 안에는 함께 살아가는 공간이라는 지역적인 동질성이 존재한다. 집안(親族)이라는 울타리 안에는 혈통이라는 동질성이 존재한다. 동문회라는 사회적인 울타리 안에는 같은 학교 출신이라는 동질적인 요소가 존재한다.

이처럼 공간적인 울타리, 사회적인 울타리 안에는 어떤 동질적인 요소들이 포함되어 있다. 이러한 동질적인 요소들의 공유가 울타리의 구성 요건이 되고, 울타리 안에 포함될 수 있는 전제 조건이 된다. 이러한 동질성은 울타리 안에 포함된 요소들 사이의 결속을 보장한다. 반면에 울타리 밖에 대해서는 그러한 동질성의 유무에 따라서 차별하고 배척하는 근거가 된다. 동질성이 곧 차별과 배타성의 토대로서 작용하는 것이다. 따라서 동질성은 울타리 안을 결속하면서 울타리 밖에 대해서는 배타적이고 차별적이게 하는 준거요인이 된다.

여기에서는 울타리의 구성요소로서 경계, 둘러막음, 중심과 동질성 등의 요소들을 살펴보았다. 이러한 요소들은 울타리를 구성하면서 또 울타리의 본질을 규정하는 요소들이다. 따라서 앞으로 울타리의 구체적인 표현양태들을 살펴볼 때에 이러한 개념정의에서 비롯된 요소들이 고찰의 준거로서 활용될 수 있을 것이다. 즉, 어떤 삶의 현상들에서 이러한 네 요소들이 충족될 경우에 우리는 울타리적인 현상이라고 말할 수 있다.

그리고 이러한 여러 가지 울타리적인 현상들을 고찰할 때 앞에서 울타리의 구성요소로 규정한 네 가지 요소들이 유용한 판별의 척도로 작용할 수 있을 것이다.

제3장 울타리의 구조적 특징과 의미

앞서 2장의 울타리의 어원에 대한 고찰에서 보았듯이 '울타리'는 '우리'라는 한국어의 기본적인 표현과 연관되어 있으며, 따라서 한국인의 생각과 삶에 밀접하게 연결되어 있다. 이에 착안해서 이 연구에서는 먼저 한국인의 생활현장에서의 울타리의 고찰을 통해서 그 공간구조와 의식구조를 밝히고자 한다. 따라서 이를 바탕으로 그 안에 담겨진 인간이해와 그 인간학적인 의미를 고찰하여 인간본질의 탐구와 교육적 의미의 해명으로 나아가고자 한다. 따라서 연구의 소재는 한국사회의 특수한 현상이고, 그 공간구조와 의식구조의 특징은 한국적인 현상이지만 이에 기초하여 해명된 인간상과 교육인간학적인 의미는 한국인의 이해뿐만 아니라 이해에도 적용될 수 있을 것이다.

3, 4, 5장에서는 울타리를 한국 전통적인 집, 그중에서도 일반인들의 주거인 민가와 관련해서 다룬다. 3장에서는 민가 울타리의 특징을 집에 있어서의 울타리의 기능과 의미를 통하여 살펴본다. 4장에서는 울타리 안의 공간으로서 집을 다룬다. 집을 구성하는 두 가지 중요한 공간인 마당과 집이 갖는 구조적 특징을 살펴보고 그에 기초해서 의식구조의 특징을 고찰한다. 5장에서는 울타리 안에 살아가는 사람들로서 가족을 다룬다. 가족은 울타리를 치는 주체이며 울타리가 존재하는 궁극적인 이유이다. 가족을 살펴봄으로써 울타리를 만드는 사람들의 의식구조의 특징과 울타리가 삶에서 차지하는 의미를 보다 분명하게 알 수 있을 것이다.

한국의 전통 주거에서 울타리는 대체로 자연에서 가져온 재료들로 만들어지며, 집을 빙 둘러싸고 있어서 집과 바깥을 나누는 경계가 되고, 어느 정도의 높이가 있어서 안과 밖을 차단한다. 또한 울타리에는 문이 있어서 출입의 통로가 된다. 또 울타리는 위를 덮지 않아서 하늘을 향해서는 열려 있다.

울타리의 주재료인 풀, 나무, 흙, 돌 등의 자연적인 소재로부터 울타리의 특징을 어떻게 유추할 수 있는가? 이러한 둘러쌈과 높이에 의한 차단은 어떤 의미를 가지고 있는가? 울타리에 난 문은 어떤 역할과 의미를 가지는가? 울타리는 왜 하늘을 향해 열려 있는가? 여기에서는 이러한 울타리의 구조적 특징에 대해서 살펴보고 그 특징으로부터 울타리를 만든 사람들의 어떠한 내면적 특징이 그러한 울타리의 특징을 만들어내는 지를 유추해서 해명하고자 한다.

1. 자연 재료의 선택

가. 재료에 따른 울타리의 분류

전통적인 민가의 울타리는 사용된 재료에 따라서 크게 몇 가지로 나눌 수 있다. 울타리의 종류는 그 재료에 따라서 "살아 있는 나무를 밀식(密植)하여 구성한 생울타리 즉, 산울, 죽은 나무줄기를 이용하거나 이엉 등의 식물성 재료를 써서 만든 바자울, 흙으로 쌓은 토담, 흙과 돌을 섞어 쌓은 맞담, 돌만으로 쌓은 돌각담, 돌과 벽돌로 쌓은 담장, 그리고 벽돌만으로 구축하는 전장(塼墻) 등"으로 분류할 수 있다. 이외에 통나무로 책(柵)을 만들기도 했는데, 살림집의 울타리로는 흔한 것은 아니었다.[93]

이들 울타리 중에서 가장 간단한 것이 산울인데, 이는 산간지역이나 농촌 지역에서 살아있는 나무를 집터의 경계에 심어서 그 나무자체가 하나의 울타리를 이루게 한 것이다. 이러한 산울의 나무로는 가시나무, 탱자, 개나리

---

93) 신영훈, 『한국의 살림집 -上: 韓國傳統民家의 原形研究』, 서울: 열화당, 1983, 374쪽.

등이 주로 쓰였다.

산울이 살아있는 식물을 이용한 것이라면 바자울은 풀이나 나무를 잘라서 특별한 가공 없이 사용하는 것이다. 바자울은 이락(籬落), 파리(巴籬, 藩籬) 등으로 불리기도 한다. 이 울은 나무 가지, 싸리나무, 수수깡 등을 엮어서 만들며 농촌주택에 널리 쓰였다.[94]

바자울이 풀이나 잔가지를 이용한 울이라면 바자울보다 크고 튼튼한 나무 재료들을 사용한 울의 형태로 "죽책(竹冊)이나 목책(木柵), 판장(板墻)이 있는데, 이들은 대나무를 엮어서 또는 통나무를 박아서 만들고 판장만은 나무 기둥을 세우고 여기에 상·중·하 세 곳에 가로로 인방을 보낸 후 판자를 붙여 만든다. 이들은 지방의 농촌주택에서 주로 쓰인다.[95]

이외에 흙과 돌, 벽돌 등으로 만들어지거나 이들을 혼합해서 만든 울타리들은 모두 담으로 분류된다.

나. 재료 선정의 특징과 의미

울타리를 만드는 재료의 공통적인 특성은 우선 주변에서 손쉽게 구할 수 있는 재료들로 구성되어 있다는 점이다. 실제로 울타리의 재료는 지역별로 그 지역에서 가장 손쉽게 구할 수 있는 것으로 이루어진 것이 대부분이었다. 울타리의 재료와 관련한 두 번째 특징은 이들 재료가 대부분 자연상태 그대로의 것을 사용한 것이라는 점이다. 가공한 경우에도 흙을 구워서 쓴 벽돌 정도이며, 자연석을 가공한 돌벽돌의 경우에는 궁중의 담이나 성곽 외에는 거의 쓰이지 않았다.[96]

---

94) 주남철, 『韓國建築美』, 서울: 일지사, 1983, 106쪽.

95) 위의 책, 110쪽.

96) 위의 책, 106-108쪽.

1) 자연친화적 재료 선택

보편적으로 주택의 건축과 관련해서 재료는 중요한 요소였다. 형태는 재료를 다루는 기술의 진보에 따라 변화하고, 어떤 의미에서는 발전해온 것이 사실이다. 다시 말해서 인간의 주거는 동굴에서 바람막이형의 주거로, 원형 주거로, 그리고 구형(矩形)주거로 바뀌어 왔으며, 이는 사용된 재료와 기술에서 비롯된 유형의 변천이다.[97] 그렇지만 형태의 결정에 있어서 기술적·재료적 요소가 절대적인 변수는 아니다. 사회적인 가치가 기술의 향상에 우선하는 경우도 있기 때문이다.[98] 이는 재료와 기술에 우선하는 문화적인 요소의 영향을 의미하는 것이다. 어떤 경우에도 구조적인 기술과 재료 자체는 우리가 발견하는 형태의 본질과 다양성을 충분하게 설명해 주지는 못하며, 이러한 설명할 수 없는 부분은 주거에 대한 이상 터부 등의 관습적·문화적 측면이 담당하는 것이다.[99] 인간은 자신의 환경을 조성하기 위해서 건축을

---

97) Amos Rapoport, *House Form and Culture*, Prentice-Hall, Inc., Englewood Cliffs, N. J., 1969, p.24ff.

98) Ibid., p.25 ; 손세관,『都市住居 形成의 歷史』, 서울: 열화당, 1993, 166쪽.

99) 라포포트는 자연조건과 인간의 선택의 자유 사이의 관계를 "임계성"(criticality)의 개념으로 설명한다. 여기에서 임계성이란 인간의 선택을 가능케 하는 자연의 제약요소의 한계점을 이야기한다. 즉, 자연의 제약을 극복할 수 있는 순간부터 인간의 선택이라는 자유의지가 개입할 수 있다는 것이다. 라포포트는 "주거의 형태는 물리적인 요소로써 결정되지 않으며, 따라서 건물은 비교적 낮은 임계성 때문에 매우 다양한 변형을 보여줄 수 있다. 이 점은 중요한 논제이다. 물리적인 임계성이 낮기 때문에 사회문화적 요소가 작용할 수 있고, 이들이 작용하기 때문에 순수한 물리적인 요소만으로는 형태를 결정할 수 없다. ….필자가 논하려는 것은 사회문화적인 요소가 일차적인 것이지 유일한 것은 아니라는 점이다. 기후·경제·기술·재료 등과 같은 각각의 조건에 따라 임계성이 증가하면 자유의 정도는 감소는 하지만, 어떤 조건하에서도 가능한 한 최대한도로 표현된다. 그리고 항상 여러 힘들이 결합해서 작용한다."(Ibid., p.58ff.: 인용부분은 아래의 역서에서 인용하였다. 이계목 역,『주거형태와 문화』, 서울: 열화당, 1985, 88-89쪽.)

하는데, 그것은 물리적인 환경뿐 아니라 내적·사회적·종교적인 환경을 조성하는 것으로서 문화적으로 보면 이상적인 환경을 말하는 것이다. 기후가 허용하는 한 그가 원하는 바를 실현하는 것이다. 인간은 가능한 한 자신의 이상적인 모형에 가까운 것을 만들기 위해서 도구, 기술, 재료를 사용한다. 여러 수정요소들 중 어느 것이 우세한가는 각 요소들의 강도뿐만 아니라 사람들의 자연에 대한 태도에도 관계한다. 자원과 기술의 이용도는 그 유용성뿐 아니라 목표와 가치에도 영향을 받기 때문이다.[100]

따라서 울타리와 집의 건축에 있어서 한국인들의 재료 선택은 그러한 관습적·문화적인 측면을 반영하고 있다고 말할 수 있다. 다시 말해서 짚과 나뭇가지와 흙을 선택하고, 흙을 구워서 만든 벽돌과 기와를 보다 고급의 건축재료로 선택하는 한국인의 주거재료에 대한 선호는 재료에 대한 접근의 편리함과 주택건축기술의 수준이라는 한계요소 이외에 문화라는 또 다른 측면이 개입하고 있다는 것이다.

그렇다면 한국인의 주거와 울타리에서 재료 선택, 형태 결정의 주요 관습적·문화적 변인은 무엇일까? 한국인들이 주로 선택해서 사용한 재료와 이상적 주거에 대한 한국인의 생각으로부터 그러한 변인들을 유추해 볼 수 있다.

앞에서 살펴본 대로 한국인들은 울타리의 재료로서 흙, 나뭇가지, 돌 등을 즐겨 선택했다. 이러한 사실에서 우리는 울타리의 재료 선택과 관련된 한국인의 사고방식과 가치관을 읽을 수 있다. 즉, 한국인들은 울타리를 세우는 재료로 자연 그대로의 재료들을 선택하기를 원했다. 자신의 주변에 널려 있어서 쉽게 구할 수 있고 친숙한 재료들을 골라서 울타리를 세우기를 좋아했다는 것을 말한다.

이들 자연에서부터 선택한 재료들이 갖는 특징 중의 하나는 원상태로의 회복성이다. 이들 재료는 시간이 지남에 따라서 소멸되거나 흩어져서 인위적인 흔적을 남기지 않는다는 특징을 갖는다. 흙과 나무, 짚으로 구성된 일반적인 민가는 오랜 세월의 풍화를 견디지 못하고 아무런 흔적을 남기지 않고

---

100) Ibid., p.60.

사라지고 만다. 옛 마을이나 집터를 찾아 흔적을 더듬으면, 기와집의 경우에는 깨어진 기왓장 파편들 정도를 찾을 수 있으나 초가의 경우는 전연 아무런 흔적을 찾을 수 없는 것이다.

울타리의 재료 선택에 있어서의 이러한 자연재료 선호는 살아 있는 나무를 심어서 만든 울타리 즉, '산울'에서 보다 분명하게 드러난다. 이상적인 가옥에서 울타리는 종종 산울로 그려지고 있기 때문이다. 자연친화적인 태도를 가장 분명하게 나타내는 것이 울타리의 생략이다. 울타리의 생략은 주로 집의 후면이 산과 접하고 있는 경우에 나타나는데, 이 경우에는 별도로 울타리를 쌓지 않고 자연을 향해 개방하여 두곤 했다. 굳이 인위적인 손길을 가하는 경우에도 자연의 아름다움을 더하기 위해서 돌이나 나무를 첨가하는 정도에 그쳤을 뿐 울타리를 만들지는 않았다. 또 여유 있는 집에서는 뒷동산과 연결된 후원을 조성하였는데, 후원의 조성에 있어서도 있는 그대로의 자연을 최대한 수용하고 불가피한 경우에도 약간의 수정과 보완을 통해서 자연의 아름다움을 돋보이게 하는 데 초점을 맞추었다.[101]

자연을 향한 울타리의 생략과 산울의 두 경우는 자연으로 울타리를 대신하는 경우 또는 자연 상태와 가까운 것을 좋은 울타리로 보는 것이다. 이 경우 자연은 울을 대체한다. 혹은 자연과는 경계 짓지 않음을 나타낸다. 자연 안에서 누리는 평안, 자연과의 일체감을 반영한다. 자연을 가름의 대상으로 여기지 않음을 보여준다.

따라서 울타리의 재료를 통해서 볼 때 한국인은 인간과 인간의 관계에 있어서는 일정한 한계와 제한을 가하는 경향이 있었지만, 자연과의 관계에서는 개방성과 친밀함을 잃지 않고 오히려 관계를 맺기를 바라고 바람직한 관계를 유지하려고 노력했음을 알 수 있다. 이처럼 울타리를 만든 사람들의 의식 안에는 인간과 자연이 관계와 작용의 상대편으로서 서로 마주하고 있음을

---

101) 정동오, 『한국의 정원: 韓國園林硏究』, 서울: 민음사, 19882, 315-319쪽: 박영순 외, 『우리 옛집 이야기: 한국 전통주택의 실내공간』, 서울: 열화당, 1998, 58쪽; 신영훈, 『한옥의 조형』, 서울: 대원사, 1989, 87쪽.

알 수 있다. 그래서 울타리와 집을 생각할 때에는 언제나 자연의 요소들이 함께 떠오른다. 좋은 집과 좋은 울타리를 만들기 위해서 먼저 좋은 자연이 있는 곳을 찾았고, 다음으로 자연의 요소들을 집 안에 어떻게 끌어들이고 배치하고 배려할 것인가를 생각했던 것이다. 이러한 경향은 울타리를 만든 사람들이 자연과 동화하기를 원하고, 자연을 인위적으로 변경하기보다는 자연과 어울려 함께 살기를 원했던 자연조화적 세계관을 가졌던 데서 비롯된 것이다.

한국인들은 자연을 인간이 자신의 기본적인 공간인 거주의 장소를 선정하고 배치하는 언제나 함께 고려하였다. 자연은 이상적인 집의 구성요소이며, 더 나아가 이상적인 세계의 표상이다. 세계이해 안에 함께 작용하고 있는 요소, 인간과 그의 삶을 생각할 때 언제나 함께 고려되어야 하는 요소로서의 자연이 여기에서 확인된다.

세계 안에 살아가는 인간은 그 존재구조 안에 공간과의 관계를 본질적으로 내포하고 있다. 따라서 공간과의 관계는 인간의 본질 곧 사람됨과 관련된 보편적인 요인이며 사람됨을 규정하는 요소이다.[102] 그렇지만 공간과의 관계가 일정하고 획일적인 것은 아니다. 세계를 어떻게 이해하느냐에 따라서 그 관계가 다르게 설정될 수 있기 때문이다. 다시 말해서 세계는 집과 도시라는 질서 지워진 우주와 집 밖의 혼돈과 어둠의 세계로 이중적으로 이해되거나,[103] 혹은 기하학적이며 수학적인 이해에 따라서 수직과 수평의 교차가 반복되는 공간으로 이해되기도 한다. 이러한 이해들은 그 상이한 세계에 대한 파악을 통해서 세계와의 관계, 공간과의 관계를 서로 다르게 규정한다.[104] 그런데 전통적인 한국 주거의 울타리에서는 '자연'이 세계이해의 중요한 개

---

102) O. F. Bollnow, *Mensch und Raum*, p.22.

103) 참조: Mircea Eliade, 이동하 역, 『聖과 俗. 종교의 본질』, 서울: 학민사, 1993; Bachelard, 앞의 책.

104) 다양한 공간이해의 양식들과 그에 따른 공간과의 관계의 차이에 대해서는 볼르노의 책 『인간과 공간』(*Mensch und Raum*)의 서론(Einleitung) 부분을 참조하시오.

념으로 확인되고 있다.

자연으로 이해된 세계는 세계와 공간에 대한 관계를 다른 세계이해에 바탕한 것과는 매우 다르게 설정하고 있다. 자연은 한국인에게 이상적인 질서이고, 삶을 풍요롭고 아름답게 하는 요소로 이해되고 있다. 자연과 동화됨으로써 자신의 삶과 사람됨이 보다 이상에 가까워 질 수 있다고 생각하였다. 따라서 자연으로 이해된 공간과의 관계에서 그것을 손상시키지 않고 보존하며 그 안에 동화되어서 사는 것을 바람직하게 생각하였다.

이러한 자연조화적인 세계관과 그에 따른 주거 재료의 선택은 오늘날 새롭게 설득력을 얻고 있는 생태학적 관점에서 볼 때에도 중요한 의의를 갖는다. 자연 안에서 자연과 작용하며 경작하지만 자연을 단순한 대상으로만 파악하지 않고 상호작용의 다른 한 편으로 이해하고 있기 때문이다. 자연다움을 이상적으로 생각해서 동화되기를 원하고 인위적인 흔적을 최소화하려 했던 자연친화적인 태도와 삶의 방식이 전통적인 생활 안에 담겨 있었던 것이다. 이것은 자연을 세계를 구성하는 다른 주체로, 인간과 상호작용하고 보다 더 인간이 배우고 닮아야 할 이상으로 파악하는 세계이해이다. 이러한 자연이해를 통해서 자연을 처리의 대상과 인간의 이익을 위한 이용의 대상으로 파악하는 이해에서 비롯되는 환경파괴의 현실을 극복할 수 있는 대안적 세계관에 접하게 되는 것이다.

2) 개방성

울타리의 재료에서 알 수 있는 다른 한 가지 특징은 자연으로부터 가져온 재료들 자체의 특성으로 인해서 튼튼하고 영구적인 담이나 성벽을 만들기 어렵다는 점과 관련된다. 자연의 재료들로 이루어진 울타리는 내부와 외부를 시각적으로는 대체로 성공적으로 차단하지만, 청각적인 측면에서는 차단의 효과가 떨어진다. 그리고 시각적인 측면에서도 재료 자체의 낮은 강도와 밀도와 높이에 있어서의 제한으로 인해서 완전한 효과를 거두기가 힘들었다.

물리적인 위협으로부터 내부 영역을 지켜주기는 더욱 힘들다. 그러므로 전통 가옥의 울타리는 방어의 기능보다는 경계로서의 기능에 더 초점을 두었다고 할 수 있다.

울타리의 재료가 완전한 폐쇄성을 담보하지 못하는 자연의 재료라는 것은 울타리를 만든 사람들의 정신세계에서 울타리 밖의 세계를 적대적인 공간, 적대적인 대상으로 파악하고 있음을 나타낸다. 울타리 밖의 영역이 적대적이거나 위협적이라면 당연히 울타리는 외부로부터의 침입을 막기 위해서 견고하고 높이 쌓아올릴 수 있는 재료들로 구성될 것이기 때문이다. 돌로 견고하게 쌓아올린 성(城)에서 그러한 '방어'의 기능에 충실한 울타리를 볼 수 있다. 견고한 성을 만들 줄 아는 사람들이면서도 그들이 거주하는 집에는 자연적인 재료를 써서 허술한 울타리를 만들기를 습관화했다는 것은 그만큼 분명한 외부세계에 대한 이해가 바탕에 깔려있다고 판단할 수 있다. 즉, 한국인들은 울타리 밖의 세계를 절대적인 적대공간이 아니라 비교적 관계의 가능성을 인정하는 대상들의 영역으로 이해하고 있는 것이다. 물리적으로 울타리를 허물어뜨리고 쳐들어 올 것으로 여기지 않는, 듬성듬성한 울타리의 틈을 통해 안을 들여다보거나 넘겨다보아도 되는, 때로는 비바람에 허물어진 울을 얼마 동안 그냥 방치해도 되는 그런 존재들이 울타리 밖을 구성하고 있었던 것이다.

허술한 울타리와 그 허술함에서 비롯되는 개방성은 울타리 밖의 세계가 '이웃'이라는 공간적·지역적인 공통성에 바탕한 공동체 사회라는 데서 비롯된다. 이것은 울타리 밖이 곧바로 완전한 외부, 무지와 어둠과 혼돈의 세계, 적대적인 세계가 아니라 비교적 우호적이고 관계 맺을 수 있는 대상으로 둘러싸여 있음을 의미한다. 이처럼 울타리 밖의 세계와 사람들에 대한 긍정적인 이해가 전제되어 있기에 울타리의 개방성이 설명된다. 아울러서 이웃공동체, 지역공동체가 성립될 수 있는 가능성도 이러한 울타리 밖의 세계에 대한 이해에서 그 근거를 찾을 수 있다. 여기에 대해서는 다음의 여러 부분에서 보다 상세하게 다루고자 한다.

2. 바깥 세계를 향해 열린 문

둘러쌈으로써 가르고 차단하고 구별하는 울타리는 당연히 폐쇄적인 특징이 있다. 그렇지만 폐쇄성뿐만 아니라 개방성을 함께 가지고 있다. 개방적인 특징을 보여주는 여러 가지 통로들이 울타리에서 발견된다. 울타리가 인간의 삶의 장소를 위한 설정이고, 인간의 삶이 외부와의 관계 위에 근거하고 있는 한 울타리의 개방성은 필수적인 것이다.

그렇지만 울타리 자체의 특성은 아무래도 경계와 차단에 강조점이 있다. 경계와 차단이 주는 확고한 보호와 안정에 기초해서 외부와의 관계가 이루어질 수 있기 때문이다. 이러한 의미에서 울타리의 여러 개방적인 통로를 매개로 하는 열림은 부분적이다. 언제나 열려 있거나 닫혀 있는 것이 아니라서 부분적이며, 또한 어떤 방향을 향해서는 열려 있는 데 반해서 다른 방향으로는 비교적 확고하게 닫혀 있다는 점에서 부분적이다. 부분적으로 열어 두면서 관계의 방향과 한계를 설정한다. 관계를 규정한다. 그 관계의 규정을 통해서 울타리 안의 영역이 가진 정체성을 보존하려고 한다. 따라서 열린 방향과 그 열림의 특징을 통해서 울타리를 만든 사람들의 외부에 대한 생각을 유추해 볼 수 있다.

울타리가 가진 개방성은 크게 세 방향으로 나누어서 생각할 수 있다. 첫째, 울타리는 문을 통로로 해서 골목과 마을과 세계를 향해 열려 있다. 둘째, 울타리는 그 낮은 높이로 인해서 부분적으로 이웃과 자연을 향해 열려 있다. 셋째, 울타리는 언제나 자연과 하늘을 향해 열려 있다. 정리하면, 인간을 향한 관계는 한시적(限時的)이고 조건적인 데 반해서 자연을 향한 열림은 항시적(恒時的)이고 무조건적인 열림이다.

첫 번째 방향, 문을 통한 골목으로의 열림은 무엇을 의미하는가?

우리는 울타리 쳐진 공간 안에서 생활한다. 울타리는 우리를 외부로부터 보호해주지만 동시에 우리를 그 안에 한정시킨다. 우리는 울타리로 인해 세계와 격리되어 있다. 이렇게 세계와 경계 지워지고 단절된 울타리에서 세계로의 교류를 가능하게 하는 것이 문이다. 우리는 일차적으로 울타리에 난 문을 통해 울타리 밖, 세계와 관계한다.

앞에서 살펴본 것처럼 울타리 안은 울타리 밖과 다르다. 울타리 안으로 들어오는 요소들은 울타리를 통해서 제한되고 걸러져 남은 것들만 울타리 안으로 수용된다. 이것은 울타리가 통제와 거름의 장치임을 말해준다. 이러한 통제와 거름이 있기에 울타리 안은 그 특성을 유지할 수 있다. 반면에, 울타리에 거름의 기능이 있다는 것은 곧 외부와의 관계가 허용됨을 의미한다. 인간의 삶은 단순히 통제와 단절로만 영위될 수 없다. 외부와의 완전한 단절은 곧 죽음을 의미하기 때문이다. 교류가 없는 체제는 곧 죽은 체제이기 때문이다. 따라서 교류는 필수적인 것이다. 이 교류의 공식적인 통로가 문이다.

그렇지만, 울타리에 난 문은 항상 열려 있는 것이 아니다. 문은 열림과 닫힘이라는 두 개의 상반된 상태를 본질적으로 내포하고 있다. 열림은 들어가고 나오는 운동, 안과 밖의 교류와 관계 등을 가능하게 한다. 관계를 통해서 내부를 외부로 확장한다. 반면에 닫힘은 경계를 완성하고 관계를 단절시키고 흐름을 차단하며 바깥에 대해서 안을 방어한다. 반면에 내부세계를 그 안으로 한정시킨다. 이러한 열림과 닫힘은 문의 본질적인 측면이며 모든 문에 공통적인 요소이다.

그런데 이러한 열림과 닫힘의 기능은 문의 재료, 모양, 튼튼함의 정도 등에 따라서 달라진다. 가령 견고한 재료를 써서 크고 단단하게 만들어진 문이라면 그 문을 닫음으로써 안과 밖은 매우 확고하게 단절된다. 시각적인 차단은 물론이고 청각적으로도 단절시킬 뿐만 아니라 심지어는 물리적인 위협까지도 막아줄 수 있을 것이다. 이 경우에 문은 내부 세계의 독립성과 안락함을 보장해 준다. 따라서 그러한 문을 가진 집은 독립적인 영역이 된다. 집 안에서도 각각의 방과 공간들이 그 공간들과 방들을 서로 연결해주는 문에 따라서 독립성의 정도가 달라진다.

문이 갖는 폐쇄성과 개방성의 정도는 문이 속한 집의 건축목적이나 기능에 따라서도 달라질 수 있지만 집을 건축하고 그 집에서 살아가는 사람들의 생각에 따라서 결정된다. 즉 집을 건축하고 문을 만드는 사람들의 사고방식에 따라서 문의 특징이 규정된다. 이는 집의 건축에 있어서 문화적 요소를 강조하는 입장과 같은 맥락이다.

그렇다면 한국의 문은 어떠한가? 울타리에 난 문은 어떤 특징을 갖고 있는가? 그러한 문을 만드는 사람들의 생각은 어떠한가? 문을 경계로 나누어지는 안과 밖의 세계, 문을 통해 드나드는 사람들에 대해서 그들은 어떻게 생각하고 판단하기에 그러한 문을 만들고 사용하는가?

전통적인 집에서는 대체로 풀과 나무로 엮어서 만든 엉성한 문을 만들어 달았다. 특히 농촌의 주택에서는 보통 '삽작문'이나 '바자문'을 만들어 사용했는데 "이 문들은 문들이 설치된 울타리와 대부분 같은 재료로 구성되어 있으며, 또 그 구성이 성기게 짜여지기 때문에 시각적으로 상당한 개방성을 주게 되며 설사 울타리가 쳐지고 대문이 닫혔다 하더라도 공간적 확장이 손쉽게 이루어진다."[105] 따라서 이 경우에 문은 아무나 쉽게 여닫을 수 있을 뿐만 아니라 닫혀 있는 경우에도 외부와의 차단효과를 충분하게 발휘하지 못한다. 더욱이 사람이 집에 있을 경우에는 대체로 문을 열어 두어서 문의 기능이 방어나 차단을 목적으로 한 것이 아니라는 것을 추정할 수 있다. 이러한 문의 극단적인 경우를 제주도에서 집으로 들어가는 좁은 골목인 '올래'의 입구에 설치한 '정살' 혹은 '정낭'에서 찾아 볼 수 있다.[106] 일반적인 서민주택보다는 한층 견고하고 높은 솟을대문[107]을 만들어 다는 양반들의 주택에

---

105) 주남철, 앞의 책, 99-98쪽.

106) 김광언, 『韓國의 住居民俗誌』, 서울: 민음사, 1988, 78-79쪽.

107) 주남철에 따르면 솟을 대문은 "본래 종이품(從二品) 이상의 신분이 타고 다니던 초헌(軺軒)이라 부르는 외바퀴수레를 탄 채로 드나들 수 있게 대문의 지붕을 주위 행랑지붕보다 일층 높이고, 또한 문지방 중앙에 홈을 파서 외바퀴가 그대로 지나가게 하였던 것을 말한다. 그러나 점차 초헌을 타지 못하는 양반가라 할지라도 이를 채택하여, 결국 양반가를 상징하게 하는 대문의 양식이 된 것"이라고 하였다.(주남철, 앞의 책, 98쪽.)

서도 문은 그렇게 튼튼하다고 볼 수 없는 나무문이었다.

결국 한국의 울타리에서 문은 경계는 분명하지만 차단과 방어를 주목적으로 설치된 수단은 아니라는 것을 알 수 있다. 문을 경계로 나누어지는 안과 밖을 완전한 차단과 단절의 대상으로 여기지 않는 이해가 그 안에 포함되어 있다. 언제나 안과 관계되어 있거나 관계될 수 있는 밖, 언제나 이미 배려의 대상인 타자, 완전한 남이 될 수 없는 울타리 밖의 세계를 상정하는 것이다.

반면에 문을 빈약하게 만들어서 완전하게 차단하지 않는 사람들은 타인의 문에 대해서도 마찬가지로 생각한다. 자기 집, 자신의 울타리의 문이 언제나 열려 있어서 다른 사람의 출입을 허용하듯이 타인의 집, 타인의 울타리의 문도 열려 있기를 원하고 열린 문을 통해서 마음대로 출입하기를 원한다. 열린 문은 앞에서 보았듯이 관계를 의미하고 영향을 주고받음을 의미한다. 타인의 문안으로 들어가서 타인의 삶을 간섭하고 영향을 미치고 관계할 수 있다는 전제가 한국인의 울타리에 만들어진 약한 문과 열린 문에 담겨져 있다. 언제나 다른 사람을 의식하고 다른 사람의 일에 관심이 있고 나를 다른 사람과 견주고 다른 사람의 판단에 신경을 쓰는 우리 사회의 풍토에는 이러한 문의 특징과 관련된 의식구조가 담겨 있다.

한편, 이러한 문은 인간이해의 문제와도 연결된다. 집 밖의 존재들에 대한 이해, 집 안에서도 각각의 공간에 속한 존재들에 대한 이해가 문에 반영되어 있다. 언제나 나와 관계된 존재나 연결된 존재로, 최소한 관계가능하고 동질성을 지닌 존재로 문밖의 사람들을 이해하고 있기에 이러한 문이 가능한 것이다. 집 안에 있는 문이 더 허술하고, 혹은 집 안의 공간이 융통성 있게 구조화되어 있어서 쉽게 문을 들어내고 여러 개의 공간을 하나의 공간으로 만들 수 있는 구조는 집 안이 나와 매우 밀접하게 연결되어 있고 나와 비슷한 사람들의 영역이기 때문이다.

집 밖, 울 밖에 대해서 완전하게 차단하지 못하는 문을 다는 것은 집 밖의 존재들도 완전히 다른 존재, 완전하게 단절된 외부 영역이 아님을 보여준다. 따라서 울타리와 문을 통해서 알 수 있는 것은 울타리 밖이 나와 완전하게 분리되지 않는, 동질성을 확인할 수 있는 사람들의 세계라는 인식이다. 안과 밖을 구분하지만 완전하게 단절하지 않고, 전혀 다른 별개의 존재로 보아 교류와 관계가 불가능한 것으로 생각하지 않는다는 것을 알 수 있다.

그러나 울타리에 난 문이 비교적 불완전한 차단의 장치임에도 불구하고 문의 차단의 기능은 분명하게 수행하고 있다. 울타리의 문은 차단의 작용을 통해서 관계를 제한한다. 구체적으로 관계의 시간과 대상과 형식을 제한한다. 먼저 문은 관계의 시간을 제한한다. '문'은 열림과 닫힘의 두 가지 상태를 가지고 있으며, 열림은 언제나 닫힘을 전제로 하기 때문이다. 관계는 오직 문이 열려진 상태에서만 가능하다. 따라서 문을 통로로 하는 관계는 시간적으로 제한을 받는다. 다음으로 문은 관계의 형식을 제한다. 문을 통하지 않는 관계는 비정상적이고 예외적인 것이며 바람직하지 않은 것으로 여겨진다. 울타리 밖의 사람들은 울타리 안, 집에 속한 사람이 문을 열어 줄 때에만 문안으로 들어올 수 있다. 어린이는 어른들이 열어준 문을 통해서만, 즉 어른들이 미리 설정한 형식에 따라서만 다른 사람과 관계를 맺을 수 있다. 이 경우 문은 어른들의 가치관, 규범을 의미하며 규범의 전승 통로로서의 기능도 함께 확인된다.

끝으로 문은 무엇을 향해 열려 있는가? 문은 일차적으로 인간 세계를 향해 열린 통로이다. 또한 문은 자연을 향해 열려 있다. 인간 세계를 향해 열린 통로로서의 문은 울타리가 갖는 구별, 차단, 폐쇄성으로부터 벗어나 외부 세계와의 교류를 가능케 하는 가장 중요한 길이다. 그런데 문을 통한 인간 세계로의 개방은 사람들의 출입을 통해 이루어진다. 문을 통해 나가고 들어오는 사람들을 통해서 외부 세계는 안으로 들어오고, 내부의 요소들은 밖으로 유출된다. 따라서 문을 통해서 어떤 사람이 출입하는가는 울타리 안의 세계가 갖는 특징, 문의 문화적·규범적 측면을 드러내는 기준이 된다.

첫째, 문은 울타리 안에 속한 사람들에게 열려 있다. 그중에서도 어른들에게 열려 있다. 어른들은 문을 자유롭게 드나들면서 그들이 소화해내고 걸러낸 정보들을 어린이들에게 전달한다. 특별히 우리 전통사회에서는 어른은 남자 어른을 의미했다. 따라서 전통사회에서 남성들은 정보의 독점을 통해서 울타리 안의 세계, 집안을 장악하고 그들 나름의 관점으로 집을 이끌어 갈 수 있었다. 둘째, 문은 가족 외에 친족집단에게 열려 있었다. 친족집단들은 제사, 차례 등은 물론 집안 대소사에 일일이 참석했으며, 평소에도 사랑에 비교적 자유롭게 출입할 수 있었다.[108] 따라서 친족들은 실질적으로 출입에 큰 제한이 없었다. 이러한 친족집단에 대한 집 안의 개방은 사회적인 관계에 적용되는 울타리 침의 기준을 보여 준다. 사회적인 울타리는 일차적으로 혈연을 기준으로 설정되었음을 보여주는 것이다. 셋째로 문은 이웃을 향해 열려 있었다. 그렇지만 이웃을 향한 울타리의 열림은 훨씬 제한적이다. 혼인, 장례 등 특별한 의례나 공동작업, 마을 축제 등의 경우에 한정되는 것이 보통이었다. 그런데 이러한 이웃에 대한 개방은 서민들의 주거로 갈수록 훨씬 더 개방성이 증대한다. 즉 양반가의 경우는 흙과 돌을 이용해서 높고 튼튼한 담을 쌓고 문도 솟을대문으로 크게 만든 데 반해서 서민들의 가옥은 풀이나 나뭇가지를 엮은 바자울에 마찬가지의 재료로 만든 문을 단 것이 보통이었다.[109] 이를 통해서 볼 때 중·상류층은 혈연을 중시한 반면, 서민들은 이웃을 더 중요하게 생각하였다고 생각할 수 있다. 이것은 신분에 따라서 집에 대한 이해에 차이가 있음을 반영하는 것이다.

---

108) 한옥에 있어서 사랑채의 발달은 조선시대의 유교적인 질서에서 비롯된 것으로 이해된다. 즉 사랑채는 단순하게 여성공간인 안채에 대비되는 남성의 공간이 아니라 남성중심의 조선 사회의 집에서 사회적인 활동을 위한 공간으로 만들어지고 점차 확장된 것으로 파악된다. 이런 의미에서 김종헌과 주남철은 사랑채를 "주거에 있어 사회적 기구(社會的機構) 내지는 조직(組織)을 보완해주는 '반사회적 공간'(半社會的空間, semi-public space)으로 생각할 수 있다."(김종헌·주남철, "韓國傳統住居에 있어서 안채와 사랑채의 分化過程에 대한 研究", 「대한건축학회논문집」 12. 2(1996. 2), 81-89의 85쪽.)고 하였다. 이러한 사랑채에서 일차적으로 혈족의 유대가 이루어지고, 이차적으로는 문벌(門閥) 간의 의견교환과 신분적 결속, 신분의 과시 등이 함께 이루어졌다고 볼 수 있다.

109) 주남철, 앞의 책, 97-101쪽.

문은 관계의 시간과 대상과 형식의 제한을 통해서 관계를 일정한 틀 안으로 한정짓는다. 어린이는 문을 관리하는 어른에 의해서 '문'이라는 제도를 만들고 유지해 온 어른들의 문화와 전통 안으로 인도된다. 바람직한 사람들, 바람직한 시간 혹은 정상적인 시간에 한해서 관계맺음이 허용되는 것이다. 이를 통해서 자연스럽게 어른들의 세계, 전통의 세계로 안내되는 것이다. 이는 어른들에 의한 어린이들의 사회화의 길안내이며 그 걸음걸이의 조절이다. 친숙하고 밀접한 이웃공동체로의 부드러운 진입을 통해 자연스럽게 이웃과 마을의 문화 안으로 어린이들을 인도해가는 점진적인 관계방식을 설정하고 있는 것이다.

따라서 문을 통해서 알 수 있는 것은 어른 중심으로 세계가 구조화되어 있다는 것이다. 문을 통제하는 어른들에 의해서 문안에 주로 속해 있는 어린이의 세계가 규정된다. 문을 통해 출입하는 사람들과 정보의 흐름을 통제하는 어른들의 세계이해가 어린이에게 전달된다. 문을 통과하는 모든 것들은 어른들에 의해 바람직하게 판단된 것이다. 따라서 그렇게 거름을 통과한 사람들과 정보를 통해 세계를 배우는 어린이는 자연스럽게 어른들의 세계이해와 가치관 안으로 동화된다. 여기에서 성숙한 어른에 의해 인도되는 어린이들의 점진적인 성장과 교육의 걸음걸이가 확인된다.

그 어른들에 의해서 이해된 세계는 또 몇 가지 특징을 가지고 있다. 문을 통해 출입할 수 있는 사람들에서 알 수 있듯이 그 세계는 남자 어른 중심의 세계이고, 동족과 친족 중심의 세계이며, 이웃과의 관계를 중요하게 생각하는 세계이다. 울타리를 만들고 그 안에서 살아가며 문을 통해서 드나들며 관계하는 사람들은 어른들을 중심으로, 그중에서도 남성중심으로 살아가고 사유하는 사람들이며, 동족중심으로 살아가는 사람들이다. 이웃과의 관계를 중요하게 생각하며 이웃을 삶의 중요한 부분으로 여기고 이웃과 적절한 관계를 맺는 것을 삶의 중요한 한 부분으로 취급하는 사람들이다. 이들의 사유에서 중요한 사람은 우선 울안의 가족이고 다음으로 동족이고 그 다음이 이웃이다. 그리고 이들 모두는 완전하게 배척하고 단절해야 하는 외부의 사람들이 아니라 문을 통해서 왕래할 수 있는 관계 가능한 우호적 존재들이다. 언제나 나 아닌 타자를 염두에 두고 그들과의 관계를 삶과 사람됨의 필수적인 부분으로 생각하는 사유방식이 그 안에 반영되어 있다.

3. 낮은 울타리의 개방성

안과 밖을 가르고 차단하는 울타리의 기능은 한편으로는 울타리의 높이와 관계되고, 다른 한편으로는 두께를 포함한 울타리의 견고함과 관계된다. 이 중에서 튼튼함에 대해서는 앞서 울타리의 재료 부분에서 고찰하였다. 따라서 여기에서는 높이에 초점을 맞추어 고찰한다.

울타리의 높이가 사람의 키를 넘으면 외부세계와의 교류는 극히 제한된다. 반면 울타리가 낮으면 외부 세계에 대한 차단효과는 감소하고 대신 교류의 효율성이 증대하여 열린 관계의 가능성을 제공한다. 그런데 전통사회의 집에서 울타리의 높이는 바깥 세계를 시각적으로 완전하게 차단할 수 있을 만큼 높지 않았다. 일상적인 울타리의 높이는 어른들의 키 높이보다 낮은 것이 보통이고, 높은 경우에도 어른들의 키 높이 정도여서 돋움발로 넘겨다 볼 수 있을 정도였다.[110] 이것은 울타리 안과 밖에서 모두 울타리를 넘어 다른 영역을 볼 수 있었고, 필요한 경우에는 대화나 필요한 물건을 교환할 수 있었다는 것을 의미한다. 더욱이 청각적인 차단효과는 극히 미미했다고 볼 수 있다. 이러한 불완전한 차단효과는 풀과 나무로 만들어진 울타리의 경우에 아주 분명하고, 흙과 돌로 만들어진 담은 대체로 좀 더 양호한 차단효과를 가지고 있었다고 이야기할 수 있다. 또한 양반들의 기와집의 경우 흙이나 돌을

---

110) 정재훈 외, 『한국의 옛 조경』, 서울: 대원사, 1990, 30쪽; 신영훈, "울타리 - 인정이 넘나드는 '낮은 세상', 그 속에 자연을 품는다", 삼성문화재단, 「문화와 나」(1998. 7, 8월호), 30-32의 32쪽.

주재료로 해서 쌓은 서민 가옥의 울타리보다 비교적 높아서 어른들조차 넘겨다 볼 수 없었으나 집 안의 마당은 울타리 밖에 비해 높아서 밖을 내다 볼 수 있었고, 또 대청마루에 올라서면 울타리 밖을 시원하게 조망할 수 있었다.111)

따라서 전통적인 주거에서는 낮은 울타리 너머로 부분적인 관계가 이루어질 수 있었다. 이러한 울타리의 낮은 높이가 만들어내는 공간구조와 특징을 이 연구에서는 개방성의 한 요소로 파악한다. 울타리의 개방성의 두 번째 방향은 이와 같은 낮은 울타리를 통한 이웃으로의 개방이다. 울타리의 낮은 높이는 문이라는 공식적인 관계의 통로에 대비되는 관계의 통로라고 이야기할 수 있다.

개방성으로 인해 외부 세계는 언제나 일정 정도 울타리 안에 반영되어 있다. 울타리 너머로 의사소통이 가능한 어른들의 세계를 통해서 이웃의 삶은 언제나 울타리 안에 영향을 미치고 있는 것이다. 필요한 경우 언제든지 울타리 너머로 서로를 부르고 무엇인가를 주고받고 이야기를 나눌 수 있었다. 굳이 꼬불꼬불하고 좁은 골목과 담장을 돌아서 문을 찾아갈 필요 없이, 서로 만남과 교류의 필요성을 공감하기만 하면 언제든지 의사소통과 관계맺음이 가능한 것이 한국의 울타리의 형태였다.

낮은 울타리를 통한 내부 공간의 개방과 이웃과의 정보의 활발한 교류는 정서적 공감대의 형성과 인정이 넘치는 지역 공동체를 형성하는 통로가 된다. 상호 밀접한 연관성과 지속적이고 포괄적인 관계를 통해서 형성된 정서적인 공감대가 이웃공동체, 부락공동체로 확대되고 우리 옛 시골 마을의 인정 넘치는 생활문화를 만들어 낸 것으로 생각할 수 있다. 공유하는 것이 많음으로 해서 유대도 그만큼 강하게 형성된 것이다. 울타리가 갖는 개방성은 교류를 가능케 하고, 교류 안에서 공동체적인 문화를 형성할 수 있게 한다. 여기에서 우리는 울타리의 개방성에 의한 공동체 문화의 가능성을 본다. 반

---

111) 주남철, "한국전통건축에 나타나는 미적 특징, 미의식, 미학사상", 고려대학교 한국학연구소, 「한국학 연구」 제4집(1992), 267-301의 287쪽.

면에, 앞서 '문'에 대한 고찰에서 보았듯이, 독자성은 감소되고 간섭과 영향이 증대하게 된다. 체면과 예의를 중시하는 이웃에 대한 전통적인 윤리규범이 그렇게도 강력하게 유지된 원인을 이와 관련해서 찾아볼 수 있다. 언제나 이웃에 대하여 열려 있었기 때문에 이웃의 눈길을 의식하지 않을 수 없었고, 모든 일에서 이웃을 하나의 요소로서 염두에 두지 않을 수 없었던 것이다.

그런데 울타리의 개방성이 누구에게나 같은 의미를 갖는 것은 아니다. 어른에게는 울타리의 높이가 키보다 낮기 때문에 바깥 세계에 대한 조망과 이웃과의 대화를 가능케 하지만, 어린이에게 있어서 울타리는 닫힌 세계, 세계와의 단절을 의미한다. 따라서 울타리의 높이는 어른들에게는 개방적인 교류의 통로를 의미하지만 어린이들에게는 차단을 통한 규제와 단절을 의미했다. 물론 울타리 자체의 재료와 형태가 허술한 측면이 있고 비공식적인 통로들이 만들어져 있기도 하지만, 일반적인 특징으로 볼 때에는 울타리는 어린이들에게는 폐쇄적인 것으로 이해할 수 있다. 어른들에게는 외부세계와의 교류를 허용하는 울타리의 높이는 어린이들의 키로는 닫힌 세계로 인식하게 만들었던 것이다.

어린이에게 닫힌 울타리로 인해 어린이의 사회화의 특징과 가족 및 사회와의 관계의 방식이 규정된다. 우리 전통사회에서 어린이는 철저하게 가족 안에서 양육된다. 가족 안으로 인도된 후에야 '집안' 어른들, 즉 넓은 의미의 가족인 친족집단과의 교류를 통해 그 규범과 문화를 익힌다. 그 후 일정정도 성장한 후에야 울타리 밖으로 나가 이웃과 지역사회의 성원으로서 지역공동체의 문화를 익히게 된다. 이것이 울타리의 인간관계의 구조이다. 이는 곧 한국의 친족중심 사회가 울타리에 반영된 것이며, 역으로 울타리가 사회의 기본적인 조직의 원리와 요소로 작용하는 측면이다.

그러므로 낮은 울타리는 독특한 인간관계와 어린이 교육의 걸음걸이를 형성한다. 어른들에게는 지나치게 높지 않아서 일정한 정보의 교류를 허용하고 있는 울타리는 그 너머로 이웃과의 직접적인 관계를 가능하게 한다. 이에 반해서, 어린이들은 울타리 밖을 볼 수 없기 때문에 어른들을 통해 걸러진, 어른들이 소화해 낸 사회상을 접한다. 이것은 곧 어른들의 사유와 규범을 반영한, 그 가정의 문화를 반영한 사회상이다.

이처럼 전통사회의 울타리에는 가풍과 가족문화, 가족 고유의 사고방식 등 인간교육을 위한 중요한 조건들이 가정교육의 형태로 내재되어 있었다. 여기에서 울타리는 가정교육을 통로로 하는 문화와 규범의 전승교육의 통로로, 그리고 인간의 기본적인 존재형성의 장소로 확인된다. 동시에 그것은 어른들에 의한 어린이의 점진적인 길인도의 과정으로 확인된다.

4. 안과 밖의 중간세계, 골목[112]

울타리와 울타리의 사이에 형성된 골목은 우리 전통 마을의 독특한 공간구조를 드러내는 요소 중의 하나이다. 큰 골목으로부터 어떤 집으로 곧바로 연결되는 것이 아니라 담장을 따라 길게 휘어져 돌아가야 비로소 집으로 연결된 대문이 나오는 구조를 가지고 있다. 이 대문 밖의 작은 골목을 고샅이라고 부른다.[113] 이 고샅으로 인해서 외부로부터 집 안을 곧바로 들여다보거나 갑자기 들어갈 수 없는 구조로 되어 있다. 이러한 구조는 문을 나서서 곧바로 외부로 나가는 것이 아니라 비교적 집과 근접하고 또 완전한 바깥세계와는 구별되는 완충지대를 만들어 낸다. 또한 고샅을 벗어나 골목으로 나가면 그 골목에는 몇 개의 이웃한 집들이 연결되어 있어서 작은 지역사회를 구성한다. 서구의 주택이나 현대 도시주거의 경우 골목 밖이 곧바로 대로나 광장과 연결되는 데 반해서, 우리 전통적인 마을에서 집 밖은 대체로 이웃한 집들의 담과 문으로 연결되어 만들어지고 몇 가구가 함께 사용하는 골목으

---

112) 참조: 윤재흥, "골목과 이웃의 교육인간학", 「교육철학」 27-1(2002. 2), 73-90쪽.
113) 박영순 외, 앞의 책, 218쪽.

로 연결되어 있었다. 따라서 사람들은 집을 나서서 곧장 넓고도 낯선 세계로 나가는 것이 아니라, 비교적 친숙하며 공동체의 특징을 가지고 있는 이웃의 공간으로 나가는 것이다.

한 집의 울타리와 인접한 다른 집의 울타리로 만들어지는 골목은 또한 골목을 만드는 울타리가 허술하고 낮은 데 따른 독특한 공간구조를 가지고 있다. 골목을 만드는 울타리가 낮고 허술해서 집 안의 사람들이 수시로 골목을 바라볼 수 있고, 또는 골목에서 나는 소리를 통해서 그 안에서 벌어지는 일들을 유추할 수 있게 하는 구조를 가지고 있었다. 마찬가지로 골목에 있는 사람도 골목과 접한 울타리 안에서 벌어지는 일들을 눈과 귀와 코를 통해서 직접 확인하거나 유추할 수 있었다. 이는 집 안과 밖이 거의 완전하게 차단되는 서구의 중정형 주택과는 매우 다른 구조이다.114) 울타리가 가진 개방성으로 인해서 골목 또한 독특한 공간이 되는 것이다. 골목은 완전하게 차단된 외부 공간이 아니라 언제나 울타리 안과 일정하게 관계되어 있는 공간이 된다. 밖이면서도 완전한 밖으로만 볼 수 없는 독특한 공간인 것이다.

이러한 골목의 공간구조의 특성은 무엇을 의미하는가? 인간학적인 물음으로 바꾸어서, 울타리를 만드는 사람들이 어떠하기에 그들은 이러한 골목을 만드는가? 반대로, 이러한 골목의 공간구조의 특징이 삶의 의미 있는 부분으로 파악되기 위해서 울타리를 만드는 사람들의 본질은 어떻게 이해되어야 하는가?

골목은 집과 잇대어진 공간이면서 외부에 대해 반쯤 차단된 공간을 설정한다. 언제나 집으로 되돌아 들어올 수 있는 구조와 완전한 외부와는 또 일정하게 차단된 구조, 그리고 낮고 허술한 울타리의 개방성 때문에 울타리 안과 일정하게 연계되어 있는 구조가 골목의 독특한 공간적 특성을 만들어 낸다.

골목은 중간 세계라고 말할 수 있다. 안과 밖이 공존하는 세계이며, 친숙한 요소들과 낯선 요소들이 혼재하는 곳이며 융합되는 곳이다. 집이 주는 안정과 집 밖의 세계가 주는 불안과 도전의 요소들이 함께 있는 곳이다. 울타

---

114) 손세관, 『都市住居 形成의 歷史』, 서울: 열화당, 1993, 116쪽 이하.

리 안의 친숙함, 습관, 옛 것이 울타리 밖, 세계의 낯선 것, 새로운 요소들과 만나고 융합되는 장소이다. 울타리 안이 사적인 영역이고 울타리 밖의 세계가 공적인 영역이라면, 골목은 사적인 것과 공적인 것이 공존하는 세계이다. 울타리 안, 집의 특수성이 세계의 보편과 만나고 충돌하고 조화되는 곳이다. 상이한 요소들의 충돌과 융합에 의한 새로운 요소의 창조의 과정이 골목 안에 있다. 이러한 의미에서 중간 세계로서의 골목은 또한 변증법적인 종합의 공간으로도 이해할 수 있다.

중간 세계로서의 골목은 정보의 교류장소와 관계의 장소이다. 광장이 없는 우리네 마을에서 골목은 이웃 간에 만남과 정보교류의 통로역할을 담당하였다. 이를 통해서 이웃 간에는 '공유'하는 부분이 생겨나고 각각의 가정문화에 영향을 미치고, 또 가정문화와는 다른 범주의 골목문화와 마을문화가 형성되는 것이다. 그러므로 골목은 각각의 가정문화들이 교류하고 충돌하고 혼합되고 매개되는 장소이며, 이를 통해서 마을이라는 공동체의 문화가 형성되는 장소이다. 그러므로 골목이라는 중간 세계는 울타리 안과 밖의 세계를 매개할 뿐만 아니라 울타리와 이웃의 울타리를 함께 매개한다.

골목은 또 어린이의 삶과 관련해서, 그리고 인간의 성장과정과 그에 따른 공간과의 관계, 존재공간의 변화와 관련해서 매우 중요한 의미를 갖는다. 어린이들에게 있어서 골목은 놀이터와 또래집단의 무대이다. 골목은 집과 연결되어 있음으로 어린이들은 그 안에서 외부세계를 향한 불안과 공포를 완화하고 새로운 세계를 향한 도전에 필요한 안정을 제공받는다. 모험에 참여하는 동지들의 결속이 그 안에서 이루어지고, 이러한 동반적 모험을 통해서 사회적 관계의 밀도가 점증한다. 또한 그 안에서 사회성이 정서적 공감을 바탕으로 형성되며, 이것은 곧 또래 간의 유대에 기초한 사회성의 발달을 가져온다.

어린이들은 또한 골목 안에서 지역사회의 규범을 배우고 사회적 공동생활을 이해하게 된다. 오가는 이웃 어른들과 교류하고 지역사회의 공통적인 규범과 놀이와 문화를 자연스럽게 몸으로 익히게 된다. 어린이의 놀이터로서의 골목은 또 다른 큰 의미를 갖는다. 골목은 집과 보다 넓은 사회 사이의 완충지대로서 가정에서의 교육 이후에 지역사회 안으로의 길인도, 사회화의 첫걸음이 이 골목에서의 놀이를 통해 이루어진다. 어린이들은 골목에서 집안 문화와는 다른 이웃의 문화에 접하게 되고, 거기에서 만나는 이웃의 어린이들과 어른들을 통해서 집안(친족사회를 포함하는)과는 다른 이웃공동체의 문화 안으로 인도되는 것이다.

그러므로 우리 전통사회에서 골목은 우선 일차적으로 가족 안에 완전하게 편입된 어린이들로 하여금 사회라는 넓은 범위로 나아가기 전에 부분적으로 사회를 경험하게 하는 사회화의 첫 단계이며, 점진적인 확대의 걸음걸이의 첫 걸음이다. 골목은 관계의 돌발성을 방지하고 점진적인 관계를 만들어내는 구조를 갖추고 있었다.

따라서 집 → 골목(이웃) → 마을 → 세계로 나가는 성장의 걸음걸이의 점진성이 그 안에서 확인된다. 이것은 또한 인간의 삶과 함께 하는 존재공간의 변화의 과정을 보여주는 것이다. 보다 상세하게 표시하면, '어머니 품안 → 무릎 → 안방 → 집 → 골목 → 마을 → 지역사회 → 국가 → 세계 → 집'이라는 인간의 삶의 걸음걸이와 함께 하는 존재공간의 변화를 그려볼 수 있다. 골목이라는 중간 세계가 있기에 인간의 존재공간의 변화의 점진성이 보다 세분화되고 완성적인 구조를 갖게 된다.

골목은 완전한 외부 세계가 아니다. 또한 완전한 내부세계도 아니다. 내부와 외부가 섞여있는, 내부와 가깝게 얽혀있는 유보된 외부이며 연기된 외부이다. 골목은 바깥 세계의 직접적이고도 급작스러운 유입을 차단하고 외부세계로의 조심스러운 진입과 세계와의 점진적인 관계형성을 보장한다.

따라서 이러한 골목의 중간 세계적 특징에 기초해서 골목이 만들어내는 변화의 완충작용으로부터 울타리를 만들고 골목을 만드는 사람들은 다음과 같이 이해할 수 있다. 인간은 하나의 유기체로서 외부와의 관계를 통해서만 생존을 계속할 수 있다. 자신의 공간이 집 안에만 안주하면 그 폐쇄성 안에서 인간은 정체되고 질식하고 말 것이다. 반대로 집 밖의 세계에 대해서 완전하게 자신의 영역을 개방한다면 급격하고도 헤아릴 수 없이 많은 영향과의 충돌 안에서 자신의 존재를 상실하고 말 것이다. 이러한 두 가지의 위험으로부터 자신을 지키면서 동시에 자신과 세계와의 관계를 가능하게 하는 기관으로 울타리와 그 개방적인 통로들이 만들어졌다고 할 수 있다. 골목은 그러한 울타리가 가지는 기능을 확장하고 있다. 경계와 차단의 기능을 가지면서도 개방적인 특성을 갖는 울타리의 특징이 골목 안에 반영되어 있기 때문이다. 그러면서도 골목은 보다 더 관계를 염두에 둔 세계이다. 안과 밖의 요소들이 함께 만나고 작용하는 곳으로서 중간 세계이다.

따라서 골목을 통해서 그러한 골목을 만드는 사람들을 이해하면, 중간 세계를 만들어서 그 안에서 자신의 요소와 외부의 요소들을 매개하는 존재로서의 인간을 발견할 수 있다. 자신의 영역 밖에 자신과 일정하게 관계된, 친숙한 공간을 만들어서 그 안에서 외부와 관계한다. 또 그 공간에는 자신과 친밀한 사람들인 이웃의 영향력이 함께 작용한다. 이들 이웃의 관심과 힘 안에서 새로운 세대를 함께 양육하며, 외부의 영향력들에 공동으로 대처한다. 중간 세계를 만들어서 그 안에서 이웃한 존재들과의 공동성을 만들고, 그 공동성에 기초해서 세계에 대해 공동으로 대처하는 존재로서의 인간을 골목 안에서 본다.

5. 자연친화적인 공간 구성

울타리에는 언제나 자연의 요소들이 함께 들어와 있고, 자연과 쉽게 관계할 수 있는 구조로 되어 있다. 인간세계를 향한 열림이 부분적이고 제한적인데 반해서 자연을 향한 열림은 비교적 제한이 없다. 언제나 자연을 향해서 열린, 따라서 언제나 자연과의 관계 맺음이 가능한 열린 하늘이 있다. 뒤뜰에는 초목과 바위의 자연 환경을 이끌어 들였고, 또 이러한 뒤뜰은 종종 뒷동산과 연결되어 있었다.[115] 또 여유가 있는 집에서는 별도로 자연을 모방한

정원을 꾸몄다. 푸른 하늘과 별이 총총한 밤하늘로는 언제나 관계의 통로가 열려 있었다.

울타리의 자연으로의 개방성은 울타리가 생략된 경우에서 가장 잘 나타난다. 산간에 위치한 집이나 인가가 드문 곳에 위치한 오두막 등에서는 종종 울타리를 따로 만들지 않았다. 자연 속에 위치한 집에서는 울타리를 굳이 필요로 하지 않음을 말해 주는 것이다. 또한 산과 접한 집에서 산으로 연결된 뒤뜰에는 별도로 울타리를 치지 않고, 대나무나 여러 종류의 나무를 심어 정원을 꾸며서 자연과 그대로 연결하기도 하였다.[116]

울타리를 생략하는 경우뿐만 아니라 울타리를 치는 경우에도 자연과의 관계를 완전하게 단절하지 않도록 공간을 배려하였다. 이렇게 함으로써 언제나 자연과의 관계를 잃지 않으려고 노력했다. 특히 선비들의 검약정신을 드러내는 이상적인 집의 묘사에서 울타리가 종종 산울로 묘사되고 있는 데서 이러한 자연친화적 태도를 알 수 있다.[117]

울타리의 생략, 나무를 심어 울타리를 대신한 산울, 자연으로의 시각을 차단하지 않은 공간 배치, 울타리 안에 자연을 끌어들인 정원 등은 전통 주거의 울타리가 자연에 대한 경계와 차단을 목적으로 한 것이 아님을 분명하게 보여준다. 오히려 자연과의 친밀한 관계, 자연에 동화된 삶을 의도하고 있음을 알 수 있다. 이와 같은 "자연의 경지를 최상으로 여기는 기본적인 정서는 조선시대의 상류계층인 양반이나 서민계층에 공통적으로 흐르고 있으며, 자연과 더불어 청빈하게 생활하였던 옛 조상들의 사상은 초가집부터 기와집에 이르기까지 모든 전통주택에 잘 나타나 있다."[118]

이러한 자연으로 개방된 울타리를 통해서 자연과의 적극적인 관계를 모색한 한국인의 마음과 생각을 읽을 수 있다. 울타리는 인간을 향한 경계와 차

---

115) 박영순 외, 앞의 책, 58쪽.

116) 정재훈 외, 앞의 책, 28쪽.

117) 이규태, 『재미있는 우리의 집 이야기』, 서울: 기린원, 1991, 18쪽.

118) 박영순 외, 앞의 책, 209쪽.

별의 수단이었으나 자연에 대해서는 그렇지 않았다. 여기에서 우리는 울타리가 매개하는 관계가 인간과 자연이라는 대상의 차이에 따라서 이중적이고 서로 다른 특징을 갖는 구조임을 발견한다. 울타리는 사람과 사람 사이의 경계와 차단을 위한 것이었다. 사람과 사람 사이의 경계와 차단을 위해서 자연으로부터 재료들을 가져와서 울타리를 만들었다. 이미 이러한 울타리의 재료 선택에서부터 자연과의 친밀한 관계가 확인된다. 아울러 울타리는 열린 하늘과 뒷산을 향한 생략을 통해서 자연으로 열려 있었다. 아울러서 울안에 조성된 뜰, 빈 마당 등을 통해서 자연이 다가와 인간과 함께 하며, 관계하기를 원했다. 따라서 울타리의 공간구조는 인간의 세계와는 분명한 경계를 설정하고 단절하지만, 자연에 대해서는 열려 있어서 자연과의 적극적인 관계를 매개하는 특징을 가지고 있다. 자연을 관계의 자연스러운 대상이자 대화의 상대편으로 인정하고 사유하는 마음이 울타리의 공간구조에서 분명하게 드러난다. 자연을 사람과 완전한 별개의 것으로 여기지 않고 사람과 어울려 있어야 하는 공존의 대상으로 파악하는 사고방식, 보다 더 자연의 조화로운 모습을 이상적으로 생각해서 사람됨의 표상으로 삼으려는 생각이 울타리에 담겨 있는 것이다.

그런데 자연을 관계의 대상으로 보고 인간의 영역 안으로 이끌어 들인다는 생각조차도 인간중심의 해석에 따른 오해일 수 있다. 왜냐하면 울타리에서 자연은 울타리 밖의 세계의 대상이 아니고, 세계 전체를 의미할 수도 있기 때문이다. 다시 말해서 인간의 세계인 울안과 대립되는 개념으로서, 주체인 인간에 객체로서 마주한 자연이 아니고 세계 전체가 자연이고 인간은 그 자연 안에 함께 들어가 있는 것이다. 이와 같이 세계를 자연으로 보고 인간을 그 안에 속한 존재로 보는 생각은 다음 장에서 살펴볼 집터의 선정에서 보다 분명한 실마리를 찾을 수 있다. 따라서 집터를 다루면서 이러한 논의가 보다 깊이 있게 이루어 질 수 있을 것이다.

제4장 울타리 안의 공간: 터, 마당, 집

울타리의 특징은 울타리 자체에 대한 고찰을 통해서만 규정되기보다는 울타리침의 대상이 되는 안과 밖을 함께 고찰할 때 분명하게 드러난다. 왜 울타리는 그렇게 만들어졌는가? 왜 그런 특징을 공유하게 되었는가? 이것은 울타리를 침으로써 경계 지워지고 보호되고 한정된 '울타리 안'을 살펴볼 때 분명해 질 수 있다. 무엇이 울타리 밖으로 배제되었는지를 살펴봄으로써 보다 분명하게 알 수 있다.

일반적으로 울타리 안을 '집'이라고 부른다. '집'이라는 우리말에는 몇 가지 의미가 함께 포함되어 있다. 첫째, 집은 사람들이 그 안에서 생활하는 건물 자체를 가리킨다. 그리고 넓은 의미에서는 울타리 안에 포함된 모든 공간, 즉 마당과 뜰을 포함한 울타리 안과 울타리 자체까지를 포함하는 공간 전체를 일컫는다. 이 경우 집은 공간을 지칭하는 말이다. 둘째, 우리말에서 집은 곧 그 안에서 생활하는 사람들, 가족을 의미한다. 가족은 단순하게 말해서 한 집에서 같이 생활하는 사람들이다. 이 경우에 집은 울타리 안에서 함께 살아가는 사람들을 말한다.[119)]

이 연구에서는 집을 이러한 두 차원으로 나누어 고찰한다. 첫 번째는 공간으로서의 집이고, 두 번째는 공간 안에서 살아가는 사람들로서의 집, 곧 가족이다. 그리고 이들을 고찰함에 있어서 울타리를 매개로 이루어지는 '관계'를 중심으로 고찰하고자 한다. 그 외의 요소들은, 비록 다른 시각으로 볼 때에는 집의 고찰에 있어서 매우 중요한 요소라고 할지라도, 이 연구에서는 다루지 않는다.

---

119) 참조: 강영환, 『집의 사회사』, 서울: 웅진출판사, 1992, 32-33쪽; 이광규, 『韓國家族의 構造分析』, 서울: 일지사, 1981, 30쪽.

울타리 안 전체를 집이라고 볼 때, 그러한 집에는 다양한 요소들이 포함된다. 우선 가장 중요한 것으로서 건물로서의 집이 있을 것이다. 건물도 단순하게 말할 수 있는 것이 아니라서 울타리 안에 다양한 건물들이 함께 포함되어 있다. 사랑채와 안채, 행랑채 등으로 사람들이 살아가는 건물만도 다양하며, 그 외에 사당, 곳간, 측간 등 다양한 부속 건물들이 존재한다. 다음으로 집을 둘러싸고 있는 공간으로서 마당이 있다. 마당 안에도 다양한 부수적인 것들이 포함되어 있다. 마당 자체만으로도 안마당과 바깥마당, 행랑마당 등이 있으며 뜰 우물 장독대 등 다양한 요소들을 포함하고 있다.

그렇지만 이러한 다양한 요소들은 크게 건물로서의 집과 건물을 제외한 울타리 안 공간을 대표하는 요소인 마당의 둘로 나눌 수 있다. 이것은 전통적인 서민주택의 가장 간단한 구조를 생각할 때에 보다 분명해지며 한국의 모든 주택이 갖는 공통적인 구조라는 점에서 가장 기본적이며 본질적인 요소라고 할 수 있을 것이다. 따라서 여기에서는 이러한 두 가지 요소를 중심으로 울타리 안의 공간적인 요소들을 고찰하고자 한다.

1. 이상적인 삶의 공간, 터

공간과 관련해서 집을 고찰할 때에 우선 생각할 수 있는 것이 집을 건축하는 기본 공간으로서의 집터이다. 집터를 정한 연후에 집을 세울 수 있다. 그리고 집터를 정하는 것 자체가 이상적인 집에 대한 생각을 반영하고 있다. 당연히 공간과 인간, 세계에 대한 이해가 그 안에 포함되어 있다. 따라서 집터를 정하는 기준과 절차를 통해서 그러한 공간이해와 인간관 세계관을 파악할 수 있다.

여기에서는 먼저 집터를 정하는 기준과 이상적인 집터에 대한 이해, 집터를 닦는 절차 등에 대해서 살펴보고, 그에 기초해서 공간이해와 세계관의 특징을 규명하고자 한다.

가. 집터 선정의 기준과 절차

집터를 정하는 데는 일반적으로 널리 통용되는 몇 가지 원칙이 있었다. 건축학에서는 조선 말엽의 실학자 이중환(李重煥)이 쓴 「택리지(擇里志)」 '복거총론(卜居總論)'에서 꼽은 집터 선정의 네 가지 기준을 전통적인 터 선정의 척도로서 받아들인다.[120] 그 네 가지 기준은 "첫째 지리(地理), 둘째 생리(生利), 셋째 인심(人心), 넷째 산수(山水)"[121] 등이다.

이러한 네 가지 기준은 사람이 살아가기에 적합한 집터란 단지 풍수설에 따른 지형적인 조건(地理)뿐만이 아니라 경제적 여건(生利), 사회적 여건(人心), 자연경관(山水) 등도 중요하게 고려해야 함을 의미한다. 지형적 조건이 나쁘거나 경제적인 여건이 좋지 못하면 그곳에서 오래 살 수가 없고, 사회적 여건이 나쁘면 후회할 일이 있으며, 주변에 아름다운 경관이 없으면 사람의 성품이 거칠어지기 때문이다.[122] 우리의 옛 마을들은 대체로 이러한 조건들을 갖춘 곳에 형성되었다. 살기 좋은 마을로 이름난 곳은 대체로 마을 앞에 작은 동산이 있고, 맑은 개울(靑龍)이 흐르며, 산을 등지고 앞으로 들이 전개된 그런 지형이었다.[123]

그럼에도 불구하고, 집을 지을 때 우리나라 사람들이 가장 중요하게 생각

---

120) 강영환, 『한국 주거문화의 역사』, 서울: 기문당, 1994, 111쪽; 김광언, 『韓國의 住居民俗誌』, 서울: 민음사, 1988, 24쪽; 윤장섭, 『韓國建築史』, 서울: 동명사, 1998, 413쪽; 정재훈 외, 앞의 책, 23-24쪽 등 다수의 문헌에서 이중환이 제시한 네 가지 기준을 전통적인 주거 선정의 기준으로 인용하고 있으며, 이외에 홍만선의 『산림경제』를 인용한 예가 있다.
121) 정재훈 외, 앞의 책, 23-24쪽에서 재인용.
122) 강영환, 『한국 주거문화의 역사』, 112-113쪽.
123) 정재훈 외, 앞의 책, 23-24쪽.

하는 요소는 터의 선정이다. 터를 잘 선택하면, 그 터로 말미암아 그 위에 집 짓고 살아가는 사람들이 복을 누릴 수 있고, 반대의 경우에는 그 터에 집 짓고 살아가는 사람들에게 화가 미친다고 생각했기 때문이다. 따라서 집터의 선정에는 지리적 측면, 즉 풍수적 판단이 최우선적으로 작용해 온 것이 전통적인 사회의 특징이었다.

그런데 이러한 풍수설의 핵심은 음양론이라 할 수 있다.[124] "천지의 음양이 조화를 이루어 생명력이 충만한 소우주의 건설, 그것이 한국인이 생각한 이상적인 집의 모습"[125]이기 때문이다. 그리고 이러한 음양의 조화에 의한 생명력이 넘치는 집을 건설하기 위해서 천지의 기운이 한데 모이는 곳 즉, 길지를 찾는 것이 풍수의 핵심이다.

이러한 길지는 혈과 명당으로 이루어진다. "혈은 주 건물이 들어서는 자리이며, 명당은 그 앞의 평탄한 땅 즉, 마당을 일컫는다. 건물이 지기(地氣)에 접하는 부분이라면 마당은 천기(天氣)에 접하는 부분이다."[126] 그리고 "음양의 교합은 분리될 수 없듯이 혈과 명당도 굳이 구분될 필요가 없는 하나의 단위로 인식"[127]되었다.

따라서 한국의 집 건축에서 집터는 풍수설에 따라 결정되었다. 풍수설에 따른 좋은 집터는 음양이 조화를 이루는 길지이다. 그리고 이 길지는 땅의 기운이 충만한 혈과 하늘의 기운이 응집되는 곳인 명당으로 이루어져 있다. 이들은 각각 집이 건축될 공간과 마당을 이루며 음양적으로 분리될 수 없는 조화로운 짝을 이룬다.

집터의 선정은 일반적으로 건물의 주인이 정하지만, 형편이 넉넉한 사람은 지관을 불러서 명당을 찾게 하여 집터를 정하였다.[128] 그렇지만 형편이 허락

---

124) 강영환, "韓國 傳統住居에 나타난 陰陽觀", 「민속학 연구」 4호, 1997, 133-149의 133-135쪽.

125) 위의 글, 135쪽.

126) 위의 글, 139쪽.

127) 위의 글, 138-139쪽.

128) 장보웅, 『한국의 민가연구』, 서울: 보진재, 1981, 33쪽.

하지 않아 지관을 청할 수 없어서 주인 스스로 집터를 정하는 경우라 하더라도 풍수지리의 원리에 입각해서 터를 고르는 것이 일반적인 관행이었다.

집터를 정한 후에는 터를 닦기 전에 지관이 정해준 일시에 지신에게 텃제를 지낸다. "텃제는 건축주가 집터를 새로 마련하고, 땅을 파고, 다지고 집을 짓게 되어 미안하다는 뜻을 지신에게 고하고, 또한 건물이 완공될 때까지 아무 사고 없이 진행되도록 기원하는 의례이다."129)

텃제를 마치면 집터를 고르는 작업을 시작하는데, "집터를 고르고 달구질 하는 작업은 대개 마을 주민의 협동노동으로 진행되는 경우가 많다."130) 또한 터닦기 작업뿐만이 아니라 집의 건축 전체가 이웃 주민들의 공동작업으로 이루어졌다. 이는 전통적인 한옥의 건축이 한 두 사람만의 인력이 아니라 여러 사람의 장정들의 협력을 필요로 하는 작업이었기 때문이다.

나. 자연의 조화로움 안에 자기의 공간을 정함

앞에서 우리는 터가 동물의 생태를 이해하는 필수적이고 기본적인 개념임을 보았다. 터 개념은 동물들의 생태에 있어서 기초적인 개념이라는 데에 한정되지 않고, 인간의 삶의 한 특징으로도 생각할 수 있다. 모든 인간은 동굴, 천막, 집 등의 기본적인 생활공간 혹은 생활공간의 중심을 갖고 있으며, 이러한 중심 공간 안에서, 혹은 중심 공간에 기초해서 삶을 영위하고 있기 때문이다. 즉, 인간의 삶에 있어서도 원천적인 삶의 장소, 삶의 토대로서의 특정한 장소가 확인되기 때문이다.

인간의 기본적인 삶은 어떤 특정한 장소를 토대로 이루어지며, 삶의 중심과 기반으로 확인되는 인간의 장소는 기본적으로 집이다. 그리고 동물의 터

---

129) 위의 책, 36쪽.
130) 위의 책, 37쪽.

에서 경계, 방어 등의 기능은 집의 울타리, 담장, 벽체, 지붕 등과 연관되어 있다고 볼 수 있다.

또한 동물의 터에서 발견되는 터 방어와 관련된 유사한 행동 특징들이 인간의 공간행동에서도 발견된다.[131] 터 또는 영역(territory), 개인 공간(personal space), 텃세제(territoriality) 등이 그러한 개념들이다. 이 중에서 동물계의 터와 가장 비슷한 것으로 생각할 수 있는 것이 바로 텃세제(territoriality)이다. 텃세제는 수렵채집사회의 일반적 특성이었다.[132] 수렵사회뿐만 아니라 모든 인간의 삶이 일정한 생활의 중심으로서의 터에 기초하고 있다는 것은 여타의 다른 연구결과들을 인용하지 않더라도 분명한 사실이다.

따라서 우리는 이와 같은 인간의 삶의 중심 공간과 터와 유사한 인간의 공간행동들을 고찰함으로써 그러한 공간 점유를 삶의 기반으로 하는 인간의 본질을 이해할 수 있다. 여기에 인간 본질의 이해에 있어서의 터의 중요성과 교육인간학적인 의미가 있다. 삶의 기본적이고 본질적인 활동이 이루어지고, 다른 여타의 삶이 펼쳐지는 중심 공간으로서의 터의 의미를 이해하는 것은 인간 본질의 한 지평을 새롭게 이해하는 것이 된다. 그리고 이러한 이해의 새로운 지평 획득을 통해서 인간의 전체적인 모습의 이해 또한 보다 충실해질 수 있다는 것이다.

울타리를 만들고 집을 건축하는 사람들은 모든 공간을 같은 의미와 비중을 지닌 것으로 생각지 않는다. 세계는 모두 등가적(等價的)이고 중립적인 공간들로 구성된 것이 아니라 음과 양의 요소로 구분되며, 전체적으로는 음과 양이 조화를 이루고 있다고 본다. 그러한 음과 양의 기운이 조화롭게 만나는 곳을 의미 있는 장소로 여긴다. 그곳은 생성하는 기운이 충만하고 사람

---

131) R. Sommer, *Personal Space: the behavioral basis of design*, Prentice-Hall: Englewood Cliffs, N. J., 1969.

132) Edward O. Wilson, *Sociobiology.* (The Abridged Edition), 1980. 이병훈, 박시룡 역, 『사회생물학 II - 사회적 진화와 메커니즘』, 서울: 민음사, 1989, 687쪽.

을 풍요롭게 만들 수 있는 장소이다. 그러한 생각에는 공간을 차별하고 선택하는 가치관이 포함되어 있다. 모든 공간이 같은 공간이 아니고, 음양이 조화를 이룬 공간이 의미 있고 좋은 공간이라는 것이다. 사람들은 그 좋은 공간에 집의 터를 정한다.

집터는 음과 양의 조화공간일 뿐 아니라 하늘과 땅과 사람이 만나는 중심이다. 음과 양의 만남은 곧 하늘(양)과 땅(음)이 만나는 것이다. 이 하늘과 땅의 관계와 만남의 공간에 사람들은 그의 삶의 터전을 정한다. 따라서 집터는 하늘과 땅과 사람이 함께 만나서 관계하는 장소이다. 그 중심에 사람이 있다. 하늘과 땅의 조화의 중심, 우주의 중심에 사람이 위치하고 있는 것이다. 집터는 사람을 중심으로 이해된 세계다.

집터를 정하고 닦는 작업은 땅의 신으로부터 터를 빌려서 우주의 창조를 모방하여 자신의 집, 자기의 우주를 창조하는 작업이다. 따라서 신과 관계하는 신의 질서와 작업을 모방하는 존재로서의 인간에 대한 자부심이 터 닦기 안에 포함되어 있다. 신의 질서를 이해하고 모방하며 신과 관계 맺는 신성한 존재로서 인간이 이해되고 있다.

또한 터를 닦는 작업에는 공동체의 필요성에 대한 공감과 인정이 전제되어 있으며, 공동체의 문화가 들어와 있다. 터 닦기와 집짓기는 언제나 다른 사람들의 협력을 필요로 하는 작업이다. 전통적으로 한옥의 건축에는 터 닦기에서부터 모든 과정에 이웃주민들의 협력이 이루어졌다.

결국, 집터의 선정과 터 닦기에서 알 수 있는 것은 인간중심의 세계이해가 그 안에 전제되어 있다는 것이다. 그중에서도 자기가 중심이 되는, 우주의 중심에 자신의 집을 건축하며, 신의 작업을 모방하는 존재로서의 자기중심성과 자부심이 확인된다. 그러면서도 조화로운 질서로서의 세계에 대한 이해가 함께 있고, 공동체의 필요성에 대한 인식이 함께 있다.

터를 정하고 닦는다는 것은 중립적인 공간, 자연 공간 안에 길지, 즉 혈과 명당이라는 공간을 구별해 낸다는 것을 의미한다. 그 구별된 공간은 가족의 거주지이며 삶의 중심이 된다. 그 장소를 복되게 하기 위해서 인간은 그곳에 신과 자연을 끌어들인다. 신과 자연이 이상적으로 조화된 곳에 터를 정했다. 신과 자연, 인간을 만나서 좋은 관계를 맺을 수 있는 곳, 그곳이 바로 우리 전통사회의 이상적인 집터였다. 사람들은 그러한 집터를 매개로 해서 신과 자연과 관계했다. 그리고 그 공간의 창조를 위해 이웃의 힘을 빌렸다. 공동성이 이미 언제나 전제된 집짓기였던 것이다. 집터의 선정과 관련된 의미를 정리하면, 다음과 같은 몇 가지로 크게 정리해 볼 수 있을 것이다.

첫째, 중립적인 공간 안에 특별하고 의미 있는 공간을 구별한다. 터를 정한다는 것, 특히 집을 지을 터를 고른다는 것은 일반적인 의미의 공간 안에 우리의 삶이 뿌리내릴 공간을 정한다는 것이다. 터로 선정되기 이전의 공간은 자연 상태의 공간이다. 평범한 산과 들이며, 비탈진 기슭으로 우리 앞에 펼쳐져 있다. 그렇지만 그러한 자연공간이 우리의 터로 선택될 때 그것은 평범하기를 그치고 자연적인 상태이기를 중단한다. 우리의 터가 되는 것이다.133)

우리의 터는 자연의 터와 모든 면에서 다르다. 그곳은 우리 가족이 깃들어 살 집을 지을 터이다. 따라서 우리 가족의 터전이고, 우리 가족의 삶이 뿌리 내릴 토대가 된다. 우리의 삶의 이러저러한 관계의 중심이 되며, 안정과 평안을 제공할 장소가 되는 것이다. 따라서 터닦기는 우리의 삶의 근거, 토대, 중심점을 마련하는 일이다.

우리에게 의미 있는 공간, 가족의 터전, 집을 위해 구별된 땅으로서의 집터는 아무렇게나 골라잡을 수 없다. 가장 좋은 곳을 골라서 지어야만 하는 것이다. 그렇다면, 이러한 좋은 땅은 어떤 곳인가?

앞서 살핀 바와 같이 전통적인 집터의 선정에서 이러한 특별한 공간, 의미 있는 공간이란 풍수상의 길지, 명당을 말한다. 천지의 기운이 만나 인간의 번성을 가능케 하는 곳이다. 이러한 생각에는 세계와 자연을 바라보는 한국인의 가치관이 담겨 있다. 한국인들은 집터의 선정에 있어서 가장 먼저 천지의 기운과의 조화, 관계를 생각한 것이다. 세계를 음양의 조화, 천지의 조

---

133) 참조: O. F. Bollnow, *Mensch und Raum*, p.16-21.

화로 보고 그 안에 인간을 조화롭게 위치시킴으로써 자연의 조화로움에서 오는 덕을 자신의 것으로 만들고자 했기 때문이다. 이러한 천지와의 조화, 자연과의 조화에서 오는 이익을 위해서는 다른 사람들과의 관계가 비교적 소원해지는 것도 마다하지 않았다. 즉, 인가가 드문 산간에 있는 길지를 찾아 집을 짓기도 하고 명당이 있다고 하면 삶의 터전을 버리고 먼 곳으로 이사를 하기도 하였던 것이다.[134]

이러한 천지자연과의 조화는 천지에 인간을 끼워 맞추는 식의 피동적인 것만은 아니다. 인간의 복락을 위해서 천지와 자연의 조화로운 기운을 이용하는 차원의 것이기 때문이다. 천지의 기운이 만나는 접점의 한가운데에 인간의 자리를 정하는 것에서도 이러한 인간중심의 사유를 확인할 수 있다. 단순한 경외나 섬김의 대상으로서의 자연이 아니라 인간과 관계하여 인간에게 이로움을 주는 대상으로 이해되고 있는 것이다. 그 관계의 중심은 항상 인간에게 있었다.

그럼에도 불구하고 이 관계에서 특징적이고도 중요한 것은 천지자연이 인간의 삶의 현장에서 밖으로 내몰린 것이 아니라 인간의 삶의 자리 한가운데를 차지하고 있다는 것이다. 중심으로서의 집은 천지와 자연의 접점에 위치하고, 그 위에 세워져 있기 때문이다. 음양의 조화 안에 자기를 위치시킬 때 그 조화의 혜택을 누릴 수 있다고 보았다. 인간 스스로가 조화로운 질서를 만드는 것이 아니라 이미 조화로운 자연 안에 자신을 포함시키고 동화하는 것이다. 따라서 자신이 공간을 만드는 작업은 공간을 새롭게 정돈하는 것이 아니라 이미 질서 지워지고 조화롭게 된 공간 안에 자신의 공간을 조심스럽게 확보하는 일이다. 조화를 깨뜨리지 않고 그 조화 안으로 조심스럽게 동화되는 것이다. 여기에 "공간을 정돈하고 새로운 우주를 창조한다."는 서구적 사유와의 다름이 발견된다. 세계를 어둠과 혼돈으로 보고 그것을 정돈해야 한다는 사고와는 다른 이해가 '자연'에 대한 한국인의 이해 안에 포함되어 있다. 공간과 관계함으로써만 자신의 존재를 형성해간다는 것은 마찬가지이

---

134) 김광언, 앞의 책, 32-38쪽.

지만 서양은 공간을 자기중심적으로 만들어 가는 데 반해서, 우리의 울타리에서는 자신을 공간 안에 동화시키는 것이다. 관계를 만들어 가는 것이 아니라 이미 있는 조화로운 관계 안에 자신을 맞추어 가야 하는 존재로서의 인간의 자기 이해가 그 안에 있다.

둘째, 터를 정한다는 것은 그러한 터에 정착한다는 것을 의미한다. 집을 짓고 그 안에서 살아간다는 것을 의미하며, 머물러 뿌리내리고 거주한다는 것을 의미한다. 이리저리 흘러 다니며 한곳에 머물지 않는 삶으로부터 어떤 한 장소에 머물러서 그 장소와 정서적으로 연결됨을 의미한다. 그리고 그 터 위에 우리의 몸과 마음과 삶 전체를 깃들인다는 것을 의미한다.

따라서 터를 정한다는 것은 삶에 한 특정한 장소를 부여하는 것이다. 장소에 고정된 삶, 한 곳에 뿌리내린 정주를 의미한다. 크게 보면 수렵으로부터 농경으로의 전환을 의미하며, 또 다른 의미로는 떠돌이의 삶으로부터 고향에 뿌리내린 삶으로의 전환을 의미한다. 하나의 특정한 공간 안에 자신의 존재를 정착시키기를 시도하는 것이다.

새로 가정을 꾸며 분가하는 것은 최초로 자신의 독자적인 삶의 세계를 구축하는 것이 된다. 부모님의 세계로부터 독립해서 나의 세계를 구축하는 것이다. 그리고 이웃 안에 나와 내 가족의 자리를 만드는 것이다. 세계와 인간에 대해서 새로운 관계의 중심을 만드는 것이다. 나를 중심으로 나의 주변을 새롭게 편성하고 내가 질서 지운 세계를 만드는 것이다.

셋째, 터는 하늘과 땅이 만나는 곳이면서 우주의 중심이다. 아울러 신과 인간이 만나는 장소이다. 터를 정한다는 것은 우주의 중심, 신의 영역에 인간이 자리를 잡는다는 것이다. 터는 신과 관계 맺어 신의 세계(우주)를 모방하는 곳, 신의 창조를 모방해서 만들어진 작은 우주, 신을 모신 성역으로 창조된다.

집터를 정한 후에는 그곳에 집을 짓기 전에 먼저 지신에게 제사를 지낸다. 지신에게 지내는 제사는 집지을 땅을 빌려주어 고맙다는 의미와 함께 지신의 소관인 땅을 파고 다지고 변형하는 데 대한 미안함과 집을 짓는 동안의 무사함을 비는 데 그 목적이 있었다.

이렇게 터를 선정한 후 집을 지을 때부터의 모든 절차는 신과 관계를 맺는 과정이다. 그리고 태초에 신이 우주를 창조하는 과정, 신이 창조한 우주의 모습, 인간의 모습을 모방하는 과정이다. 대자연의 질서가 갖추어진 소우주를 인공적으로 창조하는 것이다.[135] 아울러서 신을 모시고 살기 위한 공간으로서 집을 짓는다. 따라서 집터의 선정은 이와 같은 신과의 관계의 출발점이며, 터 위에 집을 건축하고 거주하는 것은 신과 지속적으로 관계를 맺어가는 것, 신과 동거하는 것이다. 이러한 성역으로서의 터와 집의 의미에 대해서는 다음에 집을 고찰하는 부분에서 보다 상세하게 고찰하기로 한다.

넷째, 터의 선정과 터 닦기는 이웃의 문화, 다시 말해서 마을과 지역공동체와의 관계 안에 나와 우리를 자리 잡게 하는 일이다.

이미 터의 선정부터가 나 혼자만의 작업이 아니라 이웃이 함께 참여하는 공동 작업으로서 이웃이 공유하는 문화적 요소들이 그 안에 반영되는 작업이다. 터의 선정에서부터 그 사회에 통용되는 신앙, 관습, 생각 등이 투영된다. 그러므로 절대적인 나와 우리 가족만의 공간으로서의 '집'은 이미 집터의 선정부터 불가능한 것이다. 이러한 터와 관련된 공동성, 이웃, 마을 문화의 개입과 공유는 지신밟기 등의 세시풍속, 축제적인 의례 등을 통해서도 반복적으로 등장한다.

또한 터 닦기의 공동 작업을 통해서 이웃과 관계한다. 이웃이 공유하고 있는 집에 대한 규범과 이상, 집짓기의 의례와 절차를 공유한다. 따라서 나와 우리 가족의 취향과 의도대로만 집을 건축하는 것이 아니라, 개인을 초월한 이웃과 마을이라는 소지역의 문화적, 관습적 요소가 더 크게 작용한다. 터와 집이 단순한 개인이나 한 가족의 생각에 의해서 결정되는 것이 아니라 그 안에 이미 이웃과의 관계가 들어와 있고 관계에 기초해서 이루어지는 것임을 보여 준다.

집터에 대한 고찰을 통해서 알 수 있는 것은 정착 중심 공동성 성역 자연

---

135) 강영환, 앞의 글, 134쪽.

과의 조화 등이다. 세계를 조화로운 질서로 보고 그 질서 안에 자신을 동화시키며, 자연과 신을 함께 포함시킨다. 이러한 이해 안에서 조화와 관계를 중요하게 여기는 태도가 나온다. 이처럼 집터의 선정은 조화로운 관계를 위한 공간, 매개의 공간을 마련하는 작업으로 이해 할 수 있다.

다. 공간 안에 정착하는 존재로서의 인간

이상과 같은 집터 선정이 갖는 의미로부터 한국인에 대해서 무엇을 알 수 있는가? 더 나아가 보편적인 사람됨의 특징은 어떠하다고 이야기할 수 있는가?

첫째, 인간은 공간과의 관계 안에서만 비로소 자신의 존재를 정착할 수 있는 존재로 이해된다. 공간과 관계해서 자신의 존재를 정착하는 일은 먼저 공간을 자기 나름대로 선별하는 작업이고, 다음으로 공간을 정돈하는 일이다. 무한한 공간 안에서 자신에게 의미 있는 공간을 선택해서 그 선택된 공간을 자신의 기준에 맞추어 정돈함으로써 존재와 공간을 서로 연결하는, 존재를 공간의 정돈 안에서 함께 형성해 가는 존재로서의 인간의 본질을 여기에서 확인할 수 있다.

둘째, 특정한 장소를 정하고 그곳과의 지속적인 관계를 통해서 거기에 자신의 존재를 뿌리내리는 존재로서의 인간을 집터 안에서 찾아낼 수 있다. 공간과의 관계 안에서 자신의 내적인 질서에 맞게 공간을 정돈한다는 것이 인간의 본질이라고 할 때, 인간의 삶이 한없이 광활한 공간을 끝없이 유랑하는 것일 경우에는 그러한 선정과 정돈의 작업은 너무나도 힘겨운 과제가 된다. 그러한 과제의 반복 안에서 인간은 지치고 그 과제의 무게 아래에서 질식당하고 말 것이다. 또한 유랑하는 삶은 공간의 선정과 정돈을 근본적으로 허용하지 않는다고도 볼 수 있다. 따라서 공간과 관계함으로써 자신의 존재를 함께 형성한다는 인간의 본질적인 속성 자체가 특정한 공간과의 관계를 이미 전제하는 것이다.

터를 정한다는 것은 특정한 공간을 정하고 그곳에 머무르기를 각오하는 것이다. 머무름을 통해서 그 공간과 지속적으로 관계하고, 그 관계 안에서 자신의 존재를 그 안에 뿌리내린다. 또한 그 공간을 자신의 공간 행동의 기반으로, 더 나아가 삶의 중심과 존재의 중심으로 삼는다는 것을 의미한다. 다시 말해서, 터를 정하는 것은 공간과의 관계 안에서 자신의 존재의 중심을 형성하는 것이며, 삶의 중심을 정한다는 것이다.

셋째로 집터는 신과 관계하는 공간으로 이해되었다. 이와 관련해서 자신의 존재의 유한성을 인식하고 신이 부여한 신성성에 의존해서 자신의 가치를 확인하는 존재로서의 인간을 확인할 수 있다. 그러면서도 신과 관계할 수 있는 존재, 신이 창조한 질서의 혜택을 누릴 권리를 가지고 있는 존재로서의 인간의 자기 이해를 함께 확인한다. 스스로의 힘으로 온전히 자신의 삶을 관리하고 통제하고 완성할 수 없는 유한한 존재로서의 자기 이해와 신과 관계하는 성별(聖別)된 존재로서의 자기 이해가 그 안에 함께 있다. 인간적인 것만으로는 충분하지 않고 인간을 초월한 어떤 것에 의존하며, 자신의 삶 안에 자신을 초월한 어떤 존재와 작용을 가정함으로써만 안정하고 만족할 수 있는 존재로서의 인간의 자기이해가 거기에 있다.

넷째, 인간은 공동체 안에 터를 잡으며, 집터의 선정에서부터 터를 닦고 그 위에 집을 건설하는 전 과정이 공동의 작업을 전제하고 있다. 함께 살아가는 존재로서의 인간, 공간 안에서 스스로 독자적으로 살아가기보다는 함께 기대어 공동체를 이루어 살아가야 하는 협력적인 존재로서의 인간의 자기이해를 여기에서 찾을 수 있다. 인간은 혼자의 힘만으로는 자기의 거주를 건축할 수 없다. 언제나 이웃한 다른 인간과 더불어서만 온전한 의미의 거주와 집을 이룩할 수 있다. 이는 바꾸어 말해서, 인간은 독자적으로 존재할 수 없다는 것을 의미한다. 그의 존재는 언제나 함께 할, 이웃하는 존재들을 필요로 한다. 함께 하는 공존 안에서만 그는 온전한 존재이다.

2. 열린 관계의 공간, 마당[136]

전통적인 주거에서 마당은 울타리 침에 의해서 형성되는 독특한 요소이다. 서구의 집들은 일반적으로 둘러싼 벽으로 내부가 구성되거나 정원으로 꾸며져 있어서 집 안에 빈 공간이 남아 있지 않다. 이에 비해서 한국의 집은 울타리에 의해서 경계 지워지며, 그 결과 집 바깥에 마당이라는 독특한 요소가 '울타리 안'의 공간으로 자리하게 된다. 여기에서는 이러한 독특한 공간으로서의 '마당'을 통해서 울타리의 특징과 의미를 찾아보고자 한다.

마당은 울타리 안에 있으면서 열려 있는 공간이다. 울타리에 의해 한정되어 있지만 다른 것들에 의해서 가로막히거나 차단되지 않아서 안에서만 보면 열려 있는 공간이 된다. 이러한 마당은 대체로 포장되지 않고 평평하게 골라진 맨 땅으로 되어 있으며, 가로막힘 없이 넓게 열려 있다. 문을 열고 내다보거나 마루에 앉아서 내다 볼 때, 그리고 집 밖에서 울을 넘어 들여다 볼 때 마당은 열려 있어서 시야를 가로막지 않는 공간이다. 비어 있는 열린 공간으로서의 마당은 생활에 필요한 작업 공간이나 놀이 공간이 되며 의례를 위한 공간이 되기도 한다.[137]

그리고 마당에는 지붕이 없다. 비가 오면 그대로 떨어져 내리고 바람이 불면 그대로 마당 안을 휘돌고 간다. 마당에는 뜰, 연못, 화단 등이 꾸며져 있으며 여러 가지 나무들이 심어져 있어서 자연을 그대로 감상할 수 있다. 뒷마당은 종종 뒷동산과 연결되어 있어서 자연과 어울려 있다.[138] 이렇게 마당은 자연과 그대로 맞닿아 있다.

마당은 울타리에 난 문을 통해서 들어설 때 처음으로 만나는 공간이다. 울타리 안에 들어설 때, 외부로부터 구별된 내부로 들어설 때 마주치는 장소가 마당이다. 주거공간인 집에 들어가기 위해서는 마당을 반드시 거치게 되

---

136) 참조: 윤재흥, "마당의 교육인간학적 고찰", 「연세교육연구」 12-1(2000. 1).
137) 박영순 외, 앞의 책, 72쪽.
138) 신영훈,『한국의 살림집 上』, 372-373쪽.

어 있다. 반대로 집에서 바깥으로 나갈 때에도 마당을 거쳐야 한다. 울타리 안을 인공의 공간으로 보고 울타리 밖을 자연공간으로 본다. 마당은 완전한 인공공간인 집과 울타리 밖의 자연공간을 매개해 주는 '반(半)자연공간'[139]이 된다.

마당은 한 울타리 안에 여러 채의 집이 있는 경우에는 각각의 건물 사이에 위치하게 된다. 따라서 한 건물에서 다른 건물로 이동하기 위해서는 반드시 마당을 거쳐야 한다. 이 경우 마당은 건물과 건물의 사이 공간이 된다.

한 마디로 말해서, 마당의 큰 특징은 울안에 있으면서 열린 공간이라는 것이다. 열린 공간으로서의 마당은 여백일 수도 있고 사이일 수도 있으며 만남의 공간일 수도 있다. 또 작업장이 되거나 축제의 공간이 되기도 한다. 그 열림의 의미를 살펴봄으로써 울타리 안의 공간으로서의 마당의 특징과 울타리 전체의 공간구조의 특징을 함께 살펴볼 수 있다. 또한 마당을 매개로 이루어지는 인간관계의 특징도 알 수 있다.

가. 일상생활의 중심 공간

마당은 열려 있는 공간이기에 일상생활의 여러 활동들이 그 안에서 이루어진다. 그 활동들을 여기에서는 일상적인 활동과 비일상적인 활동으로 구분하여 고찰하고자 한다.

먼저 마당은 일상적인 활동의 중심이다. 특히 전통 주거에서 마당은 생활의 중심 공간이다. 마당은 열려있는 넓은 공간이기 때문에, 좁은 집(건물) 안에서 이루어질 수 없는 다양한 일상생활의 활동들이 여기에서 이루어진다. 집 안은 추위와 비바람을 피할 수 있는 장소로서 휴식과 수면을 제공하는 반면에 마당은 깨어 있는 시간들을 위한 공간으로 기능했다. 땔감의 장만과

---

139) 주남철, 앞의 책, 97쪽.

비축은 물론 우물, 장독 등 취사에 필요한 각종 설비와 이를 둘러싼 활동들이 이루어졌다. 또한 가축의 사육, 농사를 위한 각종 준비, 타작과 곡식 말리기 등 농경을 위한 활동 등 일상생활의 거의 모든 활동이 마당에서 이루어졌다. 마당은 어린이들에게는 가족들의 보호 안에서 마음껏 뛰어 놀 수 있는 놀이 공간이 되었다.

따라서 마당은 건물로서의 집 안과 적절한 조화를 이루면서 좁은 집 안 공간에서 수행할 수 없는 일상의 작업들이 수행되는 실질적인 생활의 중심이자 활동적 삶의 중심으로 기능하였다. 특히 건물 안의 공간이 비좁았던 일반 서민들의 집에서 생활의 중심으로서의 마당의 기능이 보다 분명하게 확인된다.

마당은 일상을 벗어난 특별한 활동들이 이루어지는 공간이기도 하였다. 마당은 깨어 있는 시간을 위한 공간, 생동하는 일상의 중심이면서 동시에 일상의 단절을 해소하고 새로운 일상으로 출발시키는 정리와 새 출발을 위한 공간이었다. 결혼, 회갑, 장례, 굿 등의 중요한 의례와 특별한 행사들이 마당에서 이루어졌다.

비일상적인 의례와 축제의 시간에 마당은 울타리 밖에 속한 대상들에게 개방된다. 이웃과 동리에 속한 다른 사람들, 잔치를 위해 초청된 친척들과 친지들에게 개방된다. 마당놀이패와 동네청년들과 아이들에게 열려 진다. 굿판을 벌일 때는 무당과 그 패거리들에게, 구경꾼들인 이웃에게, 심지어 무당이 불러들이는 혼령뿐만 아니라 잡귀들과 같은 평소의 기피 대상들에게도 개방된다.

이때에 마당은 공유된다. 내부와 외부의 요소들이 혼재하고 간섭하고 소통하는 장소가 된다. 공유와 관계 안에서 공통의 장이 되고 새로운 의미와 질서를 부여받고 새로운 요소들이 유입된다. 이러한 의식과 축제를 통한 개방은 언제나 변화와 새로운 출발을 의미한다.

따라서 우리는 이렇게 규정할 수 있다. 마당은 깨어진 질서를 위한 정리의 공간이다. 옛 것과 새 것, 안과 밖이 서로 만나서 소통하고 흐트러진 질서가 새롭게 정돈되며, 새로운 요소들이 유입되어 정착되고 변화와 새출발이 이루어지는 창조의 공간이다.

나. 사이와 만남의 공간

마당이라는 열린 공간이 울타리 안에 있어서 울타리 안에서는 독특한 양태의 관계들이 이루어진다. 마당은 관계를 매개하는 공간이지만 때로는 관계를 완충하는 작용을 하고 때로는 적극적으로 매개하는 역할을 한다.

첫째, 마당은 사람과 사람의 만남의 공간이면서 동시에 사이공간으로서 완충적인 관계 공간이 된다. 마당은 일차적으로 한 울타리 안에 속한 이들 간에 긴장을 완화시키는 중립지대가 된다. 전통적으로 한 울타리 안에는 여러 남녀와 노소를 달리하는 여러 가족 구성원이 함께 생활하는 대가족을 이루고 살았다. 이러한 대가족제에서는 가족 구성원들이 마당을 둘러싼 여러 동의 건물에 나누어 살거나 한 건물 안에서 마당에 면한 여러 개의 방에 나뉘어져 살았다. 서양의 주택과는 달리 각자의 개별 공간이 발달하지 않은 우리의 가옥구조에서 마당은 이러한 가족 구성원 사이에 직접적이고 돌발적인 대면을 방지함으로써 긴장을 완화시키는 완충지대가 되었다.

일반적인 서민 주택에서 사랑채를 나서서 안채로 가기 위해서는 마당을 가로질러야 했다. 그보다 작은 규모의 하나의 건물로 된 주택에서도 사랑방을 나서서 건넌방으로 가기 위해서는 마당을 지나가야 하는 시간적·공간적 간격이 필수적으로 요청되었다. 이 과정에서 문을 여닫는 소리, 헛기침 소리 등이 마당을 건너 전달됨으로써 신호의 역할을 하였고, 가로지르는 시간적 공간적 거리가 만남을 준비하는 시간을 벌어주었던 것이다. 소리의 완전한 단절이 불가능했던 우리의 한옥에서 이러한 시간적·공간적 간격은 만남과 관계에 앞서 준비를 위한 여유와 여백을 마련한 것으로 볼 수 있다.

이러한 마당의 완충공간으로서의 역할은 중·상류층 주거로 갈수록 강화된다. 이들 주거에는 행랑마당, 바깥마당, 사랑마당, 안마당, 별당마당, 뒤뜰 등 다양한 형태와 기능을 가진 마당들이 존재했다. 이들 마당은 각각의 건물, 채에 딸려 있어서 그 나름의 기능을 수행하면서[140] 동시에 다른 건물로부터의 진입 시에 시간적·공간적 간격을 확보해 주었다. 이를 통해서 신분 간 남녀 간의 만남에 수반되는 긴장을 완화시켜주는 완충역할을 수행한 것이다.

이차적으로 마당은 울타리 밖의 세계로부터의 갑작스러운 침입을 완화시키는 완충공간이었다. 문을 들어서면 넓게 펼쳐진 마당이 있어서 적나라하게 일상이 그대로 노출되는 건물 안으로의 직접적인 침입을 막아주었다. 손님이 방문하면 일차적으로 대문 밖에서의 만남 이후에 마당에서의 간단한 인사와 접대가 이루어지며 그 후에 방안으로 인도해 들인다. 상류층의 집에서도 대문으로부터 사랑에 이르기까지 바깥마당이라는 완충지대가 있어서 미리 통보를 받은 주인들이 대면에 앞서 정돈하고 준비할 시간을 주었다.

이처럼 마당은 직접적인 충돌과 갑작스러운 만남에서 오는 돌발성을 완화시킴으로써 정돈되고 질서 있는 관계를 가능케 하는 완충지대였다. 바깥 세계로부터 안을, 낯선 세계로부터 친밀한 안정의 세계를 방어하는 기제가 된 것이다. 이러한 마당의 완충적인 기능을 울타리 밖에서 수행하는 것이 고샅, 골목이다. 이에 대해서는 다음에 골목을 다루면서 더 상세하게 살펴보고자 한다.

둘째, 마당은 자연, 신 등 비인격적인 존재들과의 만남을 위한 공간으로도 이해할 수 있다. 마당은 사람들 사이의 관계뿐만 아니라 자연을 향한 적극적인 관계의지를 반영한 공간이기도 하였다. 마당은 인간세계를 향해서는 울타리를 침으로써 닫혀 있지만 자연세계를 향해서는 언제나 열려 있었고, 오히려 적극적으로 자연적인 요소들을 포용하려는 노력들이 이루어졌다. 마당은 하늘을 향해 언제나 열려 있었으며, 땅 그 자체로서 남아 있는 공간이었다.

---

140) 각각의 건물에 딸린 마당의 종류와 기능에 대해서는 정재훈 외, 앞의 책, 27-28쪽을 참조할 것.

언제나 하늘과 땅이 함께 있기에 인간이 그 안에 들어서면 천·지·인의 만남과 조화가 자연스럽게 이루어지는 공간이었다. 집 한가운데 빈 마당을 배치함으로써 결과적으로 자연의 주체인 하늘과 땅을 간직하며 항시 천지자연과 접할 수 있게 된 것이다.[141]

하늘을 향해 열려 있는 마당은 음양론적인 세계관의 반영이라고 할 수 있다. 음양론에 따르면 전통적인 한옥은 하늘과 땅의 기운이 만나는 중심점에 위치한다. 그리고 땅의 기운이 모인 곳인 혈이 집의 여러 건물 중에서도 안채가 설 자리라면, 하늘의 기운이 내려와 응집되는 곳이 혈 앞에 위치한 명당 곧 안마당인 것이다. 따라서 마당은 하늘의 기운을 받아들일 수 있도록 언제나 열려 있었다. 또한 마당은 음양의 교차와 반복을 특징으로 하는 한옥의 공간구성에서 건물과 건물 사이에 위치함으로써 양으로서의 건물에 음으로써 대응하고 조화하는 역할을 수행했다. 다시 말해서 마당은 음양의 조화를 위해 필수적으로 주거의 공간 설계 안에 반영된 요소였다.[142]

마당은 또한 인간과 신이 공존하면서 소통하는 공간이었다. 무속에서 마당은 지신인 오방신의 영역으로 이해된다.[143] 천신에 대비되는 지신의 영역으로 설정된 것이 마당이다. 앞서 '집터' 부분에서 살펴본 것처럼 이미 집을 지을 때부터 지신으로부터 땅을 빌려서 집을 짓는다. 그리고 거기에서 한 걸음 더 나아가서 지신이 자리 잡고 영주하는 곳으로 간주한다. 따라서 마당에는 언제나 지신이 머물러 있다. 머물러 있으면서 마당을 삶의 근거지로 생활하는 그 집사람들에게 복을 주고, 외부로부터의 잡귀와 재앙의 틈입을 방지해 주는 것으로 생각했다.

마당이 지신의 영역이고 지신이 마당에 언제나 머물러 있기에 그 마당을

---

141) 정영철, 이해성, "무속의례를 통해 본 제주도 전통주거의 공간구조 및 의미에 관한 연구", 「대한건축학회논문집」 7권 1호(1991. 2), 73-85의 81쪽.

142) 강영환, "韓國 傳統住居에 나타난 陰陽觀", 「민속학 연구」 4호(1997), 133-149쪽.

143) 최길성, "巫俗에 있어서 「집」과 「女性」", 김인회 외, 『한국무속의 종합적 고찰』, 서울: 고려대학교 민족문화연구소, 1982, 93-125의 106쪽.

삶의 근거지로 하고 살아가는 사람들은 언제나 지신과 더불어 있게 된다. 그가 의식하든 그렇지 않든 상관없이 언제나 지신은 그의 삶에 함께 있으면서 돌보고 있는 것이다. 지신의 영역인 땅을 자신의 집터로 내어준 것을 감사하고 그곳에 지신이 머물러 주기를 간청하면서 정성스런 의식을 치르는 사람들에게 마당에 깃들어 있는 지신은 각별한 의미를 가질 것이 분명하다. 지신이 언제나 함께 있기에 든든하고, 안정된 삶을 누릴 수 있었던 것이다. 무속의 각 신들 중에서 천신과 더불어 최상위 신에 속하는 지신이 자신의 집에 자리 잡고 있기에 그 집은 더욱 성스러운 땅이 된다. 성스러운 땅, 성스러운 신의 영역에 감히 잡귀들이 틈탈 수 없기에 안심하고 살 수 있었던 것이다. 이러한 신이 보장하는 안녕은 가족이라는 동질 집단이 부여하는 친밀감과는 다른 차원의 안정이라고 할 수 있다.

또한, 지신의 영역 위에서 살기에 조심스러웠다. 빌려준 땅을 잘 사용하고, 사용이 끝나면 원래의 모습으로 되돌려 줄 수 있도록 조심했던 것이다. 그래서 그들은 마당을 함부로 하지 않고 조심스레 사용하고 보존하려 했다. 마당에 일체의 인공을 가미하지 않고 맨 땅을 다지기만 하는 것은 이러한 신으로부터 빌려온 땅이라는 의식이 작용한 것이라고 생각된다. 언제나 마당에 있어서 인간과 작용하며 인간의 삶을 보살피는 신, 마당은 이러한 지신의 공간으로 이해되었다. 그러기에 마당은 집터의 선정과 더불어 신을 모셔 들이는 순간부터 인간과 신의 관계의 공간으로 자리 잡으며, 그 집에서 살아가는 동안 언제나 신과의 관계를 보장하는 공간이 된다.

또한 마당은 집 안에 상주하지 않는 신들과 관계하는 공간이 된다. 이 경우에 인간과 신의 관계는 비일상적인 관계가 된다. 일상적으로는 인간의 영역 안에 거주하지 않는 신들을 특별히 초청해 들여서 관계 맺는 공간이 마루와 마당이다. 조상신에 대한 제사와 무속의례인 굿에서 우리는 이와 같이 일시적인 신과의 관계맺음을 볼 수 있다. 제사의 경우는 주로 마루에서 이루어지지만, 굿의 경우는 마당에서 이루어지는 경우가 빈번하다. 특히 집 안 공간이 협소해서, 마루가 없는 경우나 마루가 있어도 협소한 경우에 굿은 대체로 마당에서 이루어졌다. 이 경우에 마당은 평소에는 집 안에 있지 않은 신들을 초청해 들여서 관계하는 신과 인간의 만남의 임시적인 장소가 된다.

굿에서 신과 무당과 인간은 동일한 공간에서 소통하며 이를 통해서 서로 간의 왜곡된 관계가 바로잡혀진다. 굿을 통한 만남과 관계를 통해서 새로운 관계, 새로운 일상으로 회복된다. 이때 마당은 굿판이라는 신, 무당, 인간 3자의 공유 공간, 동질공간으로서 이들 3자의 관계를 동일한 지평에서 매개한다.[144]

이처럼 마당은 신과 인간의 관계를 매개하는 공간이다. 마당에 정주하고 있는 지신과의 관계, 마당을 관계의 터로 하는 조상신, 기타 잡신들과의 관계 맺음이 굿을 매개로 마당 안에서 이루어졌다. 마당은 언제나 신과 관계맺음을 통해 안녕을 보장받고자 했던 인간 욕구의 표현이며, 조상을 신격화하는 한국인의 사유에서 조상신과의 만남을 위한 공간이었다. 만남을 통해 인간의 삶의 흐트러진 질서를 바로잡고, 일상과 안정을 회복하기 위한 관계맺음을 가능케 하는 매개의 공간으로 작용한 것이다. 따라서 마당은 인간과 인간, 인간과 자연, 인간과 신을 각각 나름대로의 방식으로 매개하는 만남과 관계를 위한 공간으로 전통사회의 생활 속에 자리 잡고 있었다.

지금까지 살펴본 마당의 특징을 정리하면, 마당은 고정된 기능을 가진 공간이 아니라 가변적인 공간이라고 할 수 있다. 마당은 일차적으로 울타리 안에 속한 내부의 공간으로서의 마당은 생활의 중심이다. 또한 사이나 만남과 관련해서 생각할 때에는 완충의 공간이면서 매개의 공간이기도 하다.

첫째, 생활의 중심으로서의 의미부터 살펴보자. 마당은 울안에 속한 공간이다. 울안은 일차적으로 가족들의 공간이다. 따라서 마당에서 이루어지는 일상적인 활동은 가족들의 일상이 중심이다. 가족의 사고방식과 행동양식과 삶의 태도가 그 안에 반영되어 있는 삶이 이루어지는 공간이다. 마당은 일상생활의 중심 공간이다. 마당 안에서는 건물 안에서 이루어지는 일상의 활동을 제외한 모든 일상 활동이 이루어진다. 여성들의 가사활동의 많은 부분과

---

144) 김인회, 『韓國巫俗思想研究』, 서울: 집문당, 1987, 203-209쪽.

남성들의 생업의 대부분이 마당 안에서 이루어진다. 성인과 어린이 사이의 관계, 남자와 여자 사이의 관계 등이 마당 안에서 이루어지고 전승된다. 따라서 마당은 방이나 마루와 더불어서 가정 안에서의 인간관계의 규범과 질서가 자연스럽게 전승되는 공간이 된다. 또한 양육과 취사를 포함한 여성 교육의 현장이 된다. 아울러서 전통사회에서는 한 가정의 생업이 마당 안에서 전승되었다. 따라서 마당은 현장중심의 직업교육의 장소가 되었으며, 자연스럽게 가업이 전승되는 장소가 되었다.

또한 마당에서는 일상을 벗어난 특별한 일들이 이루어진다. 비일상적인 활동, 행사들이 매개가 되어 가족과 친족, 가족과 이웃의 만남이 이루어지고 매개되는 공간이 되었다. 혼례, 장례, 세시 풍속들, 굿을 비롯한 종교적 절차들을 통해서, 농경을 위한 공동 작업들을 통해서 마당에서는 울타리 밖에 속하는 요소들이 울타리 안의 요소들과 접촉하게 된다. 이러한 시간과 절차를 통해서 성장과정에 있는 어린이와 청소년들은 자연스럽게 그가 속한 친족집단, 이웃, 마을의 공통의 문화 안으로 인도되어진다. 여러 가지 비일상적인 일들이 인간의 삶에서 차지하는 비중과 의미, 그와 관련된 의식과 절차 등을 자연스럽게 익힐 수 있게 되었다.

따라서 마당은 울타리 안에 머물러 있으면서 울타리 밖의 문화를 습득할 수 있는 공간이 되는 것이다. 이웃과 마을의 공동체문화를 부분적으로나마 체득할 수 있는 공간이 된다. 일상적인 활동을 통해서 새로운 가족의 구성원들이 가정의 문화 안에서 자신의 삶을 만들어 가고, 따라서 자연스럽게 가족과의 관계 안에서 자신의 존재를 형성하게 된다. 또한 비일상적인 시간을 통해서 이웃과 친족, 그리고 보다 다양하고 폭넓은 울타리 밖의 요소들과 관계한다. 울타리 밖의 세계와의 관계를 통해서 자신의 삶을 풍요롭게 하고 새롭게 하는 요인들을 접하고 변화를 수용한다. 그 안에서 그의 존재도 또한 변화하고 성장한다. 간략하게 말해서 마당은 일상과 비 일상을 통해서 다른 사람들과 관계하고 세계와 관계하는 중심 공간이다. 이러한 중심으로서의 의미는 다음의 집과 관련해서 보다 상세하게 고찰하고자 한다.

다음으로, 완충과 매개의 공간으로서의 마당의 의미를 보자. 울안에 있는 마당은 '집-마당-울-밖'이라는 공간의 구분과 유동적인 흐름의 단계를 만들어 낸다. 이러한 마당의 위치는 전통사회에서 인간의 삶의 발전의 걸음걸이를 점진적으로 조절해주는 중요한 한 단계로 자리 잡는다. 마당이 있음으로 해서 사회화의 단계적 확산구조는 '집 안(건물)에서의 철저한 가족 사회화 → 마당에서의 일시적·부분적 지역 사회화 → 골목에서의 이웃 문화의 습득 → 지역 사회와 더 넓은 세계로의 진입'의 점진성이 한 층 더 완성적인 구조를 갖게 된다.

마당은 울타리 안에 있으되 완전한 울타리 안의 공간이 아니다. 시각적으로 반(半)개방 공간이고 또 비일상적인 의례들을 통해 울타리 밖의 사람들에게 개방되기 때문이다. 마당은 일상을 벗어난 삶의 형식들, 즉 일상을 깨고 들어오는 비일상적이고 특별한 삶의 형식들이 진행되는 공간이다. 울타리 안에 속한 인간관계의 역학과 울타리 밖의 인간관계의 역학이 마당 안에서 절충된다. 일상 속에 생긴 단절을 의례를 매개로 해소하고, 불가피한 변화와 새로운 요소를 마당이라는 공간 안에서 완충시켜서 울타리 안으로, '집' 안으로 받아들이는 것이다. 마당은 나와 타자, 옛 것과 새 것, 안과 밖이 충돌해서 융합되는 새로운 만남과 변화와 새 출발을 매개하는 공간이다. 마당은 울타리 밖의 골목에 대응하는 울타리 안의 변증법적인 종합의 공간이다. 내부의 문제가 외부의 새로운 요소들을 통해 정화되고 해결되어 새로운 삶의 질서와 지평이 열리는 창조의 공간이다.

마당의 기능과 마당 안에서 이루어지는 관계의 역학을 볼 때, 마당은 우리 문화의 개방성과 폐쇄성을 동시에 반영한다고 말할 수 있다. 왜냐하면 마당은 반쯤 열려 있어서 외부를 수용하는 구실을 하지만, 있는 그대로 수용하지 않고 완충시켜서 '울타리 안'에서 '우리 것'과 융합시켜서 받아들이기 때문이다. 그러므로 마당은 '울타리 안'의 세계에 필요한 외부의 요소들을 수용하기 위한 관계의 기제이면서, 동시에 울타리 안의 세계의 정체성을 유지하는 기제로서의 양면성을 가지고 있다. 따라서 마당의 공간구조의 특징은 관계와 완충의 병행공간으로 이해할 수 있다. 골목이 중간 세계이듯이 마당 역시 중간 세계이다. 인간의 삶에 필수적으로 요청되는 외부와의 관계를 매개하는 공간이면서, 동시에 인간의 내적인 정체성을 한꺼번에 변화시키거나 손상하지 않는 범위에서 변화를 수용해 들이는 기제로서 이해할 수 있다.

3. 삶과 사람됨의 중심, 집

집은 울타리 안을 구성하는 가장 중요한 요소이다. 태어나서 죽을 때까지 인간의 모든 삶의 토대가 되는 집이야말로 인간의 삶에 있어서 가장 기본적인 장소이다. 울타리는 이러한 집을 둘러싸고 있다. 우리는 울타리를 말할 때 언제나 집을 떠올린다. 집과 별개로 존재하는 울타리도 있지만 진정한 의미의 울타리는 집에 있는, 집을 둘러싼 울타리이다. 따라서 울타리를 살펴본다는 것은 곧 집을 살펴본다는 것이며 집을 앎으로써 울타리를 같이 이해하게 된다. 집을 알지 못할 때 집의 외곽을 형성하면서 집을 참된 집으로 만드는 울타리의 의미도 바르게 이해할 수 없기 때문이다.

가. 한옥 공간의 특징

울타리 안에 지어진 건물로서 전통적인 민가를 대표하는 명칭이 한옥(韓屋)이다. 그런데 한옥의 특징을 한마디로 이야기하기는 힘들다. 여러 시각에 따라서 다양한 특징들을 거론할 수 있다.[145] 이 연구의 특성상 모든 한옥의

---

145) 가령 신영훈은 한옥의 가장 큰 특징으로 방과 마루가 공존하는 공간구조를 들고 있다. 즉 남방계 주거의 특징인 마루와 북방계 주거의 특징인 온돌이 한

특징들을 다 거론하는 것은 의미 없는 일이고, 연구의 목적과 부합되는 몇 가지 특징들에 초점을 맞추고자 한다. 즉, 한옥 공간의 특징 중에서 인간과 인간의 관계, 공간과 인간에 대한 한국인의 이해를 잘 드러낼 수 있다고 생각하는 것들에 초점을 맞추어서 살펴보려고 한다. 그러한 특징으로는 일상생활과 의례생활공간의 병존, 남녀공간의 구분, 공간의 위계, 사이공간의 발달, 공간의 미분화와 융통성, 자연조화적인 조형미 등을 들 수 있다.

첫째, 한옥에는 일상생활과 의례를 위한 공간이 함께 있다. 대표적인 의례공간의 예로는 사당, 제실 등이 있다. 이는 조상에 대한 제사를 위한 공간으로 별도의 건물로 만들어지거나 별도의 공간으로 설정된 것이다. 또 다른 의례의 공간으로 마루를 들 수 있다. 마루는 일상적으로는 성주신을 모신 공간이면서 굿, 제사, 혼례 등의 각종 의례를 위한 공간으로, 일상의 생활이 영위되는 방과 그 용도가 구분되었다. 마루는 집 안에서 가장 깨끗한 성소로 여겨지고, 방안에서 이루어지는 취침이나 손님접대 등의 일상적인 일들은 마루에서 이루어지지 않는 것이 보통이었다.146)

일상의 공간과 의례의 공간이 함께 있다는 것은 집이 단순하게 일상생활만을 위한 공간이 아니라는 것을 뜻한다. 일상은 주로 가족들을 중심으로 이루어지며 살아있는 사람들 간의 관계이다. 이에 반해서 일상을 벗어난 일들은 집 밖에 속한 사람들과 혼령 잡귀 등 비인간적인 존재들과의 관계가 주를 이룬다. 혼례나 회갑 등의 의례 시에 집에 들어오는 외부 사람들이나 굿, 제사 등에 청해 들이는 혼령과 조상신 등은 울타리 밖에 속한 존재들이다.

일상과 의례의 공간이 함께 있다는 것을 통해서 두 가지 의미를 찾을 수 있다. 첫째는 집과 외부 세계가 완전하게 단절되어 있다기보다는 항상 관계

건물 안에 융합되어 있는 것을 한옥의 가장 큰 특징으로 본다.(신영훈, 『한국의 살림집』, 82-125쪽.) 그렇지만, 온돌과 마루의 공존은 사철의 구분이 뚜렷한 우리나라의 기후에 가장 큰 원인이 있는 것으로 인간관계와 사고의 특징을 찾아내는 데는 큰 의미가 없다고 보기에 여기에서는 다루지 않는다.

146) 최길성, 앞의 글, 100쪽; 장보웅, 앞의 책, 75-76쪽.

하고 있거나 관계의 가능성을 언제나 내포하고 있음을 의미한다. 둘째, 조상 신과 집에 모셔진 여타의 신들은 울타리 안에 속한 존재로 파악되고 집 밖에 속한 존재로 여겨지지 않는다는 것이다.

집은 기본적으로 가족들의 영역이며 울타리에 의해서 바깥세계와 구분되어 있다. 울타리는 일정 정도 안과 밖을 단절시키는 역할을 한다. 이러한 단절을 극복하고 외부와 소통하기 위해서 집에는 의례를 위한 공간이 마련되어 있다. 의례의 시간들에 안은 바깥사람들에게 개방된다. 의례를 통해서 안과 밖이 만나고 교류한다. 따라서 의례는 안과 밖을 일시적으로 섞이게 하고, 울타리로 인해 단절된 교류를 가능하게 한다. 따라서 의례의 공은 폐쇄적인 사적 공간인 집을 개방과 관계를 배려한 공간으로 만들어 주는 역할을 한다. 그것은 집을 만드는 사람들의 의식이 안과 밖을 분명하게 구별해서 생각하는 것이 아니라 서로 밀접하게 관계되어 있는 존재들로 여김을 보여준다.

다음으로 집 안에 설정된 의례의 공간인 신들의 공간을 살펴보자. 집 안에 설정된 조상의 공간, 신을 위한 공간 등은 언제든지 사람들이 마음만 먹으면 관계를 맺을 수 있는 관계의 가능성을 내포한 상태이다. 특히 집 안에 조상과 기타의 신들을 위한 장소를 마련하는 것은 그러한 조상신을 포함한 신들이 살아있는 사람들의 삶에 언제나 영향을 미치고 관계하고 있다는 의식을 지니고 살아감을 의미한다. 그러므로 일상과 의례의 공간을 집 안에 함께 마련하고 살아가는 사람들에게 있어서 조상을 비롯한 신들은 울타리 밖에 속한 존재가 아닌 셈이다. 울타리 안의 관계가 그대로 적용되거나 적어도 관계의 범위 안에 들어와 있는 존재들이다. 따라서 분명하게 경계가 설정된 울타리 밖의 영역과는 다른 의미를 갖는 존재로서 생활과 의식 안에 자리하고 있다고 판단할 수 있다.

둘째, 한옥에는 남녀 공간의 구별이 있다. 단일 건물로 된 서민들의 가옥을 제외한 중·상류층의 한옥은 주로 남자들이 생활하는 공간인 사랑채와 여성들의 공간인 안채로 나누어져 있다. 안채와 사랑채는 그에 딸린 마당과 별도의 부속공간들을 가지고 있으며, 담으로 가로막혀 있어서 대체적으로 분리된 공간을 이루고 있다. 특별한 경우를 제외하고는 서로 상대방의 공간에 출입하지 않음은 물론이고, 다른 영역을 쉽게 넘겨다보지도 못하게 되어 있다. 같은 집 안에서도 남녀의 공간을 구분하기 위해서 설치된 내외담[147]은 그러한 남녀공간의 구별을 단적으로 보여주는 예이다.

남녀공간의 구분은 유교의 영향이 가장 크다. 유교의 내외법이 공간에도 반영되어 남자와 여자의 공간을 구분하고 단절을 강조한 것으로 여겨진다. 특히 남녀 공간의 구분이 유교적 가치관을 내면화하고 생활 속에서 실천하려고 노력했던 양반층의 집에서 비교적 분명하게 나타나는 데서 알 수 있다. 서민들의 경우에는 양반들만큼 남녀의 구별이 엄격하지 않았고, 따라서 그러한 공간의 구분도 엄격하지 않았다. 가난한 서민들의 경우에는 집을 지을 때 한 동만을 짓는 것이 대부분이고, 그 후에 여유가 생기면 다른 동을 지어서 원래의 건물은 안채로 하고, 새로 지은 것을 사랑채로 삼았던 것에서도 그러한 경향을 알 수 있다.

남녀의 공간을 엄격하게 구분하여 설정하고 생활하는 것은 그만큼 남녀를 구분해서 생각하는 의식이 뚜렷하게 작용하고 있었음을 의미한다. 생활의 공간이 분명하게 나누어져 있고, 그에 맞추어 살아간 만큼 그러한 남녀구분의 의식도 강하다고 말할 수 있다.

그렇지만 그러한 남녀구별의 의식이 곧 남녀의 관계를 단절로 보는 것인지에 대해서는 생각해 볼 필요가 있다. 공간의 구분이 곧 관계의 단절만을 의미하는 것은 아니고, 또 대부분의 서민가옥에서는 그러한 공간의 구분도 분명하지 않기 때문이다. 또 시간적으로도 조선시대에 와서 유교적인 가치관이 널리 보급되면서 이러한 공간의 구분이 이루어졌다고 보이기 때문이다.

---

147) 내외담이란 안채와 사랑채 사이에 설치하거나 대문의 입구에 설치하여 내부 공간이 곧바로 보이지 않게 함으로써 유교적인 예법에서의 남녀의 내외법을 공간 안에 배려한 구조를 일컫는다. 이러한 내외담에 대해서는 홍형옥,『한국 住居史』, 196-197쪽, 275-276쪽: 주남철, 앞의 글, 300쪽: 신영훈,『한국의 살림집 上』, 386-388쪽 등에서 구체적인 예들을 찾아볼 수 있다.

유교의 내외관보다 오랫동안 우리민족의 삶에 영향을 미쳐온, 그래서 보다 더 원형에 가까운 사고라고 할 수 있는 음양론에 따르면 남녀는 조화로운 관계로 이해된다. 서로 함께 있고 원활하게 작용하는 것이 바람직한 음과 양의 관계이다. 따라서 음양론에서는 남자와 여자는 구별되기는 하지만 격리되지는 않는다.

건축의 기본 원리에 있어서도 남자와 여자의 공간인 사랑채와 안채의 구분, 내외담 등의 요소들에도 불구하고 전체적인 건축의 기본 바탕에는 음양의 조화를 근본으로 하는 음양론적인 세계관이 반영되어 있었다. 앞서 보았던 집터의 선정에 있어서의 '길지'의 판단기준에서 음양의 기운의 조화를 중시하고 땅과 하늘의 기운이 만나는 곳을 길지로 본다는 것에서 우선 그러한 음양조화의 태도를 상기할 수 있다. 택지의 선정뿐만 아니라 건물 자체에도 음양조화의 원리가 투영되었다. 건물과 마당의 교차는 양으로서의 건물과 음으로서의 마당의 공존이며 조화이다. 건물의 방위에 있어서 남자의 공간인 사랑을 남쪽과 동쪽에 배치하고 여성의 공간인 안채를 북쪽과 서쪽에 배치하는 것도 음양론의 방위 개념을 따른 것이다.[148] 따라서 집 전체로 보면 사랑채와 안채가 음양으로 나누어 조화를 이루고, 또 각 채에서는 건물과 마당이 음과 양으로 구별되면서 조화를 이룬다. 또한 한 건물 안에서도 방과 마루가 음과 양으로 구별되면서 조화를 이루는 관계이다. 따라서 집을 구성하는 모든 공간이 크고 작은 음과 양의 공간으로 반복되고, 하나의 공간도 보기에 따라서는 양의 공간도 되고 음의 공간이 되기도 하는 가변성을 가진다.

그러므로 음양론에서 음과 양을 상보적인 관계로 보듯이 음과 양이 공존하는 질서, 음과 양이 교차하면서 조화를 이룬 공간과 인간의 관계가 전통의 한옥 안에 함께 조형되어 있다. 이러한 상보적인 이해는 집의 공간이해에만 머무르기보다는 전체 세계를 보는 세계관으로 자리 잡고 있다. 세계관과 관련된 부분은 앞으로의 논의를 통해서 보다 구체적으로 살펴보고자 한다.

셋째, 한옥의 공간들에는 서열이 존재한다. 위계의 정점은 사당이 차지한

---

148) 강영환, 앞의 글, 140-143쪽.

다. 즉 풍수적으로 볼 때 주산의 기운이 내려와 처음으로 멎는 곳에 사당을 위치시킴[149]으로써 사당이 최고의 위계에 있음을 보여준다. 산 사람의 공간이 최고의 위치를 차지하는 것이 아니라 죽은 사람의 공간이 최고의 위치를 차지한다는 것이 독특한데, 이는 유교사회의 조상숭배사상과 가계계승의 절대성에서 비롯되는 것으로 해석할 수 있다. 집의 계승이 절대적인 의미를 가질 때, 집을 이어오고 또 조상신이 되어 집을 보호하고 있는 조상신들의 공간이 최고의 자리를 차지하는 것은 당연하다. 그 다음이 가부장의 공간인 사랑이다. 사랑은 가문을 계승하는 가부장과 장자를 위한 생활공간이면서 가문의 권위를 상징하며 가계계승을 위한 수련장이었다.[150] 따라서 사랑이 조상신의 공간에 이어서 위계상의 상위를 차지하는 것이다. 그 다음이 여성들의 공간인 안채이다. 위계상의 최하위 공간이 하인들의 공간인 행랑채이다.

집의 공간적 위계는 건물 사이에서만 확인되는 것이 아니고 한 건물 안에서도 확인된다. 즉 성주신을 모신 공간, 조상신의 공간이면서 또 가장을 대표하는 공간인 마루가 최고의 위치이다.[151] 마루는 물리적인 공간의 높이에서도 최고의 위치에 있다. 즉 부엌, 마당, 방의 높이보다 대청의 높이가 일반적으로 가장 높다.[152] 마루 다음이 생활공간인 방이다.

공간의 위계를 표시하기 위해서 지반의 높이를 달리하기도 했다. 즉 주인의 거처인 사랑을 건축할 때에는 원래보다 훨씬 높게 토대를 쌓아올린 위에 집을 지어서 밑에서 올려다보는 하인들이 위압감을 느끼도록 인위적인 조작을 가하였다.[153] 땅의 높이를 통해서 그 위에서 생활하는 사람들의 위계를 강조하고자 한 것이다.

이처럼 한옥은 분명한 위계질서를 그 공간의 구조 안에 포함시키고 있다.

---

149) 신영훈, 『한옥의 조형』, 64쪽.

150) 박영순 외, 앞의 책, 42-43쪽.

151) 장보웅, 앞의 책, 75-76쪽; 정영철, "家庭信仰構造로 본 傳統住居의 空間構成에 관한 硏究", 「대한건축학회논문집」 13. 2(1997.2), 61-72의 66쪽.

152) 신영훈, 『한국의 살림집 上』, 88쪽.

153) 김광언, 앞의 책, 111-116쪽.

이는 그 안에서 살아가는 사람들이 서열화 된 질서를 가지고 살아가는 사람들임을 보여준다. 사람과 사람 사이에 위계상의 차이를 정하고 그것에 맞추어서 생각하고 행동하는 방식이 한옥에 그대로 투영되어 있는 것이다. 서열의 기준은 가부장제의 질서와 밀접한 연관이 있다. 유교적 가치관이 지배적이던 조선시대의 규범이 사람들의 사고방식으로 내면화되고, 집의 공간배치에도 반영된 것이다.

넷째, 한옥의 또 다른 특징은 공간이 분화되어 있지 않고 융통성 있게 변형해서 쓸 수 있다는 점이다. 우리의 전통 가옥은 공간을 분할해서 각 개인에게 할당하지 않고 공간을 공유하면서 관계를 맺는 주거형태이다. 전통적인 서민주택은 온 가족이 한 방에서 기거하는 집단공간으로 이루어졌다. 중·상류층의 한옥에서도 이러한 공동성은 조금 완화되기는 하지만 완전한 개별공간으로 분화되지는 않는다. 한옥의 구조가 갖는 특성으로 인해서 완전한 밀폐와 차단이 이루어지지 않았기 때문이다. 흙벽과 얇은 한지를 바른 창과 문은 서로간의 소리를 완전하게 차단해 주지 못하기 때문에 언제나 집 안에 있는 다른 사람들에게 신경을 써야만 하는 처지에 있었다. 집 밖으로부터의 시각적인 차단도 낮은 울타리 때문에 완전하게 이루어지지 않았다.

공간의 미분화와 관련된 불편을 해소하고 또 협소한 공간을 최대한 활용할 수 있도록 하는 것이 공간의 융통성이다. 한옥에는 특정 기능이나 목적을 위해 정해진 공간보다는 때에 따라 변형하고 다른 용도로 전용할 수 있는 공간이 발달해 있다. 방 사이를 고정된 벽으로 만들지 않고 필요에 따라서는 떼어낼 수 있는 문으로 만들어서 공간을 확장할 수 있게 하였다. 또한 들어 열개 문을 달아서 경우에 따라서는 마루도 방처럼 사용할 수 있게 만든 것 등이 그 좋은 예이다.154)

그런데 이러한 미분화된 집단적 공간과 그에 따른 공간의 공유는 독특한 공동체적 관계 형성의 요인이 된다. 따라서 우리의 전통사회에서 가족 간의 관계는 이러한 집의 공간구조가 갖는 특성에서 비롯되는 독특한 측면들을

---

154) 박영순 외, 앞의 책, 199-202쪽.

간직하게 된다. 가족 간에 동일한 공간을 공유하고 공간을 함께 사용하는 데서 오는 타인에 대한 배려와 사이에 대한 민감성이 그 특징이다. 필연적으로 타인에 대한 배려와 관계에 관심을 집중하게 된다. 서구처럼 공간이 기능에 따라서 세분되고 개인의 공간이 철저하게 나뉘어져 있을 경우에는 관계의 긴장이 완화되고 그만큼 타인에 대해서 무관심할 수 있다. 그런데 한옥의 경우에는 공간을 같이 사용함에 따라서 언제나 관계의 긴장이 존재하는 주거 형태였다. 공간의 미분화와 밀폐성의 부족 때문에 긴장이 언제나 존재하고 그에 따른 타인에 대한 일상적인 관심과 배려가 필수적으로 요청되었다. 이러한 관심과 배려는 관계에 민감하게 만들고, 관계에 민감하여야만 바른 인격체로, 바람직한 사람으로 대접받을 수 있었다. 타인을 배려하지 않으면 밀집된 동일 공간 안에서 견딜 수 없었기 때문이다.

공간의 미분화와 공유는 또한 개성 있는 인격이 형성되기 힘든 환경을 만들어 낸다. 밀집된 공동생활에서는 언제나 다른 사람을 고려하는 것이 매우 중요하기 때문이다. 너무 다르거나 독특하면 함께 생활하기가 불편하기 때문이다. 타인과 달라서 자주 공간 안에서 충돌하고 타인의 영역을 침범하면 긴장이 증가하게 되고 결과적으로 같이 생활하기가 힘들어지기 때문이다.

이와 같은 밀집된 공동생활 때문에 타인에 대한 배려와 타인을 염두에 두는 관계적인 사고는 한국의 주거에서 필수적인 요소였다. 이에 비해서 서구의 주거는 개인공간이 발달하고 기능에 따라 공간의 분화가 잘 이루어져 있어서 사람들 간의 관계가 주는 긴장을 완화시키는 구조를 가지고 있다. 개인공간의 발달이 개성 있는 인격 형성의 물리적인 조건을 만들어주었다. 타인에게 매어 있는 것이 적은 만큼 독자성이 증대된 것이다. 이처럼 생활공간은 그 안에서 살아가는 사람들의 생각과 인격에 미치는 영향이 매우 크다. 그래서 사람들의 생각은 그들이 만들어 내는 공간에 영향을 미치고, 생활공간은 다시금 그 안에서 살아가는 사람들의 내적 세계에 영향을 미치는 순환적 영향관계가 형성된다.

다섯째, 한옥에는 사이공간이 발달되어 있다. 공동의 거주와 동일한 공간 안에서의 밀집은 필연적으로 긴장을 고조시킨다. 이러한 긴장을 완화시키기 위해서 다양한 공간구성상의 배려와 인간관계의 기법이 발달했다. 앞에서 살펴본 공간의 융통성이 미분화되고 협소한 공간을 보다 효율적이고 다양한 용도에 맞게 활용하는 데 초점이 맞추어진 것이라면, 사이공간의 발달은 밀집에 따른 긴장을 완화시키기 위한 배려라고 할 수 있다. 방과 방 사이, 방과 마당 사이의 마루나 건물과 건물 사이, 집과 바깥 세계의 사이에 위치한 마당 등이 그 좋은 예이다. 이러한 사이공간은 밀집한 공간에서 함께 생활하는 데서 오는 긴장이나 서로 완전하게 차단되지 않은 공간 사이에서 발생하는 불필요한 긴장을 완화시키기 위한 공간적 배려인 것이다.

이러한 사이공간은 긴장의 완화를 위한 기능은 물론 관계를 위한 매개의 공간으로도 작용하였다. 사이공간을 활용해서 서로의 공간을 침범하지 않고 관계맺음으로써 보다 부드럽고 편안하게 소통할 수 있었던 것이다. 외부 사람을 집이나 방안으로 들이기는 꺼려지지만 마당에서 만나 관계를 맺는 것은 보다 편안하다. 나와 우리의 세계를 내어 보이지 않으면서 다른 사람과 관계할 수 있기 때문이다. 이처럼 마루, 마당 등의 사이공간은 보다 부드럽고 편안하게 관계할 수 있는 공간적인 배려로서 결과적으로는 관계를 촉진시키는 역할을 수행한 것이다. 이 안에서 인간과 인간사이의, 신과 인간사이의 그리고 인간과 자연사이의 관계가 과도한 긴장 없이 원활하게 이루어진 것이다.

그렇지만 가장 중요한 것은 관계에 익숙해지는 것이다. 관계에서 오는 긴장을 완화시키기 위한 방법들이 공간의 구성과 인간관계에서 강구되어 활용되긴 했지만 공간의 공유, 좁은 공간에서의 공존에서 오는 긴장을 완전하게 해소시킬 수는 없었다. 따라서 근본적인 해결책은 되지 못했다. 그렇다면 어떤 방법, 기제가 공간을 공유하는 한국인의 삶의 태도로 자리 잡고 있는가? 밀집한 공간에서 오는 긴장과 갈등을 해결하기 위한 근본적인 방법은 무엇인가?

공간과 관련된 긴장과 갈등은 자신의 공간을 고집하는 데서 비롯된다. 공간을 소유하고 자기 소유의 공간을 확장하기 위한 의식과 시도에서 긴장과 갈등이 초래된다. 따라서 자기공간을 고집하는 태도가 완화되면 공간을 둘러싼 긴장이 발생할 가능성이 줄어들게 된다. 같은 공간 안에 함께 살면서 서로 자기의 공간을 고집한다면 갈등과 긴장은 필연적인 것이 된다. 그렇지만 같은 공간 안에 밀집해 있는 것에서 안정을 얻고 친밀감을 느끼고 그러한 친밀감에서 편안함과 소속감을 느낀다면 문제는 달라진다. 한방에서 웅크리고 자면서 서로 가족으로서의 절실한 정서적 유대를 갖는 우리들의 심성은 바로 그러한 삶의 자세인 것이다.

한국인은 공간을 분할해서 각자 소유하는 길을 택하지 않고 같은 공간 안에서 부대끼면서 정서적 친밀감과 가족으로서의 유대를 강화하고 거기서 안정을 느끼면서 살아가는 방식을 택했다. 자기가 소속된 공간 안에서 자기를 고집하지 않고 그 공간에 속한 사람들과의 부대낌을 오히려 좋게 받아들이고 관계가 주는 정서적 안정을 누린 것이다.

이러한 공간 행동의 특징은 인간관계로 전용된다. 즉, 한국인들은 개인으로서의 자기를 주장하기보다는 다른 사람과의 관계를 따지기를 좋아하고 관계가 확인되면 그 관계 안에 자기를 안주시키기를 좋아한다. 공동의 요소가 발견되면 금세 자기를 열고 친밀감을 표시하고 사이를 트게 된다. 이러한 태도는 공간을 공유하는 사람들에 대한 태도와 유사하다. 공간을 공유하는 이들에게 자기를 주장하지 않고, 자기를 주장하기보다는 공유하는 집단 안에 자기를 안주시키듯이 어떤 동질성으로 연결된 사람에게도 마찬가지의 태도를 보인다. 자기를 주장하지 않고 그 동질성을 매개로 공동의 집단을 형성하고 그 안에 자기를 투입하는 것이다. 공간의 공유에서 터득한 생존의 방식이 인간관계 전반으로 확대 전용된 결과라고 볼 수 있다. 이러한 '같음'에 대한 민감성과 '관계' 안으로 자기를 투입하고 그 안에서 부자연스러움을 느끼지 않는 삶의 태도는 한옥의 밀집형 공간구조와 일맥상통하는 삶의 적응기제이면서 한국인의 인간관계의 기본 원리인 것이다. 여기에 대해서는 가족과 사회적 울타리로서의 '우리'를 다루는 부분에서 보다 상세하게 논의하고자 한다.

114

여섯째, 자연 조화적인 조형원리를 한옥의 또 다른 특징으로 들 수 있다. 한옥은 자연과 별개로 독립적으로 건축된 완전한 인공의 건축물이 아니다. 인공이 가미된 공간이고 건물이지만 모든 건축의 요소들에서 자연적인 요소와 자연의 질서를 배려하려고 노력했다. 주변의 자연을 위압하지 않는 아담한 규모[155]와 자연의 형태와 조화된 집과 지붕의 모양, 자연을 향해 열린 공간구조,[156] 그 외에 집 안 곳곳에 배려된 자연과의 친화를 위한 요소들에서 그러한 자연조화적인 태도를 읽을 수 있다. 한옥의 목재선택과 초석의 가공에서도 이러한 자연친화적인 태도가 분명하게 드러난다. 한옥의 건축에 쓰이는 기둥과 부재들은 자연그대로의 나무에 최소한의 가공만을 첨가하여 사용한 것들이 대부분이다. 초석 또한 자연에서 채취한 돌을 전혀 가공하지 않은 채로 사용하였다.[157] 지붕의 모양을 주변의 산 모양과 자연스럽게 어울리게 만든 것에서도 주변의 자연환경과 동화하려 했던 마음을 알 수 있다. 뒷산의 봉우리 모양과 닮아서 자연스러운 곡선을 형성하는 것은 옛 마을의 초가나 기와집에서 마찬가지로 찾아볼 수 있는 현상이다. 이러한 현상은 의도적으로 그렇게 한 것이라기보다는 자연의 아름다움에 철저하게 동화된 마음의 표현이라고 해석된다.[158]

울타리와 집에 투영된 자연친화적 태도를 가장 잘 드러내는 것 중의 하나가 정원조경이다. 한국의 전통 정원은 인공적인 것들을 속된 것으로 생각하고, 모든 것을 자연에 잘 동화시키려는 생각에 따라서 조성되었다. 자연의 순리가 정원 조경의 기본적인 질서와 원리로서 작용했으며 자연을 자연그대로의 아름다움으로 즐기려는 마음이 반영되었다.[159] 이에 따라서 한국의 정원은 공간 속에 여백을 많이 두고, 앞을 트이게 하여 자연을 조망할 수 있게

---

155) 윤장섭, 앞의 책, 24쪽.
156) 주남철, 앞의 글, 287쪽.
157) 위의 글, 286쪽.
158) 신영훈, 『한옥의 조형』, 112-113쪽; 주남철, 앞의 글, 289쪽.
159) 정재훈 외, 앞의 책, 8쪽; 윤장섭, 앞의 책, 443쪽.

하였다. 담은 경계의 표시에 불과하여 높게 쌓지 않았으며, 나무도 시야를 가리지 않게 귀퉁이에 심었다. 정원에 심은 나무들에도 인공적인 처리를 하지 않고 자연 그대로의 모습으로 자라게 하였다. 한국의 정원은 자연의 일부이며, 가장 자연스러운 정원이 가장 아름다운 정원으로 인정되었다.[160]

자연과의 조화를 중시하는 태도는 한옥의 실내 공간 조형에도 그대로 적용되었다. 한옥의 실내공간의 특징은 "선조들이 추구한 자연주의에 기본개념을 두고 있으며, 이를 위해 절제와 중용, 평범함에서 오는 친근감, 소박한 가운데 내재된 형이상학의 미와 같이 자연 속에 숨어 있는 질서의 체계를 반영하고 있다."[161] 그리고 그 구체적인 특징들은 "인간을 강조하기보다는 인간을 자연 속의 일부로서 겸허하게 받아들이려는 자세로 표현된 소박성, 수많은 변화의 다양성을 인정하고 그것을 모두 수용해서 한 차원 높은 경지로 이끌 수 있도록 하는 포용성, 외형적 가치보다는 내면의 본질을 귀히 여기는 탈기교성, 그리고 한눈에 드러나기보다는 볼수록 새로움이 발견되는 관조성 등"[162]이다.

이와 같은 자연조화적인 건축원리와 자연의 조화적인 질서를 집의 건축 안에 구현하려고 했던 태도를 통해서 한국인의 자연관을 이해를 알 수 있다. 한국인은 자연과 세계를 조화로운 질서로 보고 그러한 조화로운 자연의 질서를 닮는 것이 바른 사람됨의 길이라고 여겼다. 자연과 적극적으로 관계면서 자연으로부터 좋은 영향을 받으려는 자세를 가지고 살았다. 이러한 세계이해와 자연관이 울타리의 개방성과 공동성을 뒷받침하는 토대이다. 경계를 가르면서도 완전히 차단하지 않고 나를 보호하지만 항상 나 아닌 타자를 함께 배려하는 한국인의 생각과 사람됨이 울타리에 그대로 반영되어 있다. 자연과 세계를 조화로운 전체로 보고 그 조화로운 전체를 자신의 삶 안에 구현하려고 하였던 한국인의 세계관이 한옥의 구조적인 특징 안에 잘 반영되어 있다.

---

160) 정동오, 앞의 책, 318-319쪽.

161) 박영순 외, 앞의 책, 208쪽.

162) 위의 책, 같은 쪽.

나. 한옥에 반영된 한국인의 삶의 태도

한옥의 공간구조의 특징으로 파악된 앞의 여섯 가지 특징들은 한옥을 만들고 살아가는 한국인의 어떤 내면적인 특징을 반영하고 있는가? 한국인들의 생각과 세계를 바라보는 가치관이 어떠하기에 자신의 삶의 기본 공간인 한옥을 그렇게 건축하였는가? 한옥의 그와 같은 특징에 기초해서 우리는 한국인에 대해서 어떻게 유추할 수 있는가? 이와 관련해서 여기에서는 세 가지 측면에서 그 의미를 살펴보려고 한다. 중심, 관계, 자연이 그 세 측면과 관련된 핵심 개념이다.

첫째, 중심에 대해서 살펴보자. 한옥의 중요한 특징 중의 하나는 일상과 의례의 공간이 함께 존재한다는 것이다. 일상의 공간은 집에서 살아가는 가족들의 일상적인 활동이 이루어지는 곳이다. 한 집에서 살아가는 사람들, 그 집에서 태어나고 자신의 삶의 대부분을 보내는 사람들의 일상이 이루어지는 공간이다. 따라서 집 안에서 이루어지는 일상을 통해서 한 사람의 그의 가족과의 관계와 그 밖의 다른 사람들과의 관계가, 그리고 자신이 살아가는 세계와의 관계의 기초가 형성된다. 나아가서 삶 전체가 그러한 일상 안에서 질서지워진다. 집은 존재의 근거이며 관계의 바탕으로 확인되며 한 사람의 삶의 중심이다.

또한 집에는 의례의 공간이 있다. 의례의 공간은 비일상적인 시간과 비일상적인 관계를 위한 공간이다. 굿, 제사, 혼례 등의 의례가 그곳에서 이루어진다. 그러한 특별한 일들을 통해서 의례공간은 집에 속한 사람들과 집 밖에 속한 사람들을 매개하고 또 조상신이나 혼령, 신등의 비인간적인 존재를 매개한다. 따라서 의례공간은 집에서 살아가는 사람들이 일상의 틀을 벗어나서 특수한 맥락에서 다른 사람들과 다른 존재들을 만나서 관계하게 하는 매개 공간이다. 그 만남과 관계 안에서 삶의 일상을 깨뜨리는 커다란 사건들과 변화들이 처리되고 일상의 질서 안으로 수용되며, 수용될 수 없는 나머지 부분들은 배제된다.

그러므로 일상의 삶에 관계되지 않는 울타리 밖의 존재들, 즉 가족과 이웃의 범위를 벗어난 존재들도 특별한 맥락 안에서는 관계의 대상이 된다. 일상적인 관계의 범주 안에는 들어와 있지 않지만 관계의 가능성은 갖고 있으며 특별한 경우 즉 비일상적인 사건들을 통해서 울타리 안의 삶과 관계 안에 수용될 수 있다. 일상적인 삶과 그 구성요소들뿐만 아니라 그 밖의 많은 존재들에 대한 인정과 인정에 기초한 관계의 가능성이 열려 있다. 자신이 통제할 수 있는 범위 밖에 존재하는 타자에 대한 인정과 그들과의 관계의 가치에 대한 인정이 그러한 태도의 기초를 이루고 있다. 타자와의 관계를 중요하게 생각하고 관계를 통하여 자신의 존재를 유지하고 성숙시키는 존재로서의 한국인의 자기이해의 지평이 거기에 반영되어 있다.

집은 이와 같은 비일상적인 관계에서도 변함없이 매개의 공간이 된다. 비일상적인 관계를 위한 매개공간으로서의 집은 인간의 비일상적인 관계를 통한 울타리 밖의 사람들, 울타리 밖의 존재들과의 관계의 중심으로 확인된다. 따라서 집의 중심성은 여기에서 한 층 더 심화되고 확대된다. 일상을 벗어난 관계까지도 자신의 삶의 공간인 집 안에서 처리하고, 그 관계를 통해서 자신의 존재를 안정시키고 이전과는 다른 차원으로 성장시킨다. 타자를 인정하되 자기 자신의 삶의 중심을 고수하는 한국인의 생각과 관계방식의 특징이 그 안에 반영되어 있다.

둘째로 '관계' 개념을 중심으로 한옥 공간구조의 특징이 갖는 의미를 살펴보자. 한옥의 중요한 특징인 사이 공간의 발달, 공간의 미분화와 융통성 등은 모두 관계를 중시하고 관계를 원만하고 바르게 하기 위한 것이다. 울타리 안의 삶이 공동성에 기초한 공간의 공유를 전제로 하는 삶이라는 것을 알수 있으며, 그러한 공간의 공유와 삶의 공동성을 최대한 원활하게 함으로써 삶을 풍요롭게 만들기 위한 기제라고 이해할 수 있다. 함께 하는 삶, 더불어 살아가는 삶 속에서 사람다울 수 있다는 한국인의 인간관이 반영된 것이다. 자신과 운명적으로 연결되어 있는 사람들과 공간을 공유하면서 자기의 것을 고집하지 않고 함께 소유한다. 그 과정에서 생각과 삶이 서로 연결되고 존재 자체가 끊어질 수 없는 삶의 얽힘 안에서 함께 규정되는 것이다.

공동생활의 터전인 한옥과 공동적인 삶을 사람됨의 기본으로 생각하는 한국인의 삶의 방식에서 관계의 기술은 필수적이 된다. 관계는 인간이 인간다울 수 있는 기본적인 조건으로 확인된다. 따라서 관계의 기술을 습득하고 공간 안에서 공존하는 기술을 배우는 것은 삶의 중요한 과제가 된다. 관계능력의 양성이 인간학적으로 그리고 또 교육학적으로 의미 있는 과제로 확인된다. 여기에서 관계의 능력이란 이미 본능적으로 주어져 있는 생존의 도구로서의 능력이 아니라 자신의 존재를 타인들과의 관계 안에서 정착시키고 안정시키는 능력이다. 또한 자신에게 친밀한 집을 벗어나 바깥 세계의 다양한 존재들과 관계하면서 자신의 내면세계를 확장하고 성숙시키기 위해 요청되는 능력이다.

셋째, 한옥의 공간구조로부터 '자연'을 그 의미해명의 매개개념으로 이끌어낼 수 있다. 자연은 앞서 울타리의 구조와 특징, 그리고 집터와 마당 등에서 공통적으로 확인된 매개 개념이다. 여기에서는 한옥의 '조형의리'로서 건물의 조형과 실내공간의 조형 등 울타리 안 공간 중에서도 집이라는 건물과 관련해서 이야기되는 자연이다. 그 조형의 원리는 한마디로 '자연의 질서'이다. 자연을 위압하지 않는 규모, 자연을 닮은 모습, 자연을 향해 적극적으로 열어 놓는 개방성, 자연의 요소를 최대한 살리기 위한 인공의 억제, 소박함과 무기교성 등이다. 그러한 자연의 질서를 따르고 자연을 닮고 자연에 동화하려는 마음이 한옥의 조형 안에 구현된 자연이다. 조화로운 질서로 세계를 이해하고 그 안에 동화하려는 인간의 세계이해를 여기에서도 다시 확인한다. 한국인은 이상적인 질서로서의 자연과 관계하고 동화됨으로써만 참된 인간일 수 있다고 스스로를 이해하였다. 그리고 그 이해를 자신의 삶의 공간인 집에 여러 형태로 반영하였다.

제5장 우리 집의 사람들, 울안의 사람들, 가족

우리말에서 '집'은 거주공간인 건물을 의미할 뿐만 아니라 동시에 가족과 가정을 의미하기도 한다.[163] 집은 그 안에서 살아가는 가족 및 가정과 분리해서 생각할 수 없는 개념이다. 집은 언제나 가족을 함께 떠올리게 하며, 가정에 얽힌 모든 의미들을 함께 포함하고 있다. '집'은 '가족', '가정'과 같은 말이며 '집'이라고 부를 때 거기에는 언제나 그러한 의미와 정서를 함께 포함한다. 어린이들의 밝음과 천진스러움, 부모들의 따사로움, 할아버지 할머니의 온화하고도 깊은 눈빛과 조용하고도 아늑한 옛 이야기들이 집에는 함께 깃들어 있다. 집은 다른 어떤 곳에서도 찾을 수 없는 가족 간의 특별하고도 친밀한 관계가 이루어지는 곳이다. 이와 같이 우리말에서 집은 곧 가족을 의미한다. 그리고 '집안'이나 '가문'이라는 표현에서 볼 수 있듯이 친족을 의미하는 말이기도 하다.

앞에서 살펴본 터, 마당, 집이 울타리 안의 공간적 핵심이라고 한다면 가족은 울타리 안의 인간생활의 핵심이다. 집이 울타리의 물리적·공간적인 핵심요소라고 한다면 가족은 울타리 안에서 이루어지는 삶의 주체이다. 울타리는 집에서 함께 생활하는 가족을 위해 설정된 것으로 이해할 수 있기 때문이다. 그러므로 울타리를 이해하기 위해서는 가족에 대한 이해가 필수적이며, 가족에 대한 이해가 이루어질 때 인간의 삶에서 울타리가 어떤 의미를 지니는지를 보다 정확하게 이해할 수 있다. 아울러서 집에 대한 이해 역시 집 안에 거주하는 가족에 대한 이해를 통해서 심화될 수 있다.

---

163) 강영환, 『집의 사회사』, 33, 37쪽. 또, 한국말 '집'이 지칭하는 다양한 의미들과 범위에 대해서는 최봉영, 『한국인의 사회적 성격(Ⅰ) −일반이론의 구성−』, 서울: 도서출판 느티나무, 1994, 15쪽을 참조할 수 있다.

한국의 집에서 한국인들은 어떤 가족을 이루고 있으며, 어떤 개인으로 성장하는가? 무엇보다도 울타리 안의 가족 간의 인간관계는 어떠하며, 울타리 밖의 인간관계와 어떻게 다른가? 이러한 한국 가족의 특징을 통해서 볼 때, 그들의 사고방식과 사람됨은 어떠한 특징을 갖고 있으며, 한국인의 어떤 본질이 그러한 가족관계를 만들어 내었는가? 그로부터 인간의 본질은 어떻게 이해될 수 있는가? 이러한 문제들이 이 장에서 다룰 내용이다.

1. 존재의 보편성의 기반

인간의 삶은 가족 안에서 출발해서 가족생활에 바탕을 두고 이루어진다. 미드(M. Mead)의 다음과 같은 말은 인간의 삶에 있어서의 가족의 중요성을 잘 표현한 것으로 생각된다.

> 가족은, 그것을 통해서 우리가 우리의 인간다움을 갖게 되는 제도이다. 우리는 가족 안에서 양육해내는 방법 이외에는 인간을 형성해 낼 수 있는 어떤 다른 방법도 알지 못한다. ……가족을 통하지 않고서는, 어린이들을 남자와 여자로서 행동할 수 있는, 다른 남자 혹은 여자와 결혼하고 어린이들을 양육할 수 있는 인간 존재로 키워낼 수 없다.[164]

여기에서 미드는 인간의 인간다움은 오직 가족 안에서만 형성될 수 있다고 보았다. 가족 안에서만 인간으로 형성된다는 것은 불확정적인 존재,[165]

---

[164] Margaret Mead, *The Impact of Cultural Changes on the Family. The Family in the Urban Community*, Detroit: The Merrill-Palmer School, 1953, p.4.

[165] M. Landmann, *Philosophische Anthropologie. Menschhliche Selbstdeutung in Geschichte und Gegenwart.* 1969³, Walter de Gruyter & Co. Berlin 1969.; 진

세계개방적인 존재[166]로서 파악된 인간의 가소성이 가족을 통로로 어떤 보편적인 사람됨으로 형성됨을 의미한다. 가족을 통로로 해서만 인간은 비로소 어떤 확정되지 않은 존재로부터 인간으로 된다는 것이며, 가족 안에서만 일반적인 의미에서 우리가 인간의 특징으로 확인하는 것들을 획득할 수 있다는 것이다. 이것은 반대로, 인간의 진정한 본질을 이해하기 위해서는 가족을 이해하는 것이 전제되어야 한다는 것을 의미한다. 또한 가족이라는 제도의 사회적·문화적 특성을 통해서 볼 때, 인간이 필연적으로 문화적으로 규정된 존재임을 의미한다. 따라서 한 문화권 안에서 인간을 이해하고자 할 때 그 문화의 틀을 만드는 가족이라는 제도를 통해서만 그 문화권의 일반적인 사람됨의 본질에 이를 수 있음을 의미한다. 따라서 '울타리'라는 한국 특수적 문화현상과 그 문화현상을 만들어낸 한국인의 사람됨의 본질도 가족과 연관해서만 이해될 수 있다고 할 수 있다.

이러한 인간 존재의 기본적인 조건이며 통로로서 가족의 필수적인 위치와 의미는 다양한 가족의 기능에 대한 고찰을 통해서도 마찬가지로 확인된다.

벨(R. R. Bell)은 사회에 대한 가족의 기능, 즉 사회의 요구에 대해 가족이 수행하는 기능들이 시대에 따라서 점차 변화해 가고 있다고 주장하면서, 가족이 지닌 기능들을 다음과 같이 몇 가지로 나누고 있다.[167] 첫째, 가족은 경제적 생산과 소비의 단위이다. 둘째, 노동의 분화(division of labor)와 관련된 기능이다. 셋째, 구성원의 방어와 보호의 기능이다. 넷째, 사회적인 지위 부여의 기능이다. 다섯째, 재생산의 단위로서의 기능이다. 여섯째, 어린이들의 보호와 양육에 대한 책임이다. 일곱째, 사회화의 주요 기관으로서 가정이 작용한다는 점이다. 벨은 이러한 가족의 기능들이 시대에 따라 변화하고 오

교훈 역, 『철학적 인간학 – 역사와 현재에 있어서 인간의 자기해명』, 서울: 경문사, 1977.

166) Max Scheler, *Die Stellung des Menschen im Kosmos.* 8. Afl. Franke Verlag, 1975.

167) Robert R. Bell, *Marriage and Family Interaction*, 5th Ed., Homewood: Dorsey Press, 1979, p.4-8.

늘날에 와서는 점차 축소되고 있다고 하였다. 그렇지만 가족의 역할이 현대로 오면서 점차 감소하고 있다고 하더라도 그 기능이 완전히 없어져 버린 것은 아니다. 가족은 여전히 인간의 삶에 있어서 가장 기본적인 제도로서 자리하고 있으며, 그만큼 그 기능들도 여전히 필수적으로 요청되고 있다.

레슬리(G. R. Leslie)는 사회 제도의 사회적인 생존을 위한 필요조건들을 논하면서 가족의 기능을 다음과 같이 열거하였다. 이는 일반적으로 사회 제도가 사회 안에서 생존하기 위한 조건들로서 가족 제도가 수행하고 있는 기능들과 일치하는 것들이다.[168] 첫째, 사회 구성원들의 적절한 생물학적인 기능 수행을 위한 기능이다. 둘째, 새로운 사회구성원의 재생산과 관련된 기능을 수행한다. 셋째, 사회의 새로운 성원들의 적절한 사회화를 담당한다. 넷째, 재화와 용역의 생산과 분배의 기능을 수행한다. 다섯째, 집단 내부의 질서 및 외부와의 관계에 있어서 질서유지의 기능을 수행한다. 여섯째, 삶의 의미와 집단과 개인의 생존을 위한 동기를 부여한다.

이 밖에도 가족의 기능에 대해서는 다양한 견해와 분류가 존재한다. 머독 (G. P. Murdock)은 가족의 기능을 성적 기능, 생식적 기능, 경제적 기능, 교육적 기능의 네 가지로 나누었다.[169] 윤서석 등은 경제적 기능, 재생산 기능, 자녀양육과 사회화, 교육의 기능, 정서적 기능 등을 가족의 주요 기능으로 들었다.[170]

이러한 가족 기능에 대한 고찰로부터 우리는 가족이 개인의 삶과 한 사회의 형성과 유지 발전에서 차지하는 의미를 알 수 있다. 개인에게 있어서 뿐만 아니라 사회에 있어서도 그 형성과 유지를 위한 가장 본질적인 기능들이 가족 안에서 이루어지고 있다. 우선 개인적인 측면에서는 가장 원초적인 삶의 장소로서 존재를 형성하는 기반이 되고, 안정에 기초한 성장을 이룩할 수

---

168) G. R. Leslie, *The Family in Social Context*, 5th Ed., New York: Oxford University Press, 1982, p.7ff.

169) G. P. Murdock, *Social Structure*, N. Y.: Free Press, 1949, p.1ff.

170) 윤서석 외, 『현대사회와 가정문화』, 서울: 수학사, 1986, 16-17쪽.

있는 곳이다. 그러므로 가족은 이미 어떤 확고한 형태로 고정되지 않은 가변적인 존재인 개별적인 인간이 세계라는 무한한 가능성 안으로 태어나서 자신의 존재를 비로소 어떤 의미 있는 형태로 형성하는 장소이다. 일차적으로 가족이라는 기본적인 관계망 안에서 이미 존재하는 세계의 질서 안으로 편입된다. 다음으로는 자신이 속한 존재의 관계망의 확고함이 부여하는 안정 위에서 세계 안에서 자신의 존재를 독자적으로 이룩해 갈 수 있게 된다.

사회적인 측면에서 가족은 사회 구성의 최소 단위가 되며, 사회의 유지와 존속을 위한 충원 기관으로 작용한다. 가족이라는 최소의 사회 단위는 그 안으로 태어나는 새로운 성원들을 사회의 이미 주어진 규범과 문화 안으로 이끌어 들이고 그 안에서 양육한다. 따라서 사회는 새로운 성원의 공급과 기존의 질서를 자연스럽게 전수하는 사회화의 작용이라는 두 측면에서 가족제도에 의존하고 있다.

그러므로 가족은 개인과 사회에 있어서 필수적인 제도이며, 인간의 삶의 근본적인 제도이다. 인간은 가족 안으로 태어나며, 인간의 역사는 곧 가족의 역사이다. 가족은 가장 기본적이고 보편적인 사회집단이다. 인간 삶의 근본적인 토대가 되기에 기본적이며, 사람이면 누구나 이러한 가족 안에 속하게 된다는 점에서 보편적이다.

가족은 인간의 삶을 가능케 하고, 그러한 인간의 삶을 진정으로 인간답게 만드는 토대이다. 삶의 모든 활동은 가족에 기반을 두고, 가족 안에서 습득한 자질들과 행동 특성에 근거해서 이루어진다. 각기 다른 사회에서 나타나는 사회적 삶의 다양성은 근본적으로는 가족의 형태의 다양성에서 비롯된 것이다. 인류가 가진 공통성 또한 마찬가지로 인류사회가 가진 가족이라는 공통성에 그 기반을 두고 있는 것이다. 따라서 가족은 인류의 보편성의 기반이며, 더 나아가서는 동일한 인간으로서 공존의 토대이다.

2. 공동성에 기초한 신뢰

레비 스트로스(C. Lévi-Strauss)는 가족을 다음과 같이 몇 가지 특징으로 나누어서 정의하였다. 첫째, 가족은 결혼에 의해 출발한다. 둘째, 가족은 부부와 그들의 결혼에 의해 출생한 자녀로 구성되지만 이 핵 집단에 다른 근친자가 포함될 수도 있다. 셋째, 가족구성원은 a) 법적 유대, b) 경제적·종교적 그리고 그 외에 다른 권리와 의무, c) 성적 권리와 금제(禁制), 애정, 존경, 경외 등 다종다양한 심리적 정감으로 결합되어 있다.[171]고 하였다. 이러한 레비 스트로스의 정의는 결혼과 혈연에 의한 가족 구성원의 결합과 함께 법적, 경제적, 종교적인 유대를 강조함으로써 사회 안에서의 다양한 요소에 의한 결합을 강조하였다. 또한 다양한 심리적인 유대를 강조함으로써 가족 집단 안에서 작용하는 심리적인 연대의식을 중요한 특징으로 부각시켰다.

머독은 "가족이란 공동의 주거, 경제적 협력 그리고 생식이란 특성을 가진 사회집단이다. 가족은 성관계를 허용 받은 최소한의 성인 남녀와 그들에게서 출생하였거나 양자로 된 자녀로써 이루어진다."[172]고 정의하였다. 이러한 머독의 정의에서는 주거의 공동성이 중요한 요소로 부각된다. 공동 주거의 강조는 동일한 공간 안에서 지속적으로 함께 생활함에서 비롯되는 다측면적이고 깊이 있는 관계를 강조하였다고 보인다.

이광규는 여러 학자들의 정의와 우리 사회의 가족의 특징들을 종합적으로 고려하여 가족을 다음과 같이 정의하였다. "가족은 혼인으로 결합된 부부와 그들의 자녀 그리고 이것과 동일한 관계(양자관계 등)로 결합된 사람들로 구성된 집단이고, 거주를 같이하는 동거집단이며, 경제생활을 같이하는 동재집단(同財集團)이고, 애정과 존경을 갖는 정서집단이며, 가격(家格)과 가풍(家

---

171) Lévi-Strauss, The Family, in Harry L. Shapiro Ed., *Man, Culture and Society*, N. Y.: Oxford Univ. Press, 1956, p.267.

172) G. P. Murdock, op. cit., p.1.

風)을 가진 문화집단이라 하겠다."[173] 최재석은 한국에서 확대된 가족으로서의 친족집단의 중요성에 주목하여 가족을 "가계를 공동으로 하는 친족집단"[174]으로 정의하였다. 이광규와 최재석의 정의는 한국 가족이 갖는 특징, 즉 가문과 친족집단을 가족의 범위 안에서 중요하게 생각하는 확대된 가족의 의미를 그 안에 포함시키고 있다. 따라서 친족 간의 혈연적인 동질성에 기초한 결속이 중요한 요소라고 할 수 있다.

가족에 대한 다양한 정의에 공통적으로 포함되어 있는 중요한 요소들로는, 혈연과 혼인에 의한 결합, 생식과 성의 기능, 전인적·정서적 관계, 주거의 공동성, 경제적 공동체, 관계의 지속성과 그에서 비롯되는 다 측면적이고 강한 유대관계의 형성 등이다. 이들 요소들은 가족 집단의 특징을 함께 형성하며 그 중에 어떤 요소들을 중요하게 보느냐는 입장과 관점에 따른 차이라고 볼 수 있다. 따라서 이들 요소들은 우리가 가족을 이해하는 데 서로 연관적인 작용 안에서 도움을 준다. 그리고 이러한 특징적인 요소들은 가족이 다른 사회제도와 인간관계에서는 찾아볼 수 없는 독특한 결속관계를 이루고 있음을 말하는 것이다. 그것은 관계의 숙명성과 폐쇄성이며, 또한 혈연, 주거, 경제활동 등을 공유하는 데서 비롯되는 다측면적이고 강한 유대관계로 이야기할 수 있다.

우선, 가족은 같은 운명을 타고난 운명공동체이다. 한 가족을 이루는 구성원들은 결혼에 의한 부부를 제외하고는 자기들의 선택을 통해서 가족원이 된 것이 아니라 운명적으로 가족 안으로 태어난 것이다. 가족 안으로 태어나 그 구성원이 됨으로써 그들의 삶은 그들이 선택하지 않은 요인들에 의해서 많은 부분들이 결정되게 된다. 뿐만 아니라 가족들은 혈연과 공동생활을 통해서 서로 밀접하게 연관되어 있으므로 가족의 운명과 어떤 구성원의 운명은 곧 각 구성원들의 운명에 직접적인 영향을 미치게 된다. 이와 같은 의미에서 한 가족 안에 속한 성원들은 동일한 운명 공동체 안에 속한다고도 이

---

173) 이광규, 『가족과 친족』, 서울: 일조각, 1992, 23쪽.
174) 최재석, 『한국가족연구』, 서울: 일지사, 1982, 29쪽.

야기할 수 있다. 운명공동체로서 가족은 구성원 상호간에 강력한 책임감과 연대의식을 가지며, 외부의 공격이나 위협에 대해서 폐쇄적이고 배타적인 성격을 띤다.[175]

가족은 또한 정서적인 사회집단이다. 가족은 무엇보다도 애정과 신뢰를 바탕으로 한 정서적인 집단이다. 가족들 간에는 다른 집단에서는 보기 힘든 특별한 정서적인 유대관계가 있다. 이것은 아주 특별한 정도의 애정과 신뢰의 관계이다. 가족들 간의 애정과 신뢰의 특징은 다음과 같이 이야기할 수 있다. 첫째, 가족 내의 인간관계는 비타산적인 감정융합이 지배하고 내부적으로는 무조건성과 비합리성을 띠고 있다. 둘째, 먹고 자고 사랑하고 아양을 떠는 등 기본적인 생활 욕구를 충족시키기 위한 가장 원본적인 생활행동이 많이 보인다. 셋째, 가족원 상호간의 인간적인 교섭은 친밀하고 전면적이다. 넷째, 개인생활의 기본적인 욕구인 영양·휴식·애정·안정감·자기해방 등의 욕구가 주로 충족된다. 다섯째, 가장 개방적인 행동이 이루어지기 쉽다. 가족원은 대사회적인 자세를 버리고 가장 본래의 자기 모습으로 돌아가려고 한다.[176]

가족은 공동사회이다. 부부·친자·형제자매와 같은 '신분관계"를 이루는 가족은 자연적이고 전인격적이며 자기목적적인 결합이다. 따라서 인위적이고 편의적이며 수단적인 결합인 '경제관계'와는 다른 특징을 띤다.[177] 이러한 의미에서 가족은 가장 원초적인 의미에서 공동사회라고 할 수 있다. 그리고 그 공동성의 기반은 혼인과 혈연의 관계에 있다. 이와 같은 가족의 공동성에 기초해서 가족생활 전반이 영위된다.

이와 같이 가족 내의 인간관계는 전면적이고 정서적이기 때문에 가족 안에서 이루어지는 인간관계가 인간 생활의 가장 핵심적이고 본질적인 것이라고 할 수 있다. 이러한 관계 안에서 인간의 내면적이고 인격적인 안정이 이

---

175) 김주수, 이희배, 앞의 책, 21쪽.
176) 김주수, 이희배, 앞의 책, 20쪽.
177) 위의 책, 21쪽.

루어지고, 거기에 바탕을 둔 인간의 성숙이 가능하게 된다. 따라서 가족은 인간의 평화로운 공존과 정신적이고 내면적인 창조와 풍부한 자산의 태동지인 것이다.

가족은 인간 삶의 근본적인 뿌리이며, 삶이 넓게 확산되어 가는 과정의 중심이다. 가족중심의 생활로부터 인간의 동질성과 친밀감 안에서의 안정과 이에 기초한 관계의 중심성이 확인된다. 이 중심으로부터, 중심이 제공하는 안정과 토대에 기초한 인간의 삶은 보다 넓은 영역과 다양한 방향으로 확산되며, 다시 가족 안으로 수렴된다. 그리하여 인간의 삶은 가족이라는 중심으로부터 동심원적인 범위로 확산되고 다시 축소되는 순환적인 경과로 확인되며, 시간의 흐름에 따라서 그 동심원의 확산으로 확인되는 경과이다.

가족이 인간의 삶에 있어서 보편적인 현상이며, 또 가족이 인간의 삶과 존재를 결정하는 근본적인 통로라는 점에서 우리는 다음과 같이 이야기할 수 있다. 인간은 세계 안에 던져져 있는 것이 아니라 가족이라는 존재의 요람 안으로 태어난다. 가족이 부여하는 보호와 안정에 기초해서 인간은 그의 삶의 기본적인 모습을 형성하고, 존재의 기본적인 틀을 이루어간다. 가족 간의 강력한 유대관계가 있기에 인간은 세계 안에 던져진 고독한 실존이 아니고 관계 안에 어울려 있고 함께 형성해 가는 공존이다.

따라서 오늘날 가족의 파괴와 가족 기능의 약화는 세계 안에 던져진 존재로서의 인간의 실존적인 위기를 한층 더 강화시켰다고 할 수 있다. 적인인간의 본질 안에 주어진 무한한 가능성과 세계에 대한 개방성이 가족이라는 보편적이고 안전한 통로를 상실함으로써 존재는 이제 그만큼 더 모호해지고 불확실해 졌다. 세계 안에 던져진 존재로서 인간의 고독과 불안은 보다 더 광범위하고 깊은 차원의 문제로 오늘날 인식된다. 매체에 대한 몰입과 표면적인 쾌락에 대한 끝없는 열정은 그러한 존재의 불안과 고독으로부터의 무분별한 도피[178]인지도 모른다.

---

[178] 참조: Erich Fromm, *Escape from freedom*, London: Routledge & Kegan Paul, 1960.

가족이 인간의 근본적인 공간일 뿐만 아니라 진정한 인간존재이기 위한 기본적인 통로이며, 가족 관계가 이해와 신뢰에 기초한 비타산적인 관계라는 점에서 다음과 같은 이야기 할 수 있다. 인간이 이러한 이해와 신뢰의 영역인 가족 안에서만 존재의 기본적인 질서와 관계를 획득하고 그것을 통해서 진정한 인간으로 될 수 있다는 것은 인간은 비타산적인 관계 안에서만 자신의 존재를 세워갈 수 있다는 것을 의미한다. 따라서 신뢰하는 관계는 참된 의미의 사람됨이 형성될 수 있는 조건이다. 이것은 또한 신뢰하는 관계 안으로 자신을 기꺼이 투입할 때 그 자신의 삶이 가능해지고, 사람됨의 성숙이 가능하다는 것을 의미한다. 반대로, 신뢰하는 관계와 이해와 공감에 기초한 인간관계가 형성되지 않을 때 인간 존재의 내면적인 성장과 사람됨의 향상은 불가능하다는 것을 의미한다.

따라서 진정한 가족과 가족적인 인간관계의 회복이 진정한 인간다움의 회복과 관련해서 중요한 과제로 확인된다. 가족 간의 관계가 제공하는 이해와 신뢰에 기초해서 인간은 점진적으로 보편성 안으로 편입되어 가기 때문이다. 또한 가족 간의 강력하고 다 측면적인 관계가 만들어내는 안정에 기초해서 세계와의 적극적인 관계의 모색과 그러한 모색을 통한 존재의 자기형성이 가능하기 때문이다. 가족의 회복은 이러한 존재의 보편성으로의 점진적인 길 인도의 회복이며, 자기형성과정의 회복이기 때문이다. 따라서 가족의 회복과 가족 관계의 특징인 공감과 신뢰와 이해의 능력을 키워주는 것이 교육의 중요한 과제로 확인된다.

교육과 관련된 또 하나의 과제로 교육현장에 있어서의 가족적인 인간관계의 형성이 중요하게 부각된다. 교육은 인간을 성숙으로 인도하는 활동이라고 할 때, 신뢰하고 이해하는 관계의 형성 없이는 진정한 의미의 교육은 불가능하다는 것을 의미한다. 인간을 진정한 인간존재로 형성해 가는 활동, 미성숙한 존재를 성숙으로 이끌어 가는 활동으로서 교육은 이러한 가족관계의 특징적 기능인 존재의 요람으로서의 신뢰와 안정을 기본적인 분위기[179]로 갖

---

179) O. F. Bollnow, *Pädagogische Atmosphäre. Untersuchungen über die*

추어야 하며, 이러한 교육 이해 안에서 신뢰는 진정한 교육자의 기본적인 자질일 수밖에 없다.

건전한 인간의 성장이 오직 신뢰의 분위기 속에서만 가능하다면, 교육자는 신뢰의 힘을 통해서 학생을 성장으로 인도하는 사람이어야 한다. 또한 언제나 실패의 가능성이 전제된 인간과 인간의 관계에 비추어 볼 때, 교사는 신뢰의 모험에 대해서 자신의 전 인격을 거는 자이며, 교사의 삶의 힘겨움은 그와 같이 자신의 전 인격을 투입하는 신뢰의 모험이 끊임없이 반복되는 것에서 비롯된다.[180] 가족이 존재의 요람으로서의 기능을 점차 잃어 가는 때에 성장을 담보하는 활동인 교육이 그 역할을 대신하기를 요청 받고 있는 것이다. 그러므로 교사는 학생들의 전인적인 성장을 위해서, 자신의 학급을 가족적인 신뢰가 가득한 공간으로 만들어야 하는 무거운 과제를 이전보다 더 한층 강하게 부여받게 된다. 그만큼 교사 자신의 인격 전체를 거는 신뢰의 모험의 필요성과 빈도도 증가하게 되는 것이다.

3. 가부장 중심의 위계질서

전통적인 한국의 가족을 이해하는 데 있어서 중요한 특징 중의 하나로 가부장 중심의 엄격한 가족질서를 꼽을 수 있다. 이는 유교적인 전통에서 비롯된 것으로서 점차 약화되고 있기는 하지만 오늘날까지도 많은 영향을 미치고 있다.

한국의 가족은 직계가족이며 그중에서도 특히 확산적인 직계가족이다. 직계가족은 한 세대에 한 부부를 원칙으로 해서 구성되는 가족이고 세대를 달리하는 부부는 가장과 후계자라는 관계로 결부된 부부들이다. 그런데 한국의

---

gefühlsmäßigen zwischenmenschlichen Voraussetzungen der Erziehung. Quelle & Meyer, 1964.

180) O. F. Bollnow, *Existenzphilosophie und Pädagogik.* Stuttgart, 1959, p.143f.

가족은 직계가족 중에서도 부계를 중심으로 하는 직계가족이기 때문에 가장과 후계자는 부자관계를 이룬다.[181]

부계가족은 가부장권을 정점으로 하는 권력구조를 이루며, 자식을 출산하여 가계를 계승시키는 것을 거역할 수 없는 지상명령으로 생각한다.[182] 그리고 그러한 지상명령의 수행은 가장 중심의 확고한 권력과 권위체계에 의해서 이루어졌다. 가장은 조상으로부터 이어져 내려온 집을 계승하고 발전시키는 과정에서 그 통솔자의 역할을 담당한다. 가장은 선대의 가장의 장남이 되는 것이 원칙이다. 가장은 현실의 가족의 대표자이면서 동시에 역대 조상의 대표자이기도 하다. 집 계승의 책임자인 가장은 조상제사의 주제자이며, 가산의 장악자이며, 가족원의 통제자이다.[183] 가장은 집 발전의 중심적인 존재인 동시에 외부사회에 대하여는 집의 구체적인 대표자이다. 집의 모든 활동은 하나의 가장의 활동으로 인정하는 것이다.[184]

이러한 가부장을 중심으로 하는 절대적인 위계성은 집의 영속성과 거기에서 파생되는 가족원의 상하관계로 이해할 수 있다. 앞에서 살펴본 바와 같이 한국의 가족은 부계 중심의 가족이며, 이러한 부계가족의 특징은 가계계승을 절대적인 과제로 생각한다는 것이다. 집은 과거의 시조로부터 조상을 거쳐 미래의 자손에 연결된다고 의식하는 초시간적인 관념적 집단이다. 이러한 초시간적인 영속성의 개념 안에서 보면 현실에서 함께 생활하는 가족집단은

---

181) 이광규, 『한국가족의 구조분석』, 서울: 일지사, 1975, 275-276쪽; 『韓國의 家族과 宗族』, 서울: 민음사, 1990, 104, 113쪽.

182) 이광규, 『韓國의 家族과 種族』, 앞의 책, 104, 114쪽.

183) 최재석, 앞의 책, 213쪽. 가부장 중심의 가족 구조는 주택의 평면 배치에도 반영되었다. 방의 위치와 크기, 장식 등에서 가부장의 권위를 상징하는 방식으로 건축되었다. 또한 남녀유별의 유교적 규범의식에 따라서 안채와 바깥채의 구별이 존재했다.(홍형옥, "韓國 傳統住居生活 硏究(Ⅰ) -朝鮮時代 家族生活을 中心으로-", 「경희대학교 논문집」 제11집 인문·사회과학편(1982), 47-68쪽의 60쪽.)

184) 최재석, 앞의 책, 544쪽.

과거에서 미래에 연쇄된 교량적인 역할과 임무를 부담하고 있다. 따라서 현실의 가족집단은 선조에게서 이어받은 지금의 상태를 유지시키고 발전시켜서 자손에게 인계하는 것을 중요한 과제로 삼는다. 그 과제는 구체적으로는 조상제사에 의한 선조의 정신의 계승과 주거, 가재(家財), 토지 등의 소위 가산의 유지 내지 확대, 가계계승자인 남아의 획득의 세 가지 측면을 중심으로 이루어진다.[185]

이러한 집의 영속성과 가계계승의 절대성이라는 척도에 의거해서 가족성원 간에는 서열이 형성된다. 그리고 그 서열은 개별 성원들이 집의 영속성의 유지에 미치는 작용에 의해서 규정된다. 집의 영속성의 중심축인 부자관계가 일차적이고, 부부관계는 집을 존속시키는 수단적인 관계로 이차적인 것으로 이해된다. 그러한 기준에 따라서 가부장 우선, 장남 우선, 남성 우선 등의 위계의 척도가 자연스럽게 확립된다.

부계가족에 있어서의 가계계승의 절대성과 거기에 바탕을 두고 있는 절대적 가장권은 여성권의 상대적인 하락과 더불어서 혼인의 의미도 부차적인 것으로 격하시키는 결과를 초래했다. 우리나라와 같은 부계가족에 있어서는 부부의 결합인 혼인을 통해서 새로운 가족을 이루는 것이 아니라 이미 존재하는 부계가족에 혼입한 여자가 추가되는 것이므로, 혼인은 가족에 부차적인 의미를 갖는다.[186] 따라서 여성은 혼인을 통해 완전하게 한 가족 안으로 편입되지 않으며, 잠정적인 지위만을 부여받을 뿐이다. 결혼을 통해 남자의 집에 새롭게 편입된 여자는 남자의 집을 존속시키기 위한 수단으로서의 지위와 역할이 기대되며, 집의 정식 성원으로는 극히 불안정하고 임시적인 위치에 놓이게 된다.[187] 여성은 아들의 출산을 통해서 이러한 불안정한 지위를 탈피해서 완전히 남편의 가족원으로 인정받게 된다. 여자는 결혼을 통해서 남편의 친족집단에 편입되는 것이 아니라 아들의 어머니로서 친족체계에 편

---

185) 이광규, 『한국의 가족과 종족』, 211-212쪽.
186) 이광규, 『한국 가족의 구조 분석』, 81쪽.
187) 최재석, 앞의 책, 547쪽.

입되고 사후에는 조상으로서 남편과 동등한 지위를 갖게 된다.[188] 여성의 지위가 시집와서 남아를 생산하기 전까지 그렇게 낮은 것과 남아 생산 이후에 그렇게 급격한 지위의 변동이 생기는 것은 이러한 이유에서이다. 부계를 계승시켜 갈 아들을 낳음으로써 비로소 여성은 가정 안에서 확고한 지위를 성취하게 된다. 이와 같이 전통사회의 여성의 지위는 부자관계로 이어지는 부계의 계승에 대한 공헌도에 의해서 결정되었다.

이와 같이 집의 영속성은 가족성원 간의 서열체계를 형성시켰고, 이것은 가장중심의 권위주의적인 서열을 의미한다. 과거에서 미래에 이르는 초시간적인 집단인 집의 유지·존속이 가족원에 대한 지상의 가치이기 때문에 가족원 개인의 자유, 독립, 발전은 전적으로 배척된다. 그리고 이러한 서열구조는 사회로 확산되면서 한국사회의 전반에 걸친 특징으로 확인된다.

이러한 가계계승의 절대성과 부계중심성은 한국인의 삶의 근본이며 삶의 기반으로서의 가정의 특성이라는 점에서 한국인의 삶과 사유의 기저에서 작용하는 남성중심성과 가족 및 가계계승이 갖는 비중을 가늠케 한다. 한국인의 삶에서 드러나는 남성우월주의와 가족 중심적인 사유 및 행동의 바탕을 여기에서 찾을 수 있다.

또한, 집이 영속적이고 절대적인 의미를 가짐에 따라서 집을 이루는 개인이 집에 대해서 이차적인 의미를 갖는 존재로 이해되게 되었다. 즉 집이 개인에 우선하는 가치를 갖게 되었다. 한국의 가족에 있어서 개인은 독자적인 존재라기보다는 가족의 구성원으로서 의미를 갖는 존재이다. 개인은 가족과 분리된 별개의 존재일 수 없으며, 언제나 가족 안에서, 혹은 가족과의 연관 안에서 이해된다.[189] 이러한 경향은 조선시대 양반사회에 있어서 더욱 특징적이었으며, 상민의 삶에 있어서도 마찬가지였다.[190] 그리고 그 영향은 오늘

---

188) 이광규, 『한국의 가족과 종족』, 126-127쪽; 『한국가족의 구조 분석』, 284-287쪽.
189) 참조: 최재석, 『한국인의 사회적 성격』, 서울: 개문사, 1976², 175쪽; 오세철, 『한국인의 사회심리』, 서울: 박영사, 1982, 45쪽; 최봉영, 앞의 책, 41쪽 이하.
190) 그중의 한 경우를 살펴보면, "양반가문에 있어서 관료후보생의 양성, 과거의

날에도 실제적으로 작용하고 있다.

집은 이와 같이 사회의 단위이며 개인에 우선하는 제도였다. 그러므로 대외적인 관계에서도 사람은 집에서 독립된 개인으로서가 아니라 어느 집의 일원으로서만 인정을 받았다. 개인의 행동이나 의견은 집의 그것과 동일시되고, 개인의 능력은 그가 속해 있는 집의 세력과 동일시되었다. 개인의 사회적인 지위는 집의 사회적인 지위에 의하여 결정된다.[191] 이러한 집과 개인의 완전한 일치와 개인의 미분화는 오늘날에 와서는 상당히 완화되었고, 개인주의의 만연이라는 말까지 나올 정도로 개인의 위상이 강화되었다. 그렇지만 가족주의를 중심으로 하는 집단에 대한 개인의 귀속은 오늘날의 우리 사회에도 분명히 존재하면서 한국인의 특성을 형성하고 있다.

이처럼 한국의 집은 한국인의 삶의 기본공간임과 동시에 가족이라는 삶의 기본 공동체와 같이 호칭되는 동일성의 개념이다. 한국인의 삶은 철저하게 가족을 중심으로 이루어져 왔으며, 철저한 가족중심주의의 바탕에는 집의 영속성에 대한 관념이 존재함을 보았다. 그러한 집의 영속성에 대한 관념은 부

응시와 입격(入格), 관료로서의 진출과 승진 등은 철저하게 가족이나 가문을 단위로 이루어졌다. 그들은 가문의 집결된 힘을 바탕으로 가문적 성패(成敗)를 걸고 관료의 양성, 선발, 진출, 승진에 임했다. 그렇기 때문에 교육열도 개인적 학구열(學究熱)이 아니라 가문적 교육열이고, 양명(揚名)도 개인적 성취가 아니고 가문적 성취였다. 그들은 가문의 승패와 사활을 걸고 교육과 출세에 임했다. 따라서 가문 내에는 선두에서 달리는 주자가 있고, 뒤에는 주자를 지원하는 내조자(內助者), 지원자(支援者), 후원자(後援者) 등이 있어 뒷바라지를 담당하였다. 그리고 이들의 단합된 노력을 통해서 얻어진 결과는 가문의 성취로 공유하였다."(최봉영, 앞의 책, 84쪽.)

가문, 집안을 중시하고, 그 안에서 개인을 전체에 귀속해서 생각하는 경향은 이 밖에도 여러 가지 양상으로 나타난다. "가문의 명예에 먹칠을 한다."는 매우 빈번하게 사용된 표현은 이러한 사고방식을 분명하게 보여주는 예이다. 개인의 잘못이나 실수가 그 사람 개인의 차원에서 끝나는 것이 아니라 그가 속한 집과 가문 전체에 영향을 미쳤던 것이다.

191) 최재석, 『한국가족연구』, 543쪽; 최봉영, 앞의 책, 49, 86쪽.

계가족에 있어서의 중요한 특징인 가계계승의 절대성에 대한 생각으로부터 비롯된 것이다. 집의 유지와 존속을 위해서 희생하는 정신, 가장과 장남을 위해서 다른 구성원들이 희생하는 것이 당연시되는 실정, 개인의 발전과 독자성보다는 가족과 장남이 더 중요하게 생각되는 경향 등이 이와 같은 집의 영속성 개념에 기초한 현상이다.

이러한 가족 중심적인 사유가 한국인의 삶을 지배하는 원리로서 지속되어 왔다는 것은 한국인의 삶에 있어서 종족중심적인 사유가 삶의 전반을 포괄하는 원리로 작용해 왔음을 이야기해 주는 것이다. 나와 동질적인 부분에 대한 철저한 배려와 관심, '우리'와 '남'을 확연하게 구별하는 두 범주의 존재와 그 차별적 집단에 대한 반응양식의 상이성 등이 이러한 가족중심주의 안에서 확인된다.

그렇다면 우리는 이와 같은 집의 영속성과 개인에 우선하는 제도로서의 집에 대한 이해로부터 한국인에 대해서, 나아가 인간의 본질에 대해서 무엇을 알 수 있는가? 가족 안에서 자신의 존재를 확인하고, 가족 및 다른 친족 집단과의 관계가 개별 존재의 동기와 의미를 규정하는 중요한 요인이 되는 한국의 가족을 통해서 우리는 다음과 같이 유추할 수 있다.

앞서 가족의 정의와 기능을 통해서 살펴본 인간존재의 본질의 한 측면이 여기서도 반복적으로 확인된다. 인간은 가족이라는 제도를 통해서만 진정한 인간으로 성장한다는 것이다. 가족이라는 사회문화적인 제도 안에서 양육됨으로써만 인간은 진정한 인간으로 존재할 수 있다. 이것은 또한 가족이라는 집단이 갖는 사회문화적인 특징인 혈연의 동질성, 공간의 공유, 정서적 유대 등이 인간을 인간이게 하는 기본적인 조건들임을 확인하는 것이다. 이러한 동질성과 공유, 정서적 유대가 주는 안정과 관계의 질서, 무엇보다도 이 모든 것을 함께 포함하고 있는 집단에 대한 귀속을 통해서 인간은 진정한 인간존재로 형성된다. 집단 안에서 자신의 존재의 허약함을 보충하고 그 집단이 갖는 힘을 자신의 세력으로 인식함으로써 세계 안에서 자신의 나약함을 극복하고 외부의 세계와 관계하고 세계 안에서 자신의 영역을 개척해 가는 존재로서의 인간이 그 안에서 확인된다.

　따라서 가정의 유지를 위한 다양한 집단 유지의 전략들이 채택될 수 있으며, 집의 영속성과 개인에 대한 우선성의 관념도 그러한 집단 유지의 전략 중의 하나로 이해할 수 있다. 개인에 대해서 집이라는 제도에 우선성을 부여함으로써 구성원들 간의 갈등과 각 구성원의 독자성의 증대에 따른 전체 집단의 붕괴를 예방하는 기제로 만들었다고 이해할 수 있다.

4. 집의 확대와 가족 규범의 일반화

　한국에서 개인과 집 곧 개인과 가족의 관계는 개별 가족, 집과 동족의 관계에 그대로 적용된다. 즉, 한국의 집(가족)은 동족집단으로부터 미분화되어 있다는 점에서 특징을 갖는다.[192] 집(가족)이 동족과 미분화되어 있다는 것은 친족집단과 긴밀한 유대관계를 맺고 살아가며, 동시에 집(가족)의 범위가 넓다는 것을 의미한다. 이것은 '집안'이라는 말이 곧 친족집단을 의미하는 말로 쓰인다는 것에서 분명해진다. 한국에 있어서의 가족은 어디까지나 독립적인 생활단위로서의 가족집단인 동시에 한편으로 독립성을 갖지 못하고 동족집단의 단위인 집으로서 존속하고 있다. 집은 단지 동족의 다 같은 평등한 단위가 아니라 영속성과 전통을 가지고 있는 동족 속의 일정한 서열에 위치하고 있다. 동족의 존재는 그것의 단위이며 일정한 서열에 위치해 있는 집의 영속을 돕고 반대로 집의 영속은 또 동족 존재의 기초가 되고 있다.[193]

　여기에서 우리는 한국사회에서 집의 윤리와 사회윤리의 관계에 주목하게 된다. 가족이 친족집단과 분리되지 않은 채로 넓게 확산되었고, 따라서 가족 안에서 적용되는 윤리와 인간관계는 종종 사회 전반에서 그대로 통용되었다.

---

192) 최재석, 『한국가족연구』, 550쪽; 최봉영, 앞의 책, 84쪽 이하.
193) 최재석, 앞의 책, 550-551쪽.

이러한 가족 윤리의 사회 윤리에로의 확대 전용은 가족제도가 인간의 삶에 있어서 근본적인 제도라는 측면에서 설명될 수도 있다. 그렇지만 한국사회에 있어서는 이와 같이 가족의 범위가 폭넓게 확산되었다는 점에서 그 확대전용의 용이성을 짐작할 수 있다. 동족집단과 가족이 서로 밀접한 연관성을 맺고 있었으며, 그와 같은 경향은 오늘날에도 지속되면서 한국인의 의식과 사유의 바탕으로 작용하고 있다.

가족과 동족의 비분리성에 있어서 그 비분리성의 범위는 주로 부계의 친족집단에 속한다. 부계 중심적인 가족주의와 남성위주의 관념은 집안에서 작동하는 원리를 넘어 사회적인 관계에서도 가족의식과 동류의식을 확인시켜 주는 원리로서 작용한다. 다시 말해서 남성위주의 관념은 한국가족의 남성중심성을 설명해 주는 동시에, 한국에서의 가족 중심적인 사유가 어떤 형태로 사회로 확산되는지를 설명해주는 원리가 된다.

아울러 이러한 동족과 집의 밀접한 관계는 가족윤리가 사회로 전이된 원인과 연계적 사유, 관계적인 사유 및 행동방식이 사회에까지 적용되게 된 원인으로 이해할 수 있다. 동족의 범위가 넓다는 것은 곧 집의 윤리가 보다 넓게 동족집단 전체에서 적용된다는 것을 의미한다. 또한 그것은 '울타리 안'의 범위가 넓다는 것을, 울타리적인 사고와 행동의 적용범위가 넓다는 것을 의미한다. 이렇게 될 때, 사회생활은 울타리적인 사유와 윤리가 그대로 적용되게 되고, 집안에서와는 다른 사회윤리가 발달될 가능성은 상대적으로 줄어들게 된다.

가족관계와 가족윤리가 사회에 확대 적용된 예 중의 하나가 '효' 윤리의 사회 전반으로의 확대 적용이다. 전통사회에서 효는 단순히 부모에 대한 자식의 관계를 규정하는 것일 뿐만이 아니라 사회 전반의 생활에 두루 적용되는 것이었다. 전통사회에서 효는 부모에 대한 것, 가(家)에 대한 것, 타인에 대한 것, 또는 주로 자식의 일체의 행동에 관한 것의 네 가지 범주에 다 같이 적용되었다.[194]

---

194) 위의 책, 191쪽.

또 다른 가족윤리의 사회윤리로의 확대적용이 집안에서 상하관계의 사회에 대한 적용이다. 집에서 상하의 결합원리는 가족성원들에게만 적용되는 것이 아니라 집 외부의 사회생활까지도 지배한다. 오늘날에 이르기까지 우리 사회에서 연령에 따른 위계를 강조하고, 그러한 질서에 귀속되기를 강조하는 것은 이러한 집안에서의 윤리가 사회 안에서도 그대로 적용되는 예를 분명하게 보여주는 것이다.

집안에서의 남녀 차별 또한 사회 전반적인 규범으로 확대되었다. 가부장적 위계와 남성 중심적인 질서는 가족의 확대, 가족의 문화와 규범의 사회 전반으로의 확대와 더불어서 사회적인 규범으로 자리 잡았고, 지금까지도 우리 사회를 특징짓는 규범으로 남아 있다.

이와 같이 한국사회에서 가족은 좁은 의미에서 개인의 삶을 근거지우고 규정할 뿐만 아니라 친족집단이라는 확대된 가족을 통하여 사회 전반의 삶과 관계양상의 특성을 규정하는 근거로 작용하여 왔다. 친족은 확대된 가족으로서 가정 안에서의 규범이 사회 안으로 확대되는 매개로서 작용한 것이다. 남성중심의 가부장적 축에 따른 가족 범위의 확대가 친족으로 이어지고, 그러한 확대의 축을 따라서 가족 내의 질서와 규범까지도 사회 안으로 쉽게 확대 적용된 것으로 볼 수 있다.

여기에서 가족이라는 울타리의 확산이 울타리적인 무리지음의 생활양식뿐만 아니라 울타리 안의 사유와 규범과 태도까지를 사회 전체로 확산시키는 매개체로 작용함을 볼 수 있다. 따라서 집안, 친족집단은 한국의 울타리중심적·가족주의적 사유가 사회 전반에 어떻게 영향을 미치는지를 이해하는 매우 중요한 요소임을 확인할 수 있다.

이러한 관계 확산의 구조를 통해서 인간의 삶에 있어서 관계 확산의 일반적인 구조의 특징을 유추할 수 있다. 즉 인간은 세계와 관계함에 있어서 한꺼번에 여러 대상들, 여러 측면들과 동시적이고 동일한 비중으로 관계하는 것이 아니라 특정한 기준에 따라서 차별적으로 대상을 선정하고 관계한다는 것이다. 여기서 특정한 기준이란 '자신에게 가까운, 자신에게 친숙한, 자신과 비슷한' 등의 기준이다. 울타리적인 사유와 삶, 한국인의 인간관계에서는 그것이 혈연의 동질성이 될 것이다.

자신에게 익숙하고, 자신에게 가까운 것들로부터 출발해서 세계에 접근해 들어가고, 그러한 접근을 통해서 낯선 세계와의 관계에서 비롯되는 위험을 줄이는 인간의 관계 기술이 여기에서 확인된다. 점진적인 관계를 통해서 관계의 충격을 완화하고, 자신에게 익숙한 것으로부터 출발함으로써 보다 쉽게 자신의 것으로 동화시킴으로써 성장하는 관계양식이 여기에서 확인된다.

또한 가족중심주의와 가족이 제공하는 중심성은 인간 삶의 근본적인 특징임과 동시에 사유체계의 중요한 특성이기도 하다. 인간의 삶뿐만이 아니라 삶과 밀접하게 관련되어 있는 사유 체계 또한 이러한 중심에 바탕을 둔 사유로 전개된다는 것이다. 인간의 사유에서 확인되는 중심성은 종족중심주의적 사유에서 확인된다. 나를 중심으로 해서 나와 동일하거나 가까운 것들을 위주로 사유하는 방식이 종족중심주의적 사유이다. 이러한 종족중심주의직 사유는 인간 삶의 도처에서 발견된다. 가족중심주의적 사유, 동류의식, 공감, 공동체의식, 친족의식, 지역의식과 지역주의, 학연과 학벌주의, 국가의식 등 삶의 여러 영역에 걸쳐서 이러한 종족중심적인 사유가 발견된다. 그리고 이러한 종족중심적인 사유는 그 정도의 차이는 있더라도 서로 다른 모든 인간 사회에서 발견되는 특징으로 생각된다.

한마디로 가족은 인간의 삶의 기반인 동시에 종족중심적 사유의 기반이다. 그렇지만 이러한 가족의 특성은 어떤 사회의 가족이 갖는 특징에 따라서 서로 다르게 나타난다. 그리고 그 특성은 가족 제도가 삶의 근본적인 제도라는 점에서, 그 사회의 근본적인 특성을 이루게 된다. 따라서 인류의 보편적 제도로서 가족이라는 토대 위에서 각 문화의 가족이 지닌 차이가 그 문화의 특징을 만들어내는 기초로 작용한다.

제6장 사회관계와 사고방식의 울타리, 우리

우리는 앞서 2장의 울타리의 어원 부분에서 '울타리'와 '우리' 개념이 갖는 연관성에 대해서 다루었다. '우리'는 울타리와 같은 어원에서 비롯된 말로 이해되고 있으며, 그 특징 또한 유사하다. 따라서 이 연구에서는 '울타리'를 정의할 때, '우리'가 갖는 특징들을 함께 포함시켜서 정의하였다. 이 장에서는 한국인의 삶과 관련된 울타리의 특징적인 모습들이 한국인의 사회적인 관계 안에서는 어떻게 드러나는지 살펴보려고 한다. 그리고 앞에서 논의되었던 '울타리'의 특성들이 사회적인 관계 안에서도 적용될 수 있는지, 적용된다면 어떻게 적용되는지 살펴보려고 한다. 따라서 이 장에서는 '우리'의 특징들이 '울타리'의 특징과 어떤 점에서 유사하며 어떻게 연관되고 공통점을 갖는지를 중심으로 논의하고자 한다.

말은 인간이 세계를 인식하고 세계와 관계하는 매개이며 중간자로서 인간의 의식 세계를 가장 잘 반영한다. "모든 언어는 늘 일정한 문화적인 전통 속에서 자라난다. 그러므로 모든 언어 속에는 그 일정한 문화적인 전통과 더불어 이룩된 일정한 형식들과 카테고리들이 담겨 있어서 그 언어와 더불어 생활하는 사람들로 하여금 늘 그 형식들과 카테고리들을 통해서 외부적인 혹은 내부적인 현실을 파악하게 한다."[195] 이것은 모든 언어에는 한 겨레의 문화적인 전통 속에서 자라난 '얼'이 담겨 있다는 것을 의미한다. 언어는 늘 하나의 공동체와 더불어 자라나는데, 그 언어 속에는 그 공동체의 정신적인 전통이 담겨 있어서 그 공동체에 속한 사람들의 정서와 사유와 감성까지 인도한다는 것이다.

한국어에서 '우리'는 매우 중요한 의미와 역할을 갖는 말이다. 한국인의

---

195) 이규호, 『말의 힘』, 92-93쪽.

삶과 말의 모든 단위들이 '우리'에서 출발한다. 우리 집, 우리 학교, 우리 마을, 우리 지방, 우리나라 등의 개념들에서 볼 수 있는 바와 같이, '나'라는 개념보다는 '우리'라는 개념 속에서 한국인들은 보다 친숙함과 자연스러움과 안정감을 느낀다. '우리'는 한국인의 사유와 삶의 근본 단위이다.

생각과 말의 기본단위로서의 우리는 기본적인 생활공간인 울타리, 기본적인 인간관계를 형성하는 공동체인 가족과 대비된다. 울타리, 가족, 우리 이 세 가지는 한국인의 삶과 사람됨을 공간, 인간관계, 사유와 언어 측면에서 규정하는 기본 단위로서 한국인의 내면세계를 반영하고 규정한다. 그렇다면 기본단위로서의 우리는 기본 공간인 울타리, 인간관계의 기본적인 집단인 가족과 어떤 연관성을 가지고 있을 것이다. 한국인의 내적인 의식구조의 특성이 이 세 가지 안에 함께 투영되어 있다고 가정할 수 있기 때문이다. 따라서 여기에서는 이들 세 기본적인 범주들 사이의 공통점을 고찰하고, 그러한 공통점으로부터 다시금 이들 공통적인 특성을 만들어낸 한국인의 의식구조의 내적인 특징을 해명하고자 한다. 따라서 앞서 울타리 안 공간과 가족에 대한 고찰에서 드러난 공간구조와 의식구조의 특징이 지금의 논의에서도 좋은 출발점이 될 것이다.

1. '우리'와 '남'의 차별

'우리'는 관계를 따지는 논리다. '우리'는 같음과 다름에 따라서 경계를 나누고 차별한다. 같음과 다름에 따라서 관계를 맺느냐 마느냐가 결정되고, 관계를 맺더라도 동질성의 정도에 따라서 관계에 질적인 차이가 있다. 같은 집에 사는 사람이 '우리'이다. 같은 혈연을 나눈 사람들이 '우리'이다. 같은 회사, 같은 학교에 다니는 사람이 '우리'이다. 같은 마을에 사는 사람이 '우리'다.

이와 같이 '우리'는 같음을 바탕으로 뭉친 집단이다. 따라서 같음이 없으면 '우리'가 될 수 없다. 같음이 확인되지 않는 사람은 '남'이 된다. '우리' 안에 들어올 수 없다. 가족이 아니면 집 안에서 살 수 없듯이, 죽은 혼령은 집 밖으로 나가야 하듯이 남은 '우리' 안에 포함될 수 없는 것이다. 이처럼 '우리'라는 개념은 '우리' 밖에 속하는 다른 범주를 전제하는 개념이다. 다시 말해서 '우리'에 대립되는 '남'의 영역이 존재하는 것이다.

앞서 우리는 '울타리'의 특성 중의 하나로서 안과 밖을 구분하는 경계의 역할을 보았다. 울타리의 경계 지움을 통해서 비롯되는 '울타리 안'은 친숙함과 안정의 공간이 된다. 낯설고 두려운 존재들로부터 울타리 침으로써 울타리 안은 안전한 장소가 된다. 울타리 안은 나와 같은, 혹은 나와 비슷한 존재들의 영역이다. 인간은 이 울타리 안에서 안정을 누리고 안식을 얻는다. 집, 가족, 고향, 우리 마을 등의 울타리는 이러한 개념을 공유한다. 따라서 자신의 울타리를 떠나 있는 것은 필연적으로 낯설고 불안하고 불안정한 상태가 된다. 이러한 낯설고 불안하고 따라서 위험한 공간으로부터 울타리 안으로 들어올 때 다시금 안정을 누리게 된다.

무엇보다도 울타리는 인간의 삶에서 가장 기본적이고 절대적인 정서적인 안정의 장소이다. 내부와 외부를 구별 짓는 울타리에서, 울타리의 안은 우리들의 정서와 감정과 사유와 비밀들이 간직되어 있는 내면세계이다. 세계가 인간 존재의 확장이라면, 울타리 안은 인간존재의 내밀성의 확장이다. 울타리 안은 상상력이 머무는 곳이며, 따사로운 안정과 의존의 장소이다.

한국인의 사유와 언어의 기본단위인 '우리' 또한 동질성에 기초한 단위이다. '우리'는 '나'와 같음을 공유하는 범주로서의 '우리'의 세계와 나와 다른 타자들의 세계인 '남'의 세계를 분리해낸다. 울타리 밖이 낯설음의 영역, 어둠과 죽음의 세계이듯이 남의 영역도 부정적인 영역으로 파악된다. '울타리 안'의 영역이 최선의 것이고 성스러운 공간이듯이, 우리의 삶, 우리를 이루어 살아가는 삶이 최선이며 신성한 것으로 여겨진다. 그리고 그 안에 안주하려고 한다. 우리 밖과의 관계는 부수적인 관계에 불과하다. 울타리에서 확인되는 안팎의 경계와 차별의 구조가 우리에서도 그대로 확인된다.

따라서 우리는 한국인의 의식구조의 기본적인 양태를 다음과 같이 이야기할 수 있다. 그것은 '울타리 중심적'인 인식구조이며, '우리'와 '남'의 대립적인 두 범주로 구분하는 차별의 구조이다. 우리 밖의 세계는 낯설고 위험하며 어떻게 접근하고 다루어야 할 지 알 수 없는 세계, 관계 맺기에 곤란한 세계이다. 울타리 안과 같은 친숙함, 따스함, 안정이 없다. 편안하고 친숙한 관계를 위해서는 우리와 같은 조건을 찾아내어야 한다. 동질성을 찾아내고 그 동질성에 기초해서 관계를 구축해야 한다. 그래서 우리 사이에 통용되는 방식으로, 자신에게 너무나도 익숙하고 편안한 방식으로 관계 맺기 위해서 '같음'을 찾는다. 우선 혈연을 따지고, 또 지연을 따지고 학연을 따진다. 이러한 순서는 우리를 구성하는 같음의 요소 중에서 가장 기본적인 것이 혈연과 지연임을 말해준다.

가족이라는 범주가 근본적으로 혈통을 공유하는 집단임을 생각할 때, 그리고 최소의 울타리인 '집'이 가족들의 공간임을 볼 때, 울타리의 구성요소 중에서 혈연이 차지하는 본질적인 의미를 알 수 있다. 또한 한국사회에서 동족과 친족이라는 울타리, '우리'가 차지하는 의미를 생각할 때, 혈연의 의미가 보다 분명해진다. 우리 사회에서 모든 관계의 출발점에서 가장 먼저 성(性)과 본(本)을 따지는 것에서 보듯이 부계 중심의 혈연은 사회 전반에서 가장 보편적이고 기본적인 같음의 확인요소로 작용하고 있음을 알 수 있다. 뿐만 아니라 혈연은 비교적 가까운 모계집단 안에서도 같음을 확인시켜주는 요소로, 우리라는 결속의식을 매개하는 요소로 작용하고 있다.

이처럼 혈연, 그 중에서도 부계의 혈연은 같음과 중심으로부터의 원근을 가리는 데 있어서 최우선의 기준이 된다. 중심영역인 가족 안에서의 위계에서 가장 먼저 확인되고 그 다음으로 친족사회를 구성하는 기준이 된다. 또한 부계 혈통중심성은 남녀 차별과 남성 우위의 관계구조로 나타난다. 사회전체와 관련해서 볼 때, 아버지의 성에 따라서 혈연적인 동질성이 확인되고, 아버지의 고향에 따라서 지역적인 동질성이 확인된다. 결혼한 여성들은 성을 잃어버리고 이름도 잊혀져버리고 만다. 친구들이 다 없어지고, 남편의 성에 따라서 불리고, 출가외인으로 취급되어 친가와의 관계도 멀어진다. 남편의 가족 안에 편입되어 그 집의 '새사람', '새아기'로 살아가게 된다. 이 전의 삶은 단절되고 새로운 삶이 시작된다는 의미이다.

혈연 다음으로 중요한 같음의 확인요소로 공간의 공유, 즉 지연을 들 수 있다. 가족이라는 혈연공동체는 집이라는 공간을 공유하는 데서 독특한 인간관계를 만들어 내었다. 지연은 특히 이웃이라는 공간을 공유하는 '우리'에서 분명하고도 절대적인 같음의 확인요소, 울타리의 구성요소로 작용한다. 지연은 이웃을 넘어 마을이라는 지역공동체로, 그리고 지방이라는 보다 큰 지역적 유대감을 갖는 집단으로, 그리고 한반도라는 나라 전체를 포괄하는 같음을 확인하는 요소로 작용한다.

그 밖에 다른 요소들이 같음의 실마리로 계속해서 나열된다. 혈연과 지연외에 학연, 종교 등이 같음의 확인요소로 등장한다. 그리고 자신과 상대방사이에 직접적인 같음이 확인되지 않으면 서로의 주변 사람들에게서 같음의 요소를 찾아내려고 한다. 같음이 확인되면 곧바로 우리 사이에서, 울타리 안에서 적용되는 인간관계의 방식이 적용된다. 혈연을 따져서 할아버지뻘, 아저씨뻘 된다고 해서 말을 높이거나 낮추거나 한다. 동향으로 확인되면 곧바로 감추어둔 사투리가 튀어나온다. 손을 잡거나 어깨를 치면서 정겨움을 표한다. 같이 밥을 먹고, 더 많은 같음의 요소들을 확인하기 위해서 술 한 잔을 곁들인 고향이야기를 주고받는다. 같음이 확실해져서 '우리'라는 연대의식이 확보되면 그 이후로는 문제될 것이 없다. 우리끼리 뭘 그런 걸 따지냐는 식이다. '우리' 안에서는 많은 어려운 문제들이 아무 문제될 것이 없는 손쉬운 일로 변질된다. 비합리적이고 다소 무리가 되는 일도 우리끼리이기에 다 허용되게 된다. '우리' 안에서의 관계망이 작동된 때문이다.

반대로 '우리'라는 동질감이 깨어지면 관계는 지극히 냉랭해지고 형식적이 되고 만다. 곧잘 다른 이유를 내세우지만 다만 '우리'가 아닌 이유로 관계가 결렬되고 냉담해지고 문제가 어긋나서 잘 해결되지 않게 된다. 같음에 대한 탐색작업이 끝나고 남으로 판명되면 그때부터 관계는 더 이상 발전될 수 없다. '우리'가 아니면 바람직한 관계의 대상도 더 이상 아니다. 남일 뿐이다. 나와 관계없는 사람이다. 울타리 밖의 세계, 집 밖의 세계는 어둠이 지배하는 영역, 야만인의 세계, 사자와 혼령들이 떠도는 죽음의 땅이기에 거기에 속한 사람이란 진정한 사람일 수 없기 때문이다.

마당에 들어 왔던 사람들이 의례가 끝나면 곧 물러가듯이, 관계의 탐색기가 끝나고 남으로 판명되거나 일시적인 관계맺음을 통해서 나의 필요가 충족되면 그 사람들은 '우리'의 영역으로부터 속히 물러가야 한다. 더 이상 관계할 아무런 필요가 없다. 굿에서 청해 들인 신들이 굿이 끝나고 나면 모두 물러가서 일상적인 삶에 끼어들지 않는 것이 가장 바람직하듯이, '우리' 안에 상주하지 않는 사람들은 더 이상 우리와 관계하지 않는 것이 가장 좋다. 필요를 채우고 나면 그들은 물러가야 하는 것이다. 울타리라는 경계, 우리라는 경계 밖의 존재들은 일시적으로 관계하는 대상일 뿐이다. 각자 자신의 본분을 지키는 것을 중시하는, 적정한 관계를 중시하는 한국적인 가치관의 투영이다.

같음에 바탕을 둔 인간관계의 확인과 차별의 구조는 같음이 모든 관계의 확인과 타자와 상대에 대한 판단의 기준의 된다는 점에서 절대적이고 맹목적이며 비합리적이다. 판단이 기준이 획일적이니 만큼 그 판단의 구조와 결과가 폭력적이다. 이러한 사유체계 안에서 같다는 것은 좋다는 것을 의미한다. 같은 것은 좋은 것이고 다른 것은 나쁜 것이기 때문에 같은 것에 대해서 좋게 여기고, 친근하게 대하는 것은 당연하다. 반대로 다른 것을 배척하고, 차별하는 것 또한 당연하다. 나쁜 것이기 때문이다.

같음을 기준으로 하는 울타리 침과 우리는 이러한 방식으로 사유하고 행동하는 삶의 양식이다. 언제나 그 안에 이미 가치판단이 개입되어 있는, 같음과 다름이라는 기준에 입각한 비교와 차별의 방식이다. 이것은 사유의 양식에 머무를 뿐만 아니라 언제나 가치판단과 더불어 행동으로 표현되는 것이며 삶의 기본적인 원칙으로 작용하고 있다. 울타리를 경계로 안과 밖이 분명하게 나누어지고 차별되듯이, 같음과 다름은 사회적인 관계에서 우리와 남을 구분하는 경계이며 기준이다. 우리 역시 울타리적인 구조를 가지고 있으며, 울타리를 만든 한국인의 내적인 의식구조가 우리에도 그대로 투영되어 있다. 같음과 다름으로 구분하고 차별하는 사유는 울타리의 근본적인 구조 원리이며, 울타리 중심적인 관계의 기본 원리이다. 그리고 한국인의 삶과 사람됨을 이해하는 기본적인 틀이다.

2. 나와 분리되지 않고 나를 포괄하는 우리

우리가 한국인의 생각과 말의 기본적인 단위가 된다는 것은 우리라는 한 울타리 안에 속한 모든 대상들 속에 '나'의 자아가 침투되어 있음을 의미한다. 울타리 안에 속한 모든 대상들은 '나'와 끊을 수 없는 관련 속에서 굳게 맺어져 있다. 나는 우리 안에서만 존재를 확인할 수 있다. 나는 우리 안에 동화되어 있고 우리 안에서 나는 개인으로 존재하지 않는다. 나는 우리 안에 있다.

우리 안에서 나와 다른 사람과의 비분리성은 앞에서 '울타리 안'을 다루는 부분에서 고찰한 내용들과 견주어 볼 수 있다. 한 집에서 살아가는 사람들, 즉 가족 간의 관계에서 나는 다른 가족들과 분리된 개체로서가 아니라 언제나 가족 안에서 함께 살아가는 존재로 이해된다. 한국 가족에서 각각의 개인들은 가족 안에서 공동 운명을 지닌 분리될 수 없는 존재로 이해되며, 개인에 우선하는 가족에 귀속된다. 개개의 사람은 다만 가족 안에 포함될 뿐만 아니라 집이라는 건물과 그것을 둘러싼 공간과도 서로 분리될 수 없는 관계이다. 집은 몸의 연장으로 이해되고, 집 안에는 그 안에서 살아가는 사람들의 영혼과 정신이 깃들어 있는 것으로 이해되기 때문이다. 이처럼 '울타리 안'의 영역은 '나'와 동질적인 요소들로 구성된 영역이다. 이러한 동질성 안에서 '나'는 나를 둘러싼 동질적인 요소들과 분리할 수 없는 밀접한 관계를 이루게 된다.[196]

울타리와 우리는 전통사회에서 삶의 근본이며, 삶 전체를 포괄하는 준거이다. 그 밖의 영역은 진정한 의미의 삶의 공간과 관계의 대상으로 여겨지지 않는다. 언제나 가치 판단이 개입된 같음과 다름의 비교에서 다름의 영역은 배제되어야 할 것으로 간주된다. 그러므로 울타리와 우리는 한국인의 삶에서 바람직한 삶의 영역 전체이다. 삶의 세계 전체이며, 인간의 영역 전부이다.

---

196) 이와 같은 집과 그 안에 거주하는 사람과의 비분리성, 우리 안에서 나와 다른 사람과의 비분리성은 원시인의 사유 체계와 견주어 볼 수 있다. 즉 "원시인에게는 낯익은 것과 낯선 것, 내부 세계와 외부 세계, 삶과 죽음, 혼령과 신체 등을 엄격히 분리하는 도식이 존재하지 않았다. 그에게는 영혼이나 몸이나 모두 분명한 경계선을 가진 어떤 특정한 영역으로 보이지 않았다. 원시인은 자기 자신과 자기 주변에서 낯선 다른 힘의 세계를 경험했다."(C. A. van Peursen, *Body, Soul, Spirit.* 손봉호 · 강영안 역, 『몸 · 영혼 · 정신: 철학적 인간학 입문』, 서울: 서광사, 1985, 88쪽)
한국인의 '울타리 안'의 삶과 '우리' 의식에는 이러한 원시인들의 삶과 비교할 수 있는 비슷한 요소들이 분명히 있다. 나와 타자의 불분명한 구분은 그 가장 대표적인 유사성일 것이다. 그러면서도, 한국인의 '우리' 의식과 원시인들의 의식세계 사이에는 분명한 차별적 요소들이 존재한다. '우리'는 어디까지나 일정한 범주 안에 속한, 즉 가족, 친족, 이웃 등의 비교적 친밀한 범위에 속한 대상들과의 비분리성이다. 내부와 외부, 몸과 영혼이 분명하게 구분되지 않는 세계인 원시인의 의식세계와는 다른 자신과 친밀한, 비교적 내부적인 영역이라고 할 수 있는 범위 안에서의 동질성이다.
중요한 것은, 동질성에 기초한 비분리성이 한국인들의 의식 세계 안에 분명하게 존재한다는 것이다. 동질성에 기초한 비분리성이 원시인들의 의식세계와 유사하다면, 이러한 유사성들이 어떻게 오랜 세월 동안 보존되어 왔으며, 무엇이 그 매개요인으로 작용하였는가는 탐구하여 보아야 할 문제이다.

한국인들은 이러한 전체로서의 우리, 울타리를 생각하며 산다. 그 안에 동화되어 있다. 개별자로서의 나는 중요하지 않거나, 혹은 분명한 개별자로 존재하지 않는다. 모든 바람직한 것은 우리와 울타리 안에 포함되어 있다. 가족, 친족, 이웃, 자연 등이 그 안에 이미 다 조화롭게 들어와 있다. 따라서 그 외의 요소들은 부수적인 것일 뿐이다.

울타리적인 사유, 우리 중심의 사고와 삶에서 진정한 타자란 존재하지 않는다. 동등한 대화의 대상으로서, 개별자로서 존중받는 상호작용의 상대방으로서의 독립된 타자란 없다. 모든 외부의 요소들은 전체 안에서 전체에 조화롭게 동화될 수 있는 것으로 포섭되고 처리될 뿐이고 우리나 울타리 안이 타자성에 의해 변화되지는 않는다.

전체 안에 자기를 투입하고 전체와 더불어서 자기를 확인하는 한국인들은 전체 안에서 여러 가지 가능성들을 함께 생각하고 모순을 포괄하고자 한다. 대립하고 모순되는 개별자들은 전체를 위해 정리되고 처리된다. 어떤 개별자도 전체를 뛰어넘거나 전체에 배치되지는 않는다. 어떠한 개별자의 논리도 전체를 대신할 수는 없다. 따라서 진정한 의미에서 극단에까지 이르는 논리는 하나도 없으며, 모든 것이 전체의 범위 안에서만 가능하다.

따라서 진정한 의미의 패러다임의 전환은 없다. 모든 것이 전체를 바라보는 그 논리 안에 포섭되어질 뿐이다. 외부에서 도입된 사상들도 이러한 전체 안에서 한 요소로 포괄된다. 전체를 보는 눈으로 그것을 이해하고 전체 안에서 한 자리를 부여해서 기존의 요소들과 밀접한 관련을 지워서 융화해버리는 것이다. 따라서 외부에서 도입된 것들은 그 본래의 성격을 유지할 수 없다. 기존의 것과 잘 어울리도록 조정된다. 그러한 조정의 과정에서 동질성으로 확인되거나 조정 가능한 요소들이 매개적인 역할을 하는 것이다.

우리의 역사를 서구, 외부로부터의 세력에 의해서 중단되었다는 점에서 단절이라고 한다. 그러나 세월이 지난 지금에 돌이켜 볼 때 그것이 과연 단절이었는지는 의문이다. 전통이 단절된 것이 아니고 여전히 영향력을 가지고 서구, 외부 세력의 침투에 대해 끊임없이 작용해 온 것으로도 볼 수 있다는 점이다. 근래에 많이 제기되는 문제로 외래 종교의 토착화 문제를 보면 이러한 경향을 보다 쉽게 찾아낼 수 있다. 어떤 종교이든지 한국에 들어오면 무속(巫俗)화되어 버린다는 것이다. 불교도 기독교도 표면적으로 볼 때에는 기존의 토착종교를 극복하고 커다란 세력을 얻은 것 같지만 심층적으로 살펴보면 그 안에 무속적인 종교논리가 침투해 들어가 있다는 것이다. 즉 현실구복적인 종교로 변해 있다는 것이다. 오늘날 외국문화의 무분별한 수용이 문제가 되는 것은 아마도 울타리적인 우리중심의 세계이해와 세계와의 관계의 점진성이 상실된 때문인지도 모른다.

이렇게 볼 때 울타리를 삶의 근본적인 원리로 채택하고 살아가는 사람들에게 있어서 진정한 의미의 인식의 전환이 가능할 것인가를 생각해 볼 수 있다. 모순된 것들을 배제하거나 지양하려고 하지는 않지만 그럼에도 불구하고 그러한 것들에게 절대적인 자리를 내어주지는 않는 마음, 그러한 마음으로 어떻게 완전한 전환을 이룰 수 있을 것인가? 모든 것을 받아들이는 것 같으면서도 그중에 어떤 것에게도 온 마음을 주어버리지는 않는 마음, 그러한 마음이 우리들의 마음일 수 있다. 한옥은 울타리 안의 세계를 볼 수 있도록 낮은 담장을 두르고 울타리 안에 마당을 두어 외부와의 관계와 만남의 장으로 삼는다. 그렇지만 언제나 명백한 경계는 철폐되지 않고 축제가 끝나면 모든 외부의 요소들은 울타리 밖으로 물러나야 한다. 이것이 한국인의 세계관이고 한국인의 마음인지도 모른다.

3. 관계 중심의 삶

'우리'에서 확인되는 사유방식은 개별자로서의 '나'가 중심이 되는 것이 아니라 언제나 나와 함께 하며 삶과 존재가 서로 연결되고 얽혀있는 다른 사람들을 함께 배려하는 사유방식이다. 집단 안에서의 관계에 기초해서 생각하고 행동한다. 우리를 삶의 기본적인 바탕으로 깔고 있는 한국인들은 언제나 관계를 생각한다. 그 관계는 울타리적인 관계이다. 자신에게 친밀한 울타리를 언제나 중심에 두고 동질성을 따져서 급격하게 결속하거나 차별하는 관계이다. 관계를 늘 염두에 두지만 동질성의 정도를 따져서 원근, 안팎, 우리와 남을 구분하여 행동방식을 결정한다.

사회관계 안에서도 관계의 원근에 따라서 '우리'와 '남'을 판단한다. 우리로 판단되면 울타리 안에 준하는 인간관계가 성립되지만 남으로 판단되면 울타리를 쳐서 격리하고 차별해 버린다. 남에 속한 이들과는 울타리 너머로 이야기하듯이 부분적이고 제한적인 관계만이 존재한다. 필요한 경우에만 이웃을 집 안에 들이듯이 필요한 경우에만 관계한다.

울타리 중심적으로 '우리'를 삶의 단위로 살아가는 사람들에게 있어서 울타리 안과 울타리 밖에서 적용되는 관계의 원칙은 매우 다르다. 울타리 안은 동일 운명체, 공동체, 정서적 친밀 집단이며 같은 부류, 같은 '사람', '우리'로 확인된다. 따라서 '우리' 사이에서는 긍정적인 이해와 정서적인 공감에 기초한 친밀한 상호작용이 이루어진다.

이에 비해서 '울타리 밖'의 사람들에게는 울타리 안에서 적용되는 원칙이 통용될 수 없다. 집 밖은 낯선 자들의 세계, 어둠의 세계, 잡귀의 세계, 죽은 자들의 세계, 죽음 그 자체이기 때문이다. 그러므로 울타리 밖에 속한 자나 타자에 대해서는 울타리 쳐서 막고 방어하고 배척해야 하는 것이다. 공동체적 인간관계가 꼭 같이 적용될 수 없다. 오히려 적대자에 대한 태도가 적용됨이 마땅하다. 최소한 잡귀들처럼 일상적인 삶에 관여해 들어오지 않기를 바라며, 구별되어 있기를 바란다. '우리' 안에서의 과도한 친밀성에 따른 개인적인 영역의 침범과 우리 밖에 속한 이들에 대한 냉랭함과 배타성의 원인을 여기에서 찾을 수 있다.

그렇다면 우리 안에서는 어떠한 인간관계가 적용되는가? 그 관계의 원칙은 어떠한가? 여기에서는 이러한 우리 안에서 적용되는 인간관계의 원칙을 살펴보려고 한다. 우리 안에서 작용하는 관계의 특징들을 정리하면 다음과 같이 몇 가지로 이야기할 수 있다.

첫째, '우리' 안에서는 나와 다른 사람을 인식할 때 분리된 별개의 개체로 파악하지 않는다. 독립된 주체가 존재하지 않는다. '우리'에 기초한 사유는 나 중심으로 나를 우선적으로 생각하거나 나와 너를 독자적인 존재로 파악하는 사유가 아니다. 나와 너를 서로 같은 존재로 끊어질 수 없는 관계로 연결되어 있는 존재로 파악하는 사유이다. 나와 너의 구분이 불가능하다고도 볼 수 있다. 언제나 나 안에는 나와 운명을 같이 하는, 나와 같은 공간에서 동일한 정서를 호흡하는 존재들이 들어와 있다. 나와 함께 있는 존재들이 나의 사유 안에 언제나 하나의 단위로서 작용하고 있다.

'나의 재산'이 아니고 '우리 재산'이라 말하고 '나의 마누라'가 아니라 '우리 마누라'라고 말하지만 '우리'가 바로 '나'이기 때문에 '내'것이 아닌 것이 없다. 나를 '우리' 속에 함몰시키지만 동시에 이러한 함몰을 통해서 '우리'를 내 안에 함몰시킴으로써 '우리'라는 거대한 몸집을 가진 '나'를 만들어 내었다. '우리'로 거대화된 '내'가 펼치는 자기중심적 행위는 강한 자기주장으로 나타났다. '내' 혼자의 힘이 아니라 '우리'의 힘을 배경으로 말하고 행동하기 때문에 '나'의 주장과 행동이 강하게 나타나지 않을 수 없었다.[197] 나는 항상 독자적으로 존재하는 것이 아니라 언제나 가족, 친족, 이웃, 동료, 자연과의 관계 속에 위치하고, 그들과의 관계 속에서 상대적이고 연계적으로 존재한다.

둘째, '우리'는 언제나 다른 모든 것에 우선하며 중심이 된다. 그런 의미에서 우리 중심의 삶은 개인주의와 비교할 수 있다. 개인주의는 나를 중심으로 관계의 범위를 동심원적으로 확대 또는 축소하는 양상을 띤다. 이는 세계를 인식함에 있어서 나 중심으로 이해하고 행동함을 의미한다. 우리 중심의 사유체계도 이러한 나 중심의 사유체계와 유사하다. 중심에 기초한 동심원적인 관계의 확산이 여기서도 확인되기 때문이다. 그렇지만 그 중심이 나가 아니라 우리라는 점에서 분명한 차이를 드러낸다. 한국인의 사유에서 중심은 나로 환원되지 않는다. 언제나 우리라는 단위로 귀결된다. 우리는 나와 분리될

---

197) 최봉영, 앞의 책, 202쪽.

수 없는 존재들의 모임이고, 확대된 나이기 때문이다.

여기에 한국인의 이해에 있어서 울타리와 우리가 갖는 큰 의미가 있다. 한국인의 울타리는 매우 철저한 삶의 양식이다. 언제 어느 곳에서나 나와 관련된, 구별을 필요로 하는 곳에는 울타리를 쳤다. 그러나 그 울타리 안에서는 개체적인 각각의 나가 분명하게 확인되지 않는다. 가부장적인 위계상의 정점은 있어도, 나 중심의 세계는 아니었다. 우리 중심의 세계였다. 철저한 집단성과 철저한 공동성으로 확인되는 세계가 우리 안에서 확인된다.

따라서 울타리는 집단적이고 공동체 중심적인 인간이해이다. 울타리적인 세계에서 나의 실현은 곧 우리의 실현이다. 울타리의 세계에서 울타리가 추구하는 인간상을 벗어난 인간이해는 용납될 수 없고, 자아실현이란 곧 공동체의 이상적인 인간상을 실현함을 의미할 뿐이다. 한국인의 삶은 이러한 울타리적인 삶, 개인과 공동체의 이상이 일치하는 삶이었다.

집단을 우선적으로 고려하는 태도는 언제나 전체를 염두에 두고 전체를 중요시한다. 전체 안에 포괄되어 소리 내지 않고 전체에 유익하게 행동하는 것이 바람직한 삶의 자세이다. 따라서 조화가 핵심적인 요소가 된다. 이러한 조화의 원리는 때때로 획일화하는 경향으로 흐르기도 했지만 한국인의 삶을 근본적으로 규정해 온 관계의 근본 원리라고 할 수 있다. 그런데 여기서 조화는 독립된 개개인의 상이성이나 차이를 존중하는 조화가 아니다. 집단이 언제나 우선이 되기에 집단을 위해 개성이 무시되는 집단지향의 조화이다. 개성의 다양함에 바탕을 둔 다양성의 조화와는 거리가 있다.

셋째, '우리' 중심의 관계는 일상적이며 삶 전체를 포괄하는 관계이다. '우리'는 관계 안에서 나를 확인하는 관계 중심의 인간관이며 세계관이다.

우리 안에서 관계는 지속적이고 일상적이다. 관계에 민감하고 관계를 소중하게 여기는 것은 우리라는 집단 안에 귀속되어 살아가는 한국인에게는 매우 중요하고도 당연한 일이었다. 한국인의 관계성은 단순히 어떤 특정한 상황에서만 이루어지는 것이 아니라 그들의 삶의 전반에 걸친 삶의 근본원리이며 존재의 바탕이다. 따라서 만약 관계에 실패하게 될 경우에는 그들의 삶 자체가 위협받게 되는 것이다. 관계는 한국인의 삶의 근본 조건이다.

관계 중심적인 상호작용은 삶의 전반에서 이루어진다. 삶의 관계망 속으로 태어나고 삶의 모든 순간을 관계 속에서 생활한다. 삶의 전 과정은 관계의 점진적인 변화의 과정이다. 새로운 요소들을 자신에게 이미 익숙해진 관계망 속으로 받아들이고, 반대로 관계의 망 밖으로 기존의 관계내적인 요소들을 서서히 떠나보내는 과정이다. 심지어는 죽음 이후의 세계도 관계의 망 속에 포함된다.

한국인의 사유에서는 죽은 자까지도 관계 안에서만 자기의 정당한 위치를 부여받을 수 있었다. 가족 중의 한 사람이 사망한다고 해서 그 사람과의 관계가 전적으로 단절되는 것이 아니었다. 다만 관계의 망이 변화될 뿐이다. 무속 의례에서 사자들을 저승으로 보내는 굿인 사령굿이나,[198] 한옥에서 사당이 집 안에 위치해서 주산(主山)의 기운이 가장 먼저 와 닿는 높은 곳에 위치한다거나, 집의 한가운데에 해당하는 마루에 상청을 차리고 신성한 곳으로 여기는 것 등은 이러한 관계의 유지를 반영하는 것으로도 볼 수 있다. 산 자들은 이러한 의례나 장치들을 통해서 기존의 관계망이 급격하게 허물어지는 것을 완화시키려고 노력했던 것이다. 죽은 자와 일정한 관계를 유지하고 점차적으로 관계를 풀어나감으로써 자신에게 친숙한 우리라는 관계의 집단에 미치는 영향을 완화시키려고 노력한 것이다. 자신의 삶에서 가장 본질적인 영역, 가장 기본적인 관계가 단번에 깨어져버리는 것을 지극히 두려워하는 마음이 죽은 자와 관련된 사령굿이나 삼년상, 집 안에 지어진 사당, 상청 등에 반영되어 있는 것이다.

관계 안에 자신을 안주시키고, 그러한 관계가 부여하는 힘 안에서 평안할 수 있는 존재로서의 인간은, 자신의 삶과 사유의 관계망 안에 핵심적인 관계대상으로서 함께 있던 존재의 급작스러운 상실을 있는 그대로 수용하고 감당할 수 없다. 따라서 인간은 그러한 급격한 상실이 초래하는 충격을 완화시킬 수 있는 어떤 통로를 만들지 않고는 견딜 수 없게 된다. 관계의 상실과

---

198) 김인회, 『韓國巫俗思想硏究』, 183-185쪽.

변화의 급격함이 주는 충격으로부터 자신을 지켜내고, 점진적으로 그 공백을 메워가기 위한 기제로서 마련된 것이, 이미 상실된 존재들을 위한 공간과 시간과 관계를 배려하는 것으로서의 의례이다. 따라서 죽은 자들을 위한 의례는 철저한 관계적 존재로서 인간을 이해하게 한다. 지극히 관계 중심적이기에 관계와 집단이 부여하는 유대와 안정 없이는 존재할 수 없는 인간의 본질을 분명하게 드러내는 현상인 것이다.

한국인의 관계적인 속성은 단순히 인간들 사이의 관계에만 해당되는 것이 아니다. 우리말의 구조 안에서도 그러한 관계적인 속성이 분명하게 드러난다. "우리말은 사실을 사실대로 서술하면서 발전되었다기보다는 나와 너와의 대화로써 발전되어 왔기 때문에 우리말의 구조는 상관적인 구조라고 할 수 있다. 우리말에 주어가 흔히 생략되는 것도 그 때문이다. 주어가 생략된 이야기는 그 자체로서는 안정된 구조를 이룩하지 못했어도 대화 안에서의 상관관계를 통해서 주어는 드러난다."199)

또한, 자연과의 관계를 소중하게 생각하고 언제나 자연과의 관계 안에 인간을 위치시키고, 관계 안에서만 바른 인격으로 성장할 수 있다고 믿었던 자연관에서도 이러한 관계를 중요하게 생각하는 태도를 읽을 수 있다.

철저하게 관계에 입각해서 인간과 세계를 이해하고 상호작용하는 태도는 한국인의 일상에 굳게 뿌리박고 있어서 삶을 매개하고 유지시키는 삶의 기본자세이며 세계관이다.

넷째, 우리를 결속하는 요소들이 일차적이고 근본적인 것이기에 우리 안의 관계는 매우 긴밀하고 철저하다. 이성에 기초한 합리적인 상호작용이라기보다는 비합리적인 관계이다. 우리를 구성하는 동질성 자체가 합리적인 조건들이 아니다. 혈연, 지연 등으로 결속된 관계이며, 정서적인 친밀성에 기초한 관계이기 때문이다. 공감을 바탕으로 한 자아와 타자의 비분리성으로 특징지워지는 관계이다. 따라서 종종 이성보다는 정서에 호소하는 경향이 발생하고 비이성적인 일들도 용납되는 관계이다.

---

199) 이규호, 『말의 힘』, 105쪽.

혈연에 의한 결속이기에 관계는 불변적이 되고, 어떤 다른 요인들에 의해서도 끊을 수 없는 결속력을 갖게 된다. 혈연에 기초한 우리의 인간관계가 얼마나 강한 결속력을 갖는 것인지에 대해서는 앞서 죽은 자들까지도 관계 안에서만 정당한 의미를 부여받을 수 있음에서 분명히 확인하였다. 혈연 다음으로 관계 정립을 위한 중요한 동질성의 확인 조건인 지연이나 학연 등도 한 번 귀속되면 변화시킬 수 없는 요소들로서 관계를 맹목적이고 지속적이게 하는 조건들이라는 점에서 공통적이다.

그런데 이러한 혈연, 지연, 학연 등의 불가역적(不可逆的) 요소에 의한 결합은 관계를 숙명적으로 만들고 또 그만큼 강한 유대를 만들어 낸다. 반면에 그에 따른 부작용도 매우 분명하다. 혈연과 지연이 같음을 확인하고 관계를 맺는 가장 중요한 조건이 된다는 것은 곧 관계망의 축소와 편중을 초래하고 관계의 왜곡을 낳기 때문이다.

좁은 관계의 망과 왜곡된 관계 구조는 우리 사회의 많은 문제들과 관련된다. 혈연과 지연에 기초한 관계는 근본적으로 관계망의 형성에 제한점을 지니고 있었다. 조선시대 전반에 걸쳐 혈연에 기초한 관계의 망은 사회체제의 유지에 긍정적인 역할을 한 것이 사실이었다. 그렇지만 혈연은 이제 우리 사회에서 절대적인 기준이 되지 못한다. 그만큼 혈연에 기초한 관계의 망도 축소되었다. 관계망의 축소와 함께 관계망 안에서, 울타리와 우리 안에서 제대로 작동되던 윤리들이 작동을 멈추게 되었다. 울타리 밖의 영역이 보다 넓어진 때문이다.

국토성역사상과 같은 긍정적인 측면을 지니고 있던 지연에 기초한 울타리도 지금은 지역감정 등으로 부정적인 측면으로 작용하는 예가 더 많다. 더욱이 이웃사회가 붕괴되어버린 도시 사회에서 지역적인 동질성에 기초한 건전한 관계망의 구축은 더욱 힘든 일이 되어버렸다. 따라서 지역공동체의 회복과 같은 전통적인 관계의 원리에 기초한 관계망의 회복, 울타리의 회복과 더불어서 다양한 같음의 확인요소들을 발굴해내는 일이 오늘날 우리 사회의 중요한 과제이다. 이러한 작업들이 효과적으로 이루어질 때 오늘날 우리 사회에서 너무나도 빈번하게 거론되는 공동체 윤리 회복의 문제나 건전한 지역사회와 청소년 환경 문제의 해결책이 제시될 수 있을 것이다.

다섯째, 우리는 윤리와 규범에 기초한 관계망을 이룬다. 윤리적 관계라는 점이다. 즉 관계 자체가 이미 윤리를 내포하고 있는 상태라고 볼 수 있다. 앞에서 보았듯이 우리는 삶 전체를 포괄하는 원리이다. 따라서 그 안에는 어떤 관계의 윤리가 포함되어 있을 수밖에 없다. 인간과 인간의 관계를 규정하는 원리이기에 이미 그 안에 윤리를 내포한다는 것은 당연하다. 우리 중심의 관계에는 이미 삶을 규정하는 윤리들이 내포되어 있었다.

그런데 우리를 구성하는 가장 기본적인 원리는 혈연이다. 혈연이라는 동질성에 기초한 가장 기본적인 우리가 가족이다. 따라서 우리 안에서 적용되는 가장 기본적인 윤리도 가족의 윤리이다. 더욱이 전통사회에서 가족은 혈연이라는 동질성을 매개로 친족사회, 동족사회로 널리 확산되어 있었다. 그리고 이러한 가족의 확산은 가족의 윤리가 사회 전반의 윤리로 쉽게 전용되는 계기가 되었다. '우리'가 사회 전체적인 현상으로 확인되고 가족이라는 가장 근본적인 '우리'와 '울타리'의 확산이 그 안에서 적용되는 관계의 원리와 윤리가 사회 전체의 인간관계의 윤리로 전용되는 기제가 되었다.

앞서 가족의 특징을 고찰하는 장에서 보았듯이 한국가족의 윤리란 일차적으로 남녀유별의 윤리이다. 다음으로 장유유서의 윤리이다. 그리고 개인에 대한 가족 집단의 우선성이다. 그리고 이러한 윤리들과 관계의 작동원리들은 지금도 우리 사회의 모든 인간관계에서 적용되고 있다.

4. 공동체 중심

앞에서 우리는 울타리를 인간존재 형성의 기본적인 공간이며, 폭넓고 광활한 세계 안에서 인간을 보호하고 안정을 부여하는 장소로 확인하였다. 그리고 그 보호와 안정을 통해서 인간의 삶은 보다 넓은 범위로 확장되고 존재의 성장을 이룩할 수 있다고 파악하였다. 안정의 장소인 울타리는 그러한 안정에 기초해서 인간의 내면적 성숙과 외면적인 관계의 확대를 꾀할 수 있는 기반과 바탕이 된다. 울타리가 주는 안정적 기반과 친밀함의 확고한 정서적 유대를 바탕으로 해서 개인은 자신의 인격을 건축한다. 결국, 울타리 안에서 한 사람은 비로소 사람으로 형성된다. 울타리 안에서 기본적인 사람됨이 이루어진다. 따라서 울타리가 주는 안정과 기본적인 인간관계의 토대 없이는, 어떤 사람의 성숙은 성취되기 힘들다. 이와 같이 울타리는 인간의 삶에 있어서 영원한 토대이며 정서적 뿌리일 뿐만 아니라 존재의 성장을 위한 요람이 된다.

울타리는 또한 삶의 공동체적인 자리이다. 공동체의 공간으로서의 울타리는 한 인간을 다른 인간들에게로 연결시키는 관계 지움의 자리이기도 하다. 울타리 안에 있는 모든 것들은 거기에 속한 인간과의 빈번하고도 깊은 관계 속에서 의미 있는 것이 된다. 즉 그것은 '길들여짐'의 과정을 통하여 의미 있게 되는 것이다. 길들여짐의 통로를 통해서 친숙함의 범주 안에 들어온 것들이 울타리 안을 구성한다. 따라서 길들여짐에 필요한, 즉 관계를 위한 시간과 접촉들이 필수적으로 요청된다. 그러므로 나와 분리될 수 없는 하나로 인식되는 우리는 이러한 삶의 관계맺음과 관계 안에서 누리는 존재의 안정과 성숙을 위한 가장 기본적인 의미의 울타리라고 할 수 있다.

울타리와 우리는 안정의 장소이면서 동시에 규범을 습득하는 장소이다. 우리 안에서 인간은 밀접한 관계를 통하여 안정을 누리지만 관계 안에서 규제 받고 규범을 내면화하기도 한다. 우리는 사회적인 삶의 출발점이다. 개인은 그 안에서 안정을 누리면서 사회적인 관계의 기본 규칙들과 삶의 질서를 습득한다. 가족 안에 새롭게 태어나는 구성원들은 이미 일정하게 규정되고 전승되어온 우리의 규범 속으로 자연스럽게 인도된다. 울타리 안의 보호와 안정 속에서 개인들은 자연스럽게 공동체의 질서 안으로 인도되어지는 것이다. 인간관계의 확장은 따라서 관계에 내재되어 있는 질서와 규범이 함께 습득되는 자연스러운 동시적인 과정이다. 안정은 이러한 질서와 규범 속에서 주어지는 안정이다.

'우리'는 이와 같이 안정과 동시에 규범을 의미하는 개념이다. 그 안에서 안정을 누릴 뿐만 아니라 관계의 망 속에서 사회적인 규범에 적응하고 자연스럽게 규범을 습득하는 장소이다. 그리고 규범은 우리의 사회문화적인 특수성을 반영한다. 그러므로 울타리와 우리의 파괴는 안정의 파괴임과 동시에 규범의 파괴이다. 예의 사회로 인식되었던 전통사회의 모습과 오늘날 우리 사회의 비윤리성과 공중도덕의 문란 사이에 존재하는 커다란 차이는 우리의 축소, 붕괴와 함께 우리가 수행하던 규범으로서의 측면이 위축되고 사라져버린 결과라고도 볼 수 있을 것이다.

울타리와 그 안에 포함된 집이 공간 안에서 인간의 삶의 중심이었듯이 '우리'는 인간과 인간의 무수한 관계들로 이루어지는 사회 안에서 인간 활동의 중심이다. 다른 모든 인간과의 관계 이전에 한국에서 인간은 가족이라는 기본적인 우리 안으로 태어난다. 우리 엄마와 아버지가 있는 집, 우리 형, 누나, 동생, 할아버지와 할머니, 삼촌과 고모가 있는 우리 집 안으로 태어난다. 이러한 가족이라는 우리 안에서 삶이 시작된다. 그리고 가족들과의 관계를 통해서 하나의 사람으로 되어 간다.

가족이라는 우리의 든든한 관계가 맺어지고 나면 친족과 이웃이라는 보다 넓은 우리로 관계가 확대된다. 이 과정에서 우리는 사회적인 삶, 인간과 인간의 관계의 토대이며 중심임이 확인된다. 우리는 또한 다른 관계들을 위한 규범이 된다. 중심으로서의 우리는 준거, 토대로 작용한다. 사회 안에서 이루어지는 다양하고도 무수한 관계에서 '우리'라는 집단은 바람직한 관계의 틀을 제공한다. 우리에 비추어서 바람직하지 않은 관계는 배제되고, 긍정적인 관계는 촉진된다.

중심이 있음으로 해서 자연 주변이 형성된다. 이 주변은 또한 중심으로부터의 거리에 비추어서 위계성이 설정된다. 울타리의 공간구조가 동심원적인 확산구조를 갖듯이 우리 또한 동심원적인 관계의 확산구조를 갖는다.

가족   친족   이웃   마을   세계

'가족' 중심의 동심원적인 관계의 확산구조

이러한 동심원적인 관계의 확산구조에서 가장 중심부는 가족이 차지한다. 가족은 가장 기본적이고 본질적인 우리이다. 다음이 친족이다. 혈연이 우리를 형성하는 가장 기본적인 요소로서 강조된다. 이러한 가족 중심의 '우리'로 인해서 우리와 울타리는 보다 분명하게 연결된다. 가족의 공간이 '집'이고, '집'을 두르고 있는 것이 '울타리'이기 때문이다. 가족 중심의 울타리는 집에서 가족 안에서 적용되는 삶의 양식들이 우리라는 사회적인 관계의 양식 속에 쉽게 전용될 수 있는 계기를 제공한다. 우리라는 사회적 관계의 망이 혈통을 매개로 형성되기 때문에 가족 안에서 통용되는 관계의 원리가 곧바로 우리 안에서도 적용되는 것이다.

그러면서도 지역공동체의 중요성이 배제되지 않았다. 앞에서 살펴본 낮은 울타리와 골목을 공유하는 이웃의 의미가 여기에 있다. 울타리는 부분적으로 열려 있다. 울타리는 외부세계에 대해서 경계 짓고 구별하지만 언제나 부분적으로 열려 있다. 전통가옥의 울타리는 어른의 키 높이보다 낮은 것이 보통이었다. 또한 풀과 나무로 엮어 놓은 울타리는 안과 밖을 완전하게 차단할 수 없었다. 따라서 울타리는 영역과 공간을 비교적 분명하게 구분하기는 하지만 완전하게 갈라놓지는 못했다. 언제나 바깥에 대해서 조금씩 안을 열어 놓았다.

이러한 완전한 경계와 부분적인 개방성의 공존이 한국의 울타리의 독특하고도 중요한 특징이다. 개방성을 가지고 외부와의 관계를 언제나 열어두고 새로운 관계를 모색할 수 있는 가능성이 열려 있다. 그렇지만 관계 맺음은 대체로 일시적인 것으로 머물거나 부분적인 것에 그치고 본질적인 내부공간은 개방되지 않는다. 관계를 완전하게 차단하지는 않지만 경계는 언제나 존재하는 것이다.

우리의 확대 과정에서도 가족이라는 우리 안으로의 편입 이후에 곧바로 등장하는 것이 친족과 이웃이다. 그러한 순서는 이웃이 매우 중요한 '우리'에 속하며 관계의 범위 안에 있음을 확인해 준다. 이러한 이웃의 중요성과 지역적 공유에 기초한 공동체 문화는 두레, 향약, 품앗이 등의 농촌사회의 공동체 문화로 표출되었다.

우리를 중심으로 하는 동심원적인 인간관계의 구조는 사회화, 인간관계의 확대의 걸음걸이와 관련하여 단계를 설정한다. 안정적인 기반을 조성하는 반면에 관계의 무차별적인 확산을 차단함으로써 제한한다. 울타리 안의 관계가 안정된 후에야 새로운 범위로 관계의 확산을 모색할 수 있게 하는 단계를 설정한다. 따라서 울타리를 매개로 하는 인간관계는 점진적이기보다는 단계적이며, 동심원적 구조를 띤 확대 과정이다. 중심을 설정하고 그 중심이 주는 안정에 기초한 관계의 확산으로 확인되는 삶의 방식이다. 가족이라는 삶의 가장 기본적이고 중심이 되는 울타리와 관계망이 중심이 되고, 그 바깥에 친족, 이웃, 마을 등으로 확산되는 관계의 구조를 만들어 낸다. 그리고 이들 관계의 망은 서로 분명한 질적 차이를 갖고 있다. 중심으로부터의 거리에 따라서 관계의 강도와 집단의 결속력이 약해지는 계층적 구조를 갖는다.

가족 〉 친족 〉 이웃 〉 마을 〉 지방 〉 겨레

강 ─────────────────────── 약

중심으로부터의 거리와 관계의 강도, 집단의 결속력

그러므로 '우리'를 기본단위로 하는 사고방식과 삶의 태도는 철저하게 중심과 안정에 천착하는 사고방식이며 삶의 태도이다. 그러한 중심과 안정에 기초해서 점차적으로 관계와 존재를 확장해 간다.

제7장 울타리와 한국인, 그리고 사람됨

　여기에서는 앞서의 논의들을 바탕으로 울타리의 공간구조와 의식구조의 특징을 정리하고 그에 기초해서 교육인간학적인 의미를 고찰하고자 한다. 아울러서 울타리의 변화와 울타리에 의해 매개되던 공간 생활의 변화가 오늘날 인간이해와 교육에 어떤 영향을 미치는가에 대해서도 함께 생각해 보려고 한다.

　논의를 위해서 울타리의 특징을 첫째, 울타리를 통해서 내부로 경계 지워진 '울타리 안'의 특징과, 둘째, 울타리 자체의 특징이라고 할 수 있는 개방성과 폐쇄성의 문제를 몇 가지 중심 개념을 통해서 살펴보고자 한다. 울타리 안과 관련해서 중심, 거주의 두 개념을, 그리고 안과 밖의 두 세계를 매개하는 중간 세계로서의 마당과 골목과 중간 세계의 매개적 기능을 관계 개념을 중심으로 살펴본다. 울타리 밖의 세계에 대한 이해와 관련해서는 이웃, 자연의 두 개념을 중요한 논의의 매개개념으로 설정하였다.

1. 삶과 사람됨 중심

　울타리 안은 인간의 공간행동과 인간관계의 중심이며 사유와 삶의 중심이다. 세계에서의 인간의 삶은 공간을 기반으로 하고 있다. 그런데 세계라는 막연하고도 끝없는 공간 전체가 한 인간의 삶의 기반으로서 의미를 갖기는 힘들다. 유한한 인간에 비추어 세계라는 전체 공간은 너무나도 넓고 막연하다. 인간은 어떤 특정한 공간, 세계 안에서 자신의 위치를 정할 수 있는 특정한 장소를 필요로 한다. 마치 등대가 켜진 항구처럼, 넓은 세계로의 항해 끝에 되돌아올 수 있는 어떤 고정된 점을 필요로 한다. 광활한 세계 안에 내던져진 인간은 "그 안에서 그가 공간 안에 뿌리내리고 거기에 토대해서 그의 모든 공간과의 관계를 만들어 가는 어떤 중심을 필요로 한다."[200]

"중심은, 거기에서 그가 세계 안에 '거주하는', '집에 있는' 그리고 언제나 다시 그곳으로 '귀향'할 수 있는 곳이다."[201] 만약 인간이 이러한 중심을 갖지 않는다면 그의 삶은 끊임없는 유랑과 방황의 연속이 되고 말 것이다. "그의 모든 일들이 연관되어 있고, 거기에서부터 그가 나아가고, 또 거기로 되돌아오는 어떤 확고한 관계의 점(Bezugspunkt)을 갖지 않는다면 그는 근거를 상실"[202]해 버리게 된다. 유랑 안에서는 어떤 안정도 안정에 기초해서 풍부한 삶을 꽃피우는 것도 불가능하다.

세계 안에서의 인간의 공간적인 근거이자 관계의 확고한 중심점이 되는 것이 집이다. 이러한 중심으로서의 집의 의미는 크게 두 가지 측면에서 고찰할 수 있다. 첫째, 일상의 중심, 세계 안에서 나아감과 들어감의 반복 작용, 세계에 대한 인간의 관계의 중심으로서의 집이다. 둘째, 천·지·인의 관계의 중심, 우주와 세계의 중심으로서의 집이다. 이러한 두 가지는 서로 관계되어 있으면서 중심으로서의 집이 갖는 서로 다른 측면이다.

첫째, 일상의 중심, 인간의 세계와의 관계의 중심으로서의 집에 대해서 살펴보자. 우선 집은 일상생활의 중심 공간이다. 그의 삶의 일상적인 일들이 집 안에서, 그리고 집을 근거로 해서 이루어진다. 우선 집은 거주의 공간이었다. 휴식과 수면, 취사, 2세의 생산, 자녀의 양육과 교육 등의 일상생활이 모두 집 안에서 이루어졌다.

아울러서 전통사회의 집은 직업생활의 공간이기도 했다. 농사를 가업으로 하는 집에서는 집과 마당이 농사를 위한 준비와 수확물의 갈무리와 저장을

---

200) O. F. Bollnow, *Mensch und Raum*, p.123.
201) Ibid., p.124.
202) Ibid., p.123.

위한 공간으로 활용되었다. 기타의 직업들에 있어서도 집은 곧 가업을 위한 작업장이 되었다. 이러한 집에서의 직업 활동을 통해서 가업의 전승이라는 직업교육이 함께 이루어졌다. 집은 거주와 직업의 세계라는 인간 삶의 두 가지 큰 영역을 함께 어우르는 일상의 중심이며, 일상의 공간 그 자체였다.

또한 집은 인간의 세계에 대한 관계의 중심점으로 작용했다. 우리는 앞에서 인간의 삶이 안과 밖의 이중적인 세계로 이루어져 있음을 살펴보았다. 인간의 삶은 이러한 이중적인 세계를 오고 가면서 영위된다. 그런데 이러한 안과 밖, 친밀함과 낯설음의 이중 공간은 안(친밀한 공간)을 중심으로 그 주변에 밖(낯선 공간)이 둘러싸고 있는 구조를 이루고 있다. 따라서 이러한 두 세계의 왕복으로 이루어지는 삶은 들어옴과 나감의 구조로 다르게 표현할 수 있다. 다시 말해서 인간의 삶은 안, 친밀함의 공간을 중심으로 하는 나아감과 들어옴의 구조를 갖는다.

인간의 삶의 나아감과 들어옴의 기본적인 구조에 있어서 집은 그 중심점으로 작용한다. 모든 인간의 삶은 집을 중심으로 하는 나아감과 들어옴의 작용으로 이루어진다. 성장과 더불어서 이러한 왕복작용은 중심으로서의 집을 축으로 해서 보다 넓은 범위로 확산되어 간다.

집은 인간의 삶의 중심이며 요람이다. 집은 인간의 삶을 한 곳에 뿌리내리게 하고 그곳으로부터 세계와 우주를 향해서 열어주는 매개이다. 우리는 집 안에서 안정하고 휴식하며 보다 크고 넓은 삶의 장소에로의 도약을 꿈꾼다. 집이 주는 편안함과 안정, 한 장소에 대한 뿌리내림과 거주를 바탕으로 집은 인간의 전 생애에 걸쳐 그의 삶의 확고한 중심으로 작용한다.

우리 몸의 눈을 통해서 바깥 세계를 보듯이 우리는 집의 창을 통해서 세계를 내다본다. 작고도 두려움과 호기심에 찬 우리를 그 안에 충분히 가려줄 수 있는 은밀한 창을 통해서 세계를 내다본다. 창을 통해서 우리의 꿈은 세계로 달음질하며, 꿈이 영글고 도전에 대한 용기가 충만할 때 우리는 문을 열고 울타리 밖의 세계로 나아가는 것이다.

삶은 이러한 중심을 기반으로 해서 이루어진다. 중심에 자신의 삶을 뿌리내리고 나면 그 밖의 비교적 친밀한 영역에서 자신의 삶을 확장하고 다른 사람들과 관계한다. 그 관계가 안정되고 삶의 확장에 대한 자신감이 생기면 보다 넓은 세계로 나가게 된다. 따라서 삶은 중심을 둘러싼 동심원적인 확산의 과정으로도 이야기할 수 있다. 그리고 이러한 확고한 중심의 설정과 중심을 둘러싼 동심원적인 확산구조는 중심으로부터의 거리에 따른 위계와 관계의 단계를 만들어 낸다. 그 안에서 삶과 교육의 걸음걸이의 점진성과 단계가 만들어진다.

중심에 위치한 집에서의 삶과 교육이 비교적 확고하게 자리 잡힌 후에 골목에서의 삶과 교육이 이루어진다. 가정 안에서의 바람직한 사람됨으로의 일정한 길인도 이후에 골목과 보다 넓은 영역으로의 진입이 허용된다. 골목에서의 또래와 이웃 안으로의 길인도 후에 비로소 마을이라는 보다 더 넓은 지역공동체에 편입된다. 이렇게 관계의 확산, 사회화의 걸음걸이가 성장의 걸음걸이와 더불어 점진적이고 단계적으로 구조화되어 있는 것이 울타리가 매개하는 세계이다.

그런데 이러한 중심으로서의 집의 의미는 시대의 변화에 따라 다른 양상을 띤다. 원시인들의 삶에 있어서 그들의 집과 거주지는 종교적인 의미의 신성한 공간임과 더불어서 객관적으로도 세계의 중심이었다. 비교적 한정된 그들의 삶에 있어서 세계란 오직 그들의 생활공간과 그것을 둘러싼 범위에 불과했다. 따라서 집은 그들의 삶의 절대적이고 객관적인 중심일 수 있었다. 객관적 중심으로서 자신의 집을 파악함으로서 집이 갖는 신성함을 더욱 고양시킨 것이다.[203]

그렇지만 이러한 파악은 새로운 대륙의 발견과 지구의 모양에 대한 과학적인 이론들과 관측들이 등장함에 따라서 더 이상 유지될 수 없게 되었다. 더 이상 집은 삶의 유일한 중심이 아니며 세계와 우주의 중심이라고 보기는 더욱 어렵게 되었다. 거주와 직업이 분리되고 가족들의 일상이 서로 나누어진 세계에서, 대중매체를 통해 쏟아지는 다양한 집에 대한 정보와 자신의 집

---

203) M. Eliade, op. cit, 38쪽 이하.

과의 비교를 통해서 집은 더 이상 삶의 확고한 중심으로 작용할 수 없게 되었다. 이와 같은 신화적 세계관의 탈피는 확고부동한 중심의 상실로 귀결된다. 물론 오늘날의 사람들도 집을 세계의 중심으로 생각하기는 하지만 더 이상 신화적인 파악에서처럼 절대적이고도 신성한 의미를 갖지는 않는다.

신화적 인간에게 있어서 세계의 중심은 확고한 공간의 중심과의 관계를 통해서 객관적으로 뿌리내리고 있었다. 따라서 그에게 있어서 거주는 전혀 문제가 되지 않았다. 그렇지만 오늘날 이러한 절대적인 중심은 상실되었다. 중심의 상실은 "고향상실의 위기를 초래했다. 인간은 지구 위에서 고향을 잃은 존재가 되었다. 왜냐하면 그는 어떤 특별하게 얽매어 있는 장소도 갖지 않기 때문이다. 이제 중심을 상실한 인간은 위협적으로 그에게 엄습해오는 세계 안에서 영원한 유랑인이다. 정말로 이것이 현대인이 직면한 위기이다. ……반면에 현대인의 과제 또한 여기에서 드러난다. 만약 인간이 공간 안에서 다시금 그와 같은 중심을 찾는 것이 중요한 일이라면, 또한 이미 살펴본 것처럼, 그의 현존 안에서의 존재의 완성이 그와 같은 중심에 달려 있다면, 그렇다면 그는 이러한 중심을 어떤 미리 주어진 것으로서 받아들일 것이 아니라, 우선 그러한 중심을 창조하여야 하고, 더 나아가 거기에 뿌리박고 모든 외부로부터의 침해에 대항해서 방어해야만 한다."[204] 따라서 중심을 창조하는 것은 인간의 절대적인 과제이다.

울타리가 인간 삶의 중심이라고 볼 때 공간과의 관계능력과 공간 안에 중심을 만들고 그 중심에 자신의 삶과 존재를 뿌리내리는 것이 인간 본성의 중요한 부분임을 알 수 있다. 이처럼 특정한 공간과의 관계맺음과 그 공간이 부여하는 중심에 바탕을 두고 스스로의 존재를 세계 안에 정착시키는 것이 인간의 본질적인 특성이라면, 공간과의 관계능력을 키워주는 것이 교육의 중요한 과제라고 할 수 있다. 공간 안에 던져진 존재로부터 자기의 공간을 갖는 것, 특정한 공간을 정하고 거기에 뿌리내리고 거주하는 것을 배우는 것이 중요한 과제가 되는 것이다.

---

204) O. F. Bollnow, op. cit., p.125.

이렇게 볼 때 울타리는 다시금 의미 있는 실마리가 된다. 울타리는 한국인의 공간에 대한 관계의 기본적인 양식이다. 울타리 안에서 한국인들은 공간과의 관계의 특수한 양식, 타 문화권과는 다른 우리만의 공통적인 양식을 갖고 있었다. 울타리 안에 태어남을 통해서, 그러한 공간과의 양식 안으로 태어나고 성장하고 모방함을 통해서 자신의 공간을 만들어 가는 과정은 돌발적이거나 선택의 혼란과 힘겨움이 없는 자연스럽고 부드러운 과정이었다. 공간과의 관계가 전승된 양식 안에서 별 문제될 것 없이 습득되고 전승되었다.

그러나 오늘날 전승된 공통의 양식, 삶의 전반을 포괄적이고 일반적으로 지배하는 양식은 더 이상 유효하지 않다. 어떤 형태의 양식도 공간과의 관계에서 주도적이고 당연한 것으로 받아들여지지 않는다. 다만 공간과 주거에 대한 다양한 선호들과 유행들이 있고, 선호에 따른 유행의 소비와 소비로부터의 소외가 있다. 또 소비는 선전과 연결된다. 대중매체를 통해서 선전되는 주택과 공간의 이상이 이 시대의 공간과의 관계를 결정한다. "생활여건 전체가 자본주의적으로 활용된다."[205]는 하버마스(J. Habermas)의 표현은 이러한 세태를 매우 적절하고도 명확하게 지적하고 있다.

오늘날 공간과의 관계와 거주는 더 이상 전승되어온 의미의 공간과의 관계 안으로의 자연스러운 편입 과정이 아니다. 고유한 주거의 양식이 실종된 현실에서 사람들은 주거의 선전과 유행하는 주거의 소비에 몰두함으로써 쉽게 공간과의 관계의 문제를 해결하려 한다. 주체적인 공간과의 관계, 공간과의 관계 안에서 자신의 독자적인 세계의 창조와 성장은 찾아보기 힘들게 되었다. 공간의 소비로부터 깨어날 때, 우리는 다시금 공간 안에 던져진 존재라는 것을 확인하게 된다. 세계 안에서 자기의 존재를 정착시키고 거주할 공간을 창조하는 일은 이제 중요하고도 절실한 과제로 확인된다.

그렇다면 이러한 공간의 정돈, 공간의 창조 능력과 관련해서 교육의 과제는 무엇으로 확인되는가? 첫째는 맹목적이고 무비판적인 공간의 소비와 유

---

205) J. Habermas, *Die Neue Unübersichtlichkeit*, 이진우, 박미애 역, 『새로운 불투명성』, 서울: 문예출판사, 1995, 21쪽.

행으로부터 공간의 의미와 공간과의 관계의 의미를 일깨우는 작업이다. 둘째는, 이러한 첫 번째 노력에 기초해서 전승된 공간의 의미와 공간의 비교능력과 판단능력을 키워주는 일이다. 셋째는, 궁극적으로 자신이 자리한 공간 안에서 그 공간과 의미 있게 관계할 수 있는 능력을 키워주는 것이다. 관계능력의 함양은 공간을 창조하는 능력과 더불어서 공간을 정돈하는 능력의 양성을 함께 의미한다. 삶의 토대를 마련하고 안정된 삶의 중심에 근거해서 삶과 존재를 건설하는 능력을 키워주는 교육이다.

아울러서 공통의 공간, 공존하는 공간에 대한 이해를 갖게 하는 것과 공간 안에서 공존하는 능력을 키워주는 것이 매우 중요한 과제임이 밝혀진다. 공간 안에서의 공존능력을 길러주는 것은, 일차적으로는 다른 인간존재들과의 평화로운 공존능력의 문제이다. 다음으로는 인간뿐만이 아니라 모든 존재들이 공존하는 공간으로서의 '지구'에 대한 이해와 지구 안에서의 공존능력, 평화능력을 길러주는 것이 과제로 확인된다. 울타리의 자연 친화성이 그러한 공존능력의 배양을 위한 밑거름이 될 수 있을 것이다.

2. 존재의 정착과 안정, 거주

울타리 안의 공간은 무엇보다도 거주하는 집이며, 가족의 공간이다. 일반적으로 거주란 인간이 집에서 살아가는 양식을 말한다. 사전에서는 거주를 "일정한 곳에 자리를 잡고 머물러 삶. 또, 그곳"[206]이라고 정의하고 있다. 이러한 정의로부터 우리는 거주의 두 가지 측면 혹은 거주를 구성하는 두 요소를 발견할 수 있다. 일정한 장소와 자리를 잡고 머물러 삶, 곧 지속적인 점유가 그것이다.

---

206) 『동아 새국어 사전』, 서울: 두산동아출판사, 1998, 110쪽.

먼저 일정한 곳, 특정한 장소에 대하여 고찰하여 보자. 앞에서 이야기한 바와 같이 인간이 집에서 살아가는 양식을 거주라고 한다면, 거기에 특정한 장소가 필요하다는 것은 집의 특징상 당연한 귀결이다. 대개의 경우 집은 일정한 장소를 필요로 하기 때문이다. 지속적으로 옮겨 다니는 집이란 일반적인 의미에서의 집은 아니다. 설령 옮겨 다니는 집이 있다고 하더라도 옮겨 다니는 데에 드는 노력과 비용 때문에 또한 그와 같은 집은 임시적이고 보호와 안정을 제공하지 못한다는 취약성에 비추어 볼 때 적합한 집이라고는 할 수 없다.

그러므로 우리가 집이라고 할 때에는 이미 어떤 특정한 장소에 세워진 고정된 집을 말한다. 우리가 앞에서 살펴본 바와 같이 집을 둘러싼 울타리의 방어와 보호의 기능도 이러한 특정한 장소에 뿌리박은 바탕 위에서 제공되는 것이며, 특별히 안정과 관련해서는 더욱 그러하다. 이것은 어떤 특정한 장소로서 집을 가정함으로써만 가능하다. 이러한 맥락에서 볼르노는 "거기에서 안락하게 거주하려면, 이 장소는 하나의 확고한 범위이어야만 한다. 우리는 거기에서 하나의 확고한 영역을 확보해야만 한다. 거주는 하나의 특정한 거주공간을 요청한다."[207]고 하였다. 이런 저런 다양한 장소와의 동시적이고도 깊은 관계란 성립할 수 없다. 또 끊임없는 유랑 속에서는 지속적인 관계로부터 비롯되는 안정을 얻기 힘들다. 더욱이 정착 농경을 주로 했던 우리 전통사회에서 집이란 필연적으로 농토 가까운 곳에 위치한 고정된 장소에 위치할 수밖에 없었다. 이렇게 특정한 장소에 거주함으로써 우리는 우리의 몸과 함께 정신과 감성을 거기에 뿌리내리게 된다. 우리는 거주하는 그 특정한 장소에 집에 몸과 정신을 다 측면적이고 복합적으로 연관시키며 삶을 거기에 정착시키게 된다.

두 번째 측면으로서, 머물러서 산다는 것이다. 여기에서 머무른다는 것은 지속성을 뜻한다. 지속적으로 어떤 장소에서 삶으로써 우리는 다 측면적으로 그 장소와 관계하게 되고 다양하고도 반복적인 삶의 경험들을 그 장소와의

---

207) O. F. Bollnow, op. cit., p.128.

연관 안에 쌓아가게 된다. 그러한 지속적인 삶과 관계의 축적을 통해서 우리 스스로를 그 장소와 집에 동화시킨다. 우리는 거기에 작용을 가함과 동시에 영향을 받음으로써 우리 자신의 감각과 인식과 사고를 일치시킨다. 그리하여 마침내 내면적으로 그 장소와 연결되는 것이다.

이러한 두 측면을 포괄하는 의미에서 볼르노는 거주를 "공간 안에 고정된 장소를 갖는 것, 이 장소에 귀속되고 거기에 머무르는 것이다."[208] 라고 하였다. 거주한다는 것은 어떤 특정한 장소에 뿌리내리는 것일 뿐만 아니라 그것을 통해서 거기에 귀속되는 것이며, 나아가 그 장소와 일치되는 것이다.

이렇게 우리가 머물러서 사는 장소는 우리에게 특별한 의미가 있다. 한 특정한 공간을 설정하고 그 공간과 계속해서 관계를 갖는다는 것은 마치 나무가 그 뿌리내린 땅에 고착되듯이 우리 자신을 거기에 뿌리내리게 되는 것이다. 그 장소에 머무르고 다양하고 지속적인 관계를 유지함으로써 숱한 추억을 만들어 내고 우리의 몸과 마음을 그 장소에 익숙하게 길들이는 것이다. 또 새로 태어나는 사람은 그 장소 안으로 태어나고, 그 장소와의 관계 안에서 자신의 삶을 공간 안에 정착시키는 것이다.

우리는 이러한 집에 거주함으로써 안정을 누린다. '집에 있음'이 주는 평안함을 누린다. 이러한 안정은 경계를 통해서 확보된 나의 공간, 내부 세계, 울타리 안에 있음에서 비롯된다. 경계 지움은 명백하게 다른 두 개의 영역, 세계를 분리해 낸다. 안과 밖, 집과 외부 세계, 친숙함의 세계와 낯설음의 세계이다. 이러한 이중적 세계 구분 안에서 우리는 안에, 집에, 친숙한 공간에 머무름으로부터 안정을 얻는다.

집이 주는 안정은 또한 나의 신체의 확장으로서의 집, 나의 마음과 영혼이 그곳에 깃들어 있는 내 삶의 토대 위에 서 있음에서 오는 안정이다. 너무나도 친숙하고 익숙해서 아무런 불편이 없는, 전혀 낯설지 않은 공간 안에 머물러 있음에서 오는 안정이다. 이것은 마치 공기 속에서 숨쉬며 살아가면서 전혀 불편함을 느끼지 않는 상태에 비유할 수 있는 편안함이다.

---

208) Ibid.

집이 주는 안정의 또 다른 측면은 나와 동질적인 집단 안에 속한 친밀감과 동질성이 주는 편안함이다. 나의 세계에, 친숙한 공간에, 내 편으로 둘러싸인 세계 안에 있음에서 비롯되는 안정이다. 나와 동질적인 집단들, 즉 가족과 함께 있음에서 느끼는 안정이다. 이것은 인간의 공동생활이 주는 안정이며 공존에서 오는 안정이다. 안정이 인간 삶의 근본적인 동력을 제공하는 것이라면, 이러한 안정의 기반으로서의 공존은 인간 생활의 근본적인 전제가 된다. 그리고 가장 친밀한 집단, 가장 동질적인 집단들과 함께 하는 장소로서의 집은 가장 대표적인 안정의 공간이라고 할 수 있다.[209]

'집에 있다'는 것은 이러한 다 측면적인 의미들을 동시에 포함하는 말이며, 그러한 다 측면적인 느낌으로서의 안정이다. 그것은 포근함과 따스함, 친밀함과 익숙함, 쾌적함과 여유로움, 자유로움이 함께 포함된 느낌으로서의 안정이다. 따라서 '집에 있다'라는 말은 단지 물리적 존재만을 의미하는 개념이 아니라 정신적인 평안함과 쾌적함과 여유를 함께 간직하고 있는 표현이다. 우리가 어떤 낯선 곳에서의 길고도 힘든 여행과 방랑으로부터, 또 오랫동안의 타향생활로부터 '집으로 돌아간다.'고 할 때, 거기에서 우리는 이미 어떤 가치중립적인 의미에서의 집이 아니라 이와 같은 안정과 연관된 모든 인간적인 정서와 가치와 기억들을 포함하고 있는 집을 의미하고 있는 것이다. 이 경우에 집은 이미 어머니의 품이고 정다운 가족들이고 고향이다.

따라서 집은 우리 삶의 토대이며 우리를 구성하는 요소이며 우리 자신의 확장이다. 우리는 이러한 집에 거주함으로써 본질적인 안정을 누린다. 그리고 이러한 안정 위에서 삶의 일상뿐만이 아니라 도전과 모험과 성취가 이루어진다. 이러한 의미에서 "거주는 다른 많은 경우에서 볼 수 있는 것과 같은 임의의 사건과는 전혀 다르며, 오히려 그의 세계와의 관계를 전적으로 결정하는 인간의 본질규정(Wesensbestimmung)이다."[210] 거주 안에서 비로소 한 사람의 존재가 정착하고 안정하고 그 안정이 주는 힘을 토대로 세계와 관계한다.

---

209) Ibid, p.129.
210) Ibid. p.126.

앞에서 살펴본 나의 확장으로서의 집이 공간과 관련된 존재의 확장이라면, 우리의 집에 있어서의 가족과 친족은 사회적 관계 안으로 확장된 존재라고 할 수 있다. 우리말에서 '집'은 하나의 건물임과 동시에 '가족'을 뜻한다. 이는 집과 가족이 분리될 수 없는 밀접한 관련을 가지고 있다는 것을 직접적으로 드러내는 것이다. 따라서 우리가 '집'이라고 할 때에는 그 안에 가족이 함께 거주하고 있다는 것을 포함하고 있다. 반면에 가족은 같은 집에 함께 거주하는 사람들이라는 의미로 파악된다. 이러한 우리말 '집'과 '가족'의 일체성은 우리가 부모로부터 독립해서 새로운 가족을 형성하는 것을 '분가한다'고 말하는 데서도 분명하게 드러난다.

이러한 집과 가족의 일체성은 앞서 우리가 고찰한 주거와 안정을 이해하는 데 있어서 새로운 차원을 열어 준다. 집이 곧 가족과 같은 의미를 가질 때, 집이라는 말 안에 이미 가족을 포함하고 있을 때, 거주한다는 것은 곧 공동적인 삶으로서의 거주를 의미하게 된다. 또한 집이 부여하는 안정이라는 것은 단순히 담과 벽으로 둘러싸여 있음에서 비롯되는 것이 아니라 가족과 함께 있음에서 주어지는 것이다. 따라서 우리는 거주와 안정의 개념을, 또한 집이라는 개념 자체를 개별적인 한 사람과 관련해서는 전혀 그 완전한 의미로 파악해 낼 수 없다. 이러한 의미에서 볼르노는 다음과 같이 말한다.

> 거주는 오직 공동성 안에서만 가능하며, 진정한 의미의 집은 가족을 필요로 한다. 인간의 안정의 성취와 관련해서, 집과 가족은 분리할 수 없는 하나이다.[211] 집은 필연적으로 한 가족의 공동적인 거주지이며, 가족의 공동생활은 거주의 거주다움(Wohnlichkeit)을 깊은 의미에서 결정하고자 할 때 결정적인 요소이다.[212]

이러한 맥락에서 집은 가족으로서의 일체감을 제공하며, '가족'이라는 사회 단위의 정체성 실현을 위한 수단이 된다.[213]

---

211) Ibid. p.153-4.
212) Ibid. p.256.

172

집과 가족의 불가분리성과 거주의 공동성 안에서 공간의 개념은 하나의 새로운 차원으로 전개된다. 일반적인 인간의 삶에 있어서 공간 점유를 위한 노력은 상호간의 경쟁과 충돌을 유발하게 된다. 그렇지만 공동적인 삶에 있어서는 이와는 전혀 다른 관계가 성립된다. 공동적인 거주는 사랑이 동반된 거주이다. 곧 자기의 공간을 포기함으로써 자신의 공간을 무한하게 확장한다는 것이다.[214] 다시 말해서 자기의 공간의 엄격한 소유를 포기하고 타인에게 자기 공간을 개방한다. 서로 자기 자신의 공간을 개방함으로써 결과적으로는 모든 사람이 공동으로 공간을 소유하게 되고, 보다 넓은 공간을 확보하게 되는 것이다. 이와 같이 자신의 공간을 포기하고 공유함으로써 공간을 둘러싼 투쟁을 초월하여 자신의 공간을 확장하는 것은 인간의 공동적인 삶의 근본적인 전제이며, 아울러서 공간에 대한 이해를 한 차원 높은 지평으로 끌어올리는 것이다.[215]

그러므로 "집이 지어진다는 것은 단순히 건물이 형성되는 것이 아니라 그 집을 사용하는 사람들의 집단이 생활공동체로서 독립적인 가족사회를 형성한다는 것을 의미하게 된다. 말하자면 새로운 주택과 함께 새로운 가족이 탄생하게 되는 것이다."[216] 아울러서 가족을 넘어서서 새로운 가문의 시작을 의미하기도 하였다.[217] 이처럼 집은 건물과 그 건물을 매개로 이루어지는 가족과 가문 등의 인간관계까지를 포함한다. 결국, 집이란 공동적인 삶에 의해서 창조되는 것이며, 반면에 우리는 집안에서 공동적인 삶을 배운다. 이러한 상호성 안에서 한 가정, 가문의 가풍이 형성되어서 이어져 가게 된다. 또한 한 세대의 삶과 한 민족의 삶의 고유한 유형이 형성되고 간직되며 전달된다.

---

213) M. Low Setha & Erve Chambers Ed., *Housing, Culture, and Design. A Comparative Perspective.* University of Pennsylvania Press, 1989, 주거문화연구회 역, 『주거 · 문화 · 디자인』, 서울: 신광출판사, 1994, 221쪽.
214) O. F. Bollnow, op. cit., p.262.
215) Ibid.
216) 강영환, 『집의 사회사』, 34쪽.
217) 위의 책, 37쪽.

앞서 집 안에 거주함을 통해서 하나의 존재가 세계 안에 정착하고 세계와 관계를 통해서 성숙한다고 이해한 것에 더하여 이러한 공동적인 삶으로서의 집의 의미를 통해서 집과 존재의 관계의 새로운 차원이 해명된다. 집이 인간의 본질을 반영한다고 할 때, 공동의 삶으로서의 거주로부터 인간의 본질은 다음과 같이 이해된다. 즉, 집은 다만 인간을 홀로 있는 존재로 세계와 매개하는 것이 아니라 공동의 삶 안에서 안정하고 그 공동의 삶이 주는 안정을 바탕으로 세계와 관계하는 존재로 이해하게 한다. 거주의 공동성과 오직 공동의 삶 안에서만 진정한 의미의 안정이 이루어질 수 있다는 점에서 인간의 내적인 질서가 이미 그러한 공동의 삶을 필요로 하는 존재로 구성되어 있음을 확인하는 것이다.

또한 집은 종종 인간의 몸과 영혼이 깃들어 있는 곳으로 묘사된다. 집은 인간의 몸의 확대이며 영혼이 머무르는 장소이다. 인간은 자신의 몸의 필요에 따라서 그리고 몸의 확산으로서 집을 짓는다. 집에 대한 여러 묘사들 중에서 두드러지게 드러나는 것은 몸의 여러 부분들과 집의 각 부분들을 같은 상징으로 표현하는 것이다. 예를 들어서 바슐라르는 다음과 같이 쓰고 있다. "창문에 있는 램프는 집의 눈이다. ……램프가 창문에서 기다리고 있다. 그렇게 기다리고 있는 램프 때문에 또 집 전체가 기다리고 있다. 램프는 커다란 기다림의 표지인 것이다."[218] 다른 한편으로, 프리차드는 '신체-집-우주'가 등가적인 이미지를 갖는다고 함으로써 신체와 집의 동일시를 이야기하고 있다.[219] 몸의 필요에 의해서 집을 짓지만, 집은 또 몸을 그에 맞게 길들인다. 따라서 우리의 몸은 집의 모습과 분위기와 촉감에 낯익게 되고, 반면에 집은 몸 안에 체화된다. 몸과 집은 분리될 수 없는 하나이다.

집은 우리들 영혼이 머무르는 장소이다. 우리가 전에 살았던 집, 혹은 살

---

218) Gaston Bachelard, *La Poétique de Léspace.* 곽광수 역, 『공간의 시학』, 서울: 민음사, 1990, 153쪽.

219) M. Eliade, *The Sacred and the Profane, The Nature of Religion.* 이동하 역, 『聖과 俗－종교의 본질』, 서울: 학민사, 19932, 153쪽.

고 있는 집은 우리의 영혼 안에 존재한다. 그것은 단순한 건물이 아니라 내 영혼의 일부이다. 그 집의 추억과 기억들은 내 영혼 속에 뿌리내리고 있어서 내 영혼을 구성하는 요소가 된다. 어릴 때 머물렀던 집, 자신의 몸과 영혼이 더불어 그 안에서 자라난 집은 그의 몸과 영혼 안에 남아 있다.

> 어린 내가 제멋대로 생각했던 대로의 그 집을 지금 내 회억(回憶) 속에서 되찾아 보면, 그것은 건물이 아니다. 그것은 내 내부에 전혀 용해되어 여기저기 나뉘어 흩어져 있다.[220]

이런 맥락에서 바슐라르는 어린이의 집에 대한 그림에서 어린이의 영혼의 상태를 읽을 수 있다고 했다.[221] 마찬가지로 우리가 '집'을 말할 때, 혹은 '어떤 집'에 대해서 꿈꾸거나 이야기할 때, 어떤 집을 설계할 때, 거기에는 이미 나의 영혼이, 지금까지의 삶을 통해서 내 영혼 안에 깊이 자리 잡은 집이 포함되어 있는 것이다.

따라서 집은 어떤 객관적인 대상이나 건물, 공간이 아니다. 주관적인 우리의 집이 아닌 객관적으로 말해지고 취급되는 집은 우리의 영혼, 삶, 몸과 관련해서는 이미 죽은 집이다. 우리의 삶이 거기에 간직되어 있고 산다고 하는 모든 의미가 거기에서부터 도출되어 나오는 것으로서의 집만이 진정한 의미의 집이다.

집은 개인적인 차원에서 신체의 확장이며 영혼의 장소로만 머무르지 않고 그 안에 살고 있는 가족들의 삶과도 밀접한 관련을 가지고 있다. 그러한 관계들 중의 하나가 집과 그 안에 살고 있는 개인 및 집단과의 정체성과의 관련이다. 한 사람의 정체성은 그가 살아가고 있는 집과 밀접한 연관을 가지며, 또한 그는 그 자신의 정체성에 적합한 집을 갖고자 노력한다. 집은 무엇보다도 문화적인 표현양식이며 매개방식이라는 점에서 개인의 문화적 정체

---

220) 위의 책, 180쪽.
221) 위의 책, 197쪽.

성의 구성요소, 표현장소, 실현 그 자체이다.[222] 따라서 어떤 한 사람의 집, 한 가족이 살아가고 있는 집은 그 사람이 속한 가문과 지방의 문화를, 보다 넓게는 시대와 사회와 민족과 국가의 문화를 반영하고 있다. 집이 각 지역에 따라서 국가에 따라서 다양한 모습과 양식을 갖는 것은 이와 같은 집의 문화적 정체성과의 연관을 말해주는 것이다.

또한 집은 한 사람, 한 가정 혹은 한 집단의 계층, 계급과 관련된 정체성을 표상한다. 이와 같은 계층이나 계급의 정체성과 관련된 특성은 동서양을 막론하고 전통사회에서 보다 분명하게 드러난다. 성이나 궁전 등은 외적에 대한 방어의 기능 이외에 신분의 표상을 위해서 크고 화려하게 건축되었으며, 많은 경우에 여타의 계층들의 주택은 그 건축에 제한이 가해졌다. 이것은 우리의 집에 있어서도 마찬가지이다. 우리의 전통주거는 "그 시대의 사회질서와 가족질서를 지배했던 유교윤리가 완벽하게 포용될 수 있도록 지어진 직계가족을 위한 구조물"[223]이었다. 따라서 전통적인 신분사회에서 집은 신분을 나타내는 분명한 척도로 작용했다. 각 신분은 자기 신분에 적합한 집에서 살도록 규정되었고, 만약 그것을 어겼을 경우에는 엄격한 제제가 가해지도록 규정되어 있었다. 이것은 조선시대에 각 신분에 따라서 그 집터와 집, 그리고 집의 장식에 엄격한 규정을 두었던 데서도 분명하게 찾아볼 수 있다.[224]

이러한 신분에 따른 집의 규모나 치장, 재료 등의 제한과 선비들의 청빈을

---

222) M. Low Setha & Erve Chambers Ed. op. cit., p.217.

223) 홍형옥, "한국 전통주거생활 연구(I) ―조선시대 가족생활을 중심으로―", 『경희대학교 논문집』 제11집(인문·사회과학편), (1982), 47-68의 67쪽; 홍형옥, "한국 전통주거생활연구(II) ―가족 내 인간관계의 구조를 중심으로―", 『경희대학교 논문집』 제14집(인문·사회과학편), (1985), 61-88의 82, 87쪽.

224) 가족의 사회적 지위 및 경제적 여건에 따라서 집의 규모, 채(棟)의 구성, 기단의 높이 및 재료, 대문의 형태, 기둥의 높이, 사당의 건축 여부에 차이가 있었다. 뿐만 아니라 집의 장식과 장식용으로 쓰이는 채색에도 규정이 있었다. 참조: 홍형옥, 앞 책, 121-133쪽; "한국 전통주거생활 연구(I)", 66-67쪽; 강영환, 앞 책, 61-73쪽; 박영순 외, 앞 책, 36-41쪽.

표방하는 이상적인 집에 대한 관념에서 우리는 집과 그 거주인의 일체감을 확인할 수 있으며, 집은 곧 그 거주인의 정체성의 표현임을 확인하게 된다. 그리고 이러한 집과 그 거주인의 일치, 집을 통한 거주인의 이상의 표방과 신분의 상징은 곧바로 외부에 대한 집 안 영역의 구별을 의미하는 것이다. 집이 곧 나이고 그 안에서 살아가는 가족이며 가족의 신분을 나타낼 때, 집은 외부에 대해서 내부의 세계를 구분하는 요소가 된다. 바깥 세계에 대해서 집 안의 세계를 더 높은 차원의 것으로 표방하는 기제가 된다.

나의 몸과 영혼이 뿌리내리고 있는 장소인 집은 세계 안의 다른 장소와 결코 같을 수 없다. 그곳은 너무나도 친밀하고 은밀한 나의 공간이다. 아울러서 그곳은 나와 가장 밀접한 존재들인 가족들의 공간이다. 같은 공간 안에 살아가면서 많은 요소들을 공유하고 있는 사람들의 공간이다. 그러므로 이러한 공유와는 무관한 다른 공간들과는 질적으로 구분된다. 반면에 공간을 공유하지 않는 다른 존재와 가족이라는 집을 공유하는 존재들과는 완전히 다른 차원이다.

또한 집이 그 거주자들의 신분을 상징할 때, 신분이라는 말 자체에서 이미 알 수 있듯이, 집은 다른 집에 거주하는 이들에 대해서 차별하는 수단이 된다. 전통적인 신분사회에서 좋은 집이란 이미 그 안에 살고 있는 사람들이 보다 높은 신분의 사람들임을 말하여 준다. 오늘날에도 많은 사람들이 편리한 집보다는 화려하고 멋진 집을 갖기를 원하는 것은 이러한 신분의 상징으로서의 집에 대한 관념이 남아 있기 때문이다.

이렇게 집은 그 안에 거주하는 이들의 몸과 영혼의 확장이면서, 동시에 외부세계에 대해서 그 안에 속한 이들을 구별해주는 차별의 수단으로 이해될 수 있다. 특히 신분사회가 비교적 오래 지속되었던 우리의 역사 안에서 집의 이러한 차별적 수단으로서의 기능은 아직까지도 일정 정도 존속되고 있다고 할 수 있다.

그렇다면 이러한 '거주'의 공간인 울타리 안, 집이 갖는 교육적 의미는 무엇인가? 삶의 장소인 집은 그 자신의 인격과 영혼의 장소로 이해되었다. 그러한 집과의 밀접한 관계가 그의 삶을 그곳에 뿌리내리게 하고 안정을 부여했다. 이 경우에 집은 인간의 삶을 어떤 특정한 장소에 머무르게 하는 매개체이다. 따라서 정주하는 존재로서의 인간에게 있어서 집은 인간의 본질 규정의 하나이다. 집은 인간을 특정한 장소에 거주하게 하고 그를 외부 세계로부터 보호해서 삶을 지속해 갈 수 있게 함으로써 삶의 영속성과 안정을 보장해 준다. 인간은 그러한 안정 안에서 그의 삶을 뿌리내리게 되고, 새로운 세계를 향한 확장과 귀환을 거듭한다. 그런 의미에서 집은 그의 삶의 중심이다.

그런데 앞에서 살펴본 바와 같이 거주의 선택이 신성한 우주의 창조, 신과의 연결을 의미한다면 집과 울타리는 보다 근본적이고 절대적인 의미를 갖게 된다. 절대적인 존재와의 연결을 통해서 신성한 의미를 갖게 되기 때문이다. 신과의 교섭을 제외하고라도 집은 언제나 한 인간의 삶에 있어서 세계의 중심이어 왔다. 그의 모든 삶과 사유가 거기에 기반하고, 거기에서부터 출발해서 퍼져나가기 때문이다. 이런 의미에서 집은 거주하는 인간, 정주 안에서 안정을 누리는 존재로서의 인간을 이해하는 근본적인 통로이다. 집에 대한 이해 없이는 인간의 정주성과 거주하는 존재, 하나의 중심에 바탕해서 살아가는 존재로서의 인간에 대한 이해는 불가능하다.

집이 가지는 이러한 의미들에 비추어 볼 때 집을 짓지 않는 인간, 자기의 세계를 창조하지 않는 인간으로서의 현대인의 문제가 대두된다. 지어진 공간, 집, 대량 생산과 복제된 공간 안에 내던져지는 존재로서의 인간의 문제이다. 그러한 인간은 개성이 없고 자기 창조의 능력도 상실한 존재를 의미하기 때문이다. 이것은 한국인의 삶과 관련해서 볼 때에는 한국적인 문화와 사회적 관계에 대한 고려에 기초해서 집을 지을 줄 아는 능력의 상실을 의미한다. 인간관계능력의 상실이며 자연과의 관계능력의 상실을 의미한다.

인간이 짓는 집은 언제나 이미 주어진 사회적·문화적 틀과 관계구조 안에 바탕을 두고 있는 것이다. 기존의 집의 양태들과 사회적·문화적으로 규정된 집의 규범들에 따라서 그것들을 수용하고 거기에서부터 자신의 고유성을 덧씌운다. 그런데 오늘날의 집짓기는 하나의 기술적 조작이다. 규범, 타자에 대한 배려 등은 중요한 요소가 아니다. 기술에 의한 문화의 배제, 자연과의 조화, 자연에 주어진 본성, 재료의 극복으로 나타난다. 오늘날의 집은 종종 상품의 소비이며 부의 과시이자 소비의 패턴이다. 삶의 토대가 아니라 삶의 부수적 측면들에 보다 깊이 연관된 부분으로 확인된다. 오늘날의 집이 주로 서구문화의 집의 양태를 모방하고 있다는 점에서 서구문화에 의한 전통문화의 지배이며, 전통문화로부터의 이탈이라고 할 수 있다.

이러한 비판적인 인식으로부터 집과 세계에 대한 전통적인 이해에 기초한, 아울러서 각자의 개성과 정체성이 반영된 집짓기를 추구해야 한다고 생각한다. 그러기 위해서 우리는 집짓기와 주거하기를 배워야 하고, 학교의 교과과정뿐만 아니라 학교건축과 공공건축은 그러한 모델을 제공해야 한다. 우리는 새로운 집짓기와 거주하기를 시작해야 하는 과제를 부여받은 시대에 살고 있는 것이다. 그리고 그러한 새로운 집짓기는 한국인의 특성에 적합한, 그리고 새로운 시대에 적합한 사회적 관계와 인간관계의 이상적 모습의 바탕 위에서 이루어져야 할 것이다.

거주와 관련해서 가족의 공존으로부터 교육적인 의미를 생각해 볼 수 있다. 가족은 울타리 안에 포함된 요소 중 가장 중요한 요소이다. 가족은 곧 울타리 안에서 살아가는 사람들이고, 가장 기본적이고 본래적인 우리이다. 따라서 울타리가 매개하는 삶 중에서도 가장 중요한 단위이다. 근원적인 우리이며, 삶의 중심이다. 울타리를 치고 울타리가 주는 보호와 안정 안에서 살아가는 삶에서, 우리를 형성하고 우리를 매개로 세상과 관계 맺는 삶에서 가족은 제1차적인 부분이다.

울타리의 중심적 위치는 중심에 위치한 집과 그 안에서 살아가는 가족의 의미를 당연히 크게 부각시킨다. 중심은 같음이 가장 많은, 그래서 가장 바람직하고 기본적이며 기준이 되는 영역이다. 가족 간의 관계는 다른 모든 사람과 사람간의 관계에 앞서 이루어지고, 우선적인 의미를 갖는다. 집안에서의 인간관계의 기술과 규범이 다른 모든 영역에서의 관계의 기술과 규범의 준거로서 활용되고 모방되고 전용된다. 따라서 가족 안으로 이끌어 들임, 가족의 규범과 문화 안에서 양육하고 교육함이 가장 중요하다.

삶은 가족이라는 우리 안으로 태어남에서 비롯된다. 그리고 가족이라는 우리, 울타리 안에 철저하게 동화된 다음에야 비로소 다음 단계로의 관계의 확장이 허용된다. 앞서 울타리의 높이와 인간관계의 역할을 다루는 부분에서 보았듯이, 어린이들에게는 울타리 밖의 세계가 단절된 영역이었다. 어른들이 울타리 밖에서의 경험을 통해서 얻은 지식들을 스스로 소화한 다음에야 어린이들에게 전달한다. 어른들은 울 너머로 대화하고 교류할 수 있지만 어린이들에겐 그 담이 너무 높아서 이웃과의 자유로운 교류가 불가능하다. 어른들에 의해서 일차적으로 걸러진 정보가 어린이들에게 전달된다.

이와 같은 어린이의 울타리 안 세계로의 제한과 어른들에 의한 정보의 독점은 어린이의 영역이 일정한 시기 동안 울타리 안에 제한되어 있음을 의미한다. 어린이들의 영역은 일차적으로 집 안으로, 가족들의 공간으로 한정된다. 당연히 어린이들이 보고 듣고 배우는 것들은 집안에 속한 일, 가족들의 일이다. 일차적으로 가족들 간의 인간관계의 방법과 규범을 배운다. 가족 안에서 자신의 위치를 정하고 가족들과의 관계 안에서 자신의 존재를 규정한다. 어머니의 품 안으로부터 가족 안으로 인도되어진다. 그러므로 어린이들은 일차적으로 가족의 구성원으로서 한 사람이 된다.

이러한 집안에 한정된 시기, 비교적 가족과의 관계에만 충실한 시기를 통해서 어린이는 가정의 문화 안으로 양육된다. 생활을 통해 전승되어 온 규범과 생활양식들이, 그리고 가정의 어른들이 바람직하다고 생각하는 것들이 어린이에게 전달된다. 따라서 이 시기의 어린이들에게는 이러한 가족의 문화가 곧 삶 전체의 문화이다. 삶이란 곧 집 안에서의 삶이고 울타리 안의 삶이다.

울타리 안, 집안에 한정된 시기를 통해서 어린이들은 가족의 규범과 문화 안으로 인도되고 그 안에서 자신의 삶의 토대를 형성한다. 가족의 규범 안에서 그의 가치관이 형성된다. 사람과 사물을 보는 시각이 만들어진다. 어른들에 의해서 이해된 세계를 전달받으면서 자연스럽게 어른들이 세계를 보는 관점을 습득한다. 어른들의 이해는 곧 그 가족의 이해이다.

이러한 철저한 가족 안, 울타리 안에서의 양육이 이루어지는 시기 이후에 어린이들은 집에 출입하는 집안사람들을 통해서 친족사회의 규범을 익히게 된다. 동시에 골목에서의 또래들과 함께 하는 시간을 통해서 골목의 문화, 또래의 문화와 지역공동체의 문화를 부분적으로 습득한다. 또래집단의 시기가 지나면 어린이들은 점차 마을 전체로 도전적인 탐험을 시작하고, 들과 산으로 그리고 마을의 경계를 넘어 이웃 마을로 그 활동의 영역을 넓혀 간다.

이와 같은 어린이들의 활동의 점진적인 확산의 걸음걸이를 통해서 우리는 집과 가족의 철저한 중심성과 근원성을 확인할 수 있다. 모든 것에 앞서서 집안에서의 철저한 가족으로의 길인도가 선행된다. 가족의 성원으로 자리 잡고 난 후에야 이웃과 지역사회로 나아갈 수 있다. 가족 간의 인간관계의 양식을 습득한 후에 그에 기초해서 다른 사람들과 관계를 맺는다. 가족의 어른들이 이해한 세계에 익숙해진 후에, 그와 같은 눈으로 세계를 조심스럽게 탐색한다. 이러한 가족 안에서의 양육, 울타리 안에서의 기본적인 사람됨의 형성을 우리는 철저한 가족중심의 교육이라고 할 수 있다. 또한 전승을 통한 교육, 생활 중심의 교육이라고 할 수 있다.

울타리 안에서 이루어지는 삶은 근본적이고 기초적이며 원래적인 삶이다. 따라서 울타리 안에서 이루어지는 교육과 삶은 인간을 인간답게 하는 근본적이고 본질적인 교육이며 삶이다. 울타리 밖의 삶과 교육은 이차적인 삶이다. 그것은 울타리 안의 삶이 충분하게 영위된 후에, 그 토대 위에서 비로소 가능한 것이다.

그런데 오늘날의 삶에 있어서 울타리 안의 삶은 울타리 밖의 삶에 의해서 규정되고 조직되고 통제되며 해체된다. 비 본래적인 삶의 영역들에 의해서 본래적인 부분의 삶이 일그러지고 평가되고 정되고 배제 또는 축소된다. 따라서 본래적인 인간의 모습과 교육이 비 본래적인 삶과 모습에 의해서 왜곡되고 축소되며 도구화된다.

경제, 대중매체, 제도 교육 등 종전에 울타리 안에 포함되지 않았거나 혹은 울타리 안에 포함되어 있었으나 울타리 안의 삶에 자연스럽게 동화되어 있던 요소들이 울타리와 분리된 채 삶을 지배하는 척도와 힘으로 삶의 틀을 결정하고 있다. 특히 이 연구와 관련해서 중요한 의미를 갖는 것이 교육이다. 종전에 울타리 안의 삶에 자연스럽게 동반된 과정이었던 교육은 현대인의 삶에서는 제도로 만들어져 울타리와 가정 밖의 영역이 되었다. 제도로서의 교육은 가정과 울타리라는 공동체와는 비교적 상관없이 그 자체의 논리 안에서, 혹은 사회를 지배하는 더 큰 영향력들의 논리에 따라 움직인다. 국가, 경제 등이 오늘날 우리의 제도교육을 틀 지우는 힘이며 논리이다. 그 안에서 교육은 왜곡된다.

교육의 왜곡은 곧 학생들의 삶과 사람됨의 왜곡을 가져오고 학생들의 삶이 뿌리내린, 학생들과 밀접하게 서로 관계되어 있는 가정과 가족 전체의 삶을 왜곡시킨다. 오늘날 교육은 근본적인 삶의 영역인 가정을 그릇되게 틀 지우는 외부적인 영향력이 되었다.

여기에 오늘날 우리 교육의 큰 과제가 있다. 가정이 바람직한 삶의 둥지가 되고, 사람됨의 기반을 형성하는 자리가 되기 위해서는 제도교육이 바르게 자리 잡을 필요가 있다. 학생들의 삶을 가정과 지역사회 안으로 열어두고 그 안에서 그들의 사람됨이 안정에 기초한 바른 관계와 다양한 관계를 통해서 성장하게 해야 할 것이다. 특수하고 부분적인 삶의 영역이 한 사람의 전체적인 사람됨을 틀 지우는 폭력적인 구조로부터 일상 안에서의 전반적이고 자유로운 성장구조로 전환되는 것이 바람직하다고 생각한다.

또한 대중매체와 관련해서 오늘날 교육의 중요한 과제를 생각할 수 있다. 오늘날 대중매체는 다음과 같은 두 가지 측면에서 거주의 핵심인 가족의 공간과 시간을 위협하고, 따라서 사람됨의 기본을 위협하고 있다. 첫째, 삶의 점진성과 단계성을 단절하고 급격한 외부세계와의 급격한 맞닥뜨림을 만든다. 성숙한 사람에 의한, 성장세대의 삶의 인도가 대중매체에 의해서 중단되고, 삶 전체를 매체가 포괄한다. 그 과정에서 어린이의 삶뿐만이 아니라 성인들의 삶과 사유까지 매체에 의해서 지배된다.

둘째, 매체가 다양성을 제공하지 못한다. 매체를 지배하는 논리, 문화, 가치관이 획일적이다. 물질만능적이고 기술공학적이며 물량적이다. 인간의 내면을 풍부하고 다양하게 채워줄 수 있는 다양성이 매체 안에 결핍되어 있다.

따라서 오늘날 진정한 교육적 활동은 오늘날 필연적으로 대중매체 비판일 수밖에 없다. 인간의 삶 전반이 매체와 관련되는 곳에서 그러한 매체가 삶과 사람됨에 미치는 영향에 대한 감시와 비판은 곧바로 인간을 성숙하게 하는 활동, 인간의 가능성을 다양하고 풍부하게 하는 활동으로서의 교육의 필수적인 과제가 된다.

3. 존재와 세계의 매개, 관계[225]

울타리는 근본적으로 안과 밖을 경계 짓고 외부에 대해서 내부를 보호하기 위한 장치로서 만들어진 것이다. 이러한 울타리의 목적에 비추어 볼 때 울타리는 일차적으로 나눔과 폐쇄를 특징으로 한다. 따라서 울타리가 갖는 가름과 폐쇄성, 그에서 비롯되는 방어와 보호 등의 측면은 울타리의 당연한 본질이다.

그럼에도 불구하고 인간의 삶에는 세계와의 관계가 필수적인 요소이다. 주체로서의 개인은 언제나 자기자신에게 매여 있지만, 세계 안에서는 "존재하기 위해 필요한 모든 것과의 관계"를 요청한다. 세계의 모든 것들과의 관계를 통해 우리는 존재한다.[226] 그런 의미에서 "우리는 타자와 함께 존재한다."[227]

---

225) 참조: 윤재흥, "대화적 세계관의 인식론적 토대와 그 교육학적 의미", 「연세교육연구」 13-1(2001. 2), 171-190.

226) E. Levinas, 강영안 역, 『시간과 타자』, 서울: 문예출판사, 1996, 65쪽.

227) 위의 책, 34쪽.

마찬가지로 울타리가 살아 있는 존재, 외부와의 관계를 통해서 삶을 지속하는 유기체인 인간을 위한 장치라는 점에서 울타리의 개방성 또한 필수적인 것으로 파악된다. 모든 집에 예외 없이 존재하는 '문'이라는 개방적인 통로가 이러한 울타리의 필수적인 개방성을 반영한다. 따라서 폐쇄성과 개방성은 모두 울타리의 본질적인 요소이면서 그 특징을 이해하는 데 있어서 빼놓을 수 없는 요소이다.

그런데 울타리의 개방성과 폐쇄성의 정도는 언제 어디서나 일정한 것이 아니고 울타리 밖의 세계에 대한 이해에 따라서 달라진다. 울타리 밖의 세계를 적대적인 영역으로 이해하면 보다 폐쇄적이 되고, 반대로 울타리 밖의 세계를 관계가능하며 또 그 관계를 통해서 울타리 안의 삶에 도움을 줄 수 있는 긍정적인 세계로 이해하면 개방적인 측면이 더 강조된다.

한국의 울타리가 개방적인 특성을 가지고 있고 울타리 안과 밖에 관계를 위한 공간을 가지고 있는 것은 울타리에 반영된 세계이해가 매우 긍정적임을 의미한다. 울타리에 마련된 대표적인 관계 공간으로는 울타리 안의 마당과 울타리 밖의 골목을 들 수 있다. 관계를 위해 만들어진 중간 세계인 마당, 골목 등이 있기에 울타리는 특징적인 공간이 된다.

먼저 마당의 공간구조의 특성과 그 안에서 이루어지는 관계의 특성을 살펴보자. 마당은 울타리 안에 있는 열린 공간이다. 집을 둘러싼 울타리에 의해서 폐쇄된 공간 안에 넓게 펼쳐진 빈 공간으로 있다. 이 빈 공간은 앞서 살펴본 것처럼 세 가지의 관계를 매개한다.

첫째, 인간과 인간의 관계를 매개한다. 울타리 안의 사람들 사이에서 완충적인 사이의 공간으로 작용하면서 부드러운 만남과 관계를 가능하게 한다. 아울러서 울타리 밖과의 일상적이고 비일상적인 만남이 마당 안에서의 공동의 작업과 의례들을 통해서 매개되었다. 마당은 직접적인 만남을 통한 관계를 매개할 뿐만 아니라 열려 있음을 통해서 그 안에 쉽게 작용해 들어오는 서로의 영향력, 즉 울타리 안의 사람들 간의 영향작용과 울타리 안과 울타리 밖의 세계 사이의 관계를 차단하지 않고 매개하는 작용도 함께 수행했다.

둘째, 마당은 인간과 신의 관계, 살아있는 사람과 죽은 자와의 관계를 위한 공간이기도 했다. 마당은 지신(地神)의 영역이면서 동시에 천신(天神)을 상징하는 하늘이 내려와 지신과 만날 수 있는 공간으로 이해되고 있기 때문이다. 또한 의례의 시간들을 통해서 마당은 마루와 더불어 집 안으로 청해 들인 조상신과 기타의 혼령들이 인간과 관계하는 공간으로 이해된다. 의례를 통해서 집 안으로 불러들인 신과 혼령들을 만나서 관계하는 공간으로서의 마당은 인간이 인간과의 관계를 통해서 해결할 수 없는 문제들을 인간 이외의 존재들을 만나서 해결하는 공간이다.

신, 혼령 등이 언제나 인간의 세계이해와 자기의 존재이해 안에 잠정적인 관계의 대상으로 자리하고 있음을 여기에서 알 수 있다. 세계를 오직 인간의 영역으로만 이해하지 않고 인간을 초월한, 혹은 인간과는 다른 차원의 존재들이 함께 존재하는 곳으로 이해한 것이다. 다르게 표현하면, 현재의 세계를 넘어선 곳에 다른 차원의 세계가 펼쳐질 수 있음을 염두에 두고 그 세계와의 연결을 완전히 배제하지 않는 마음이 거기에 함께 있다.

셋째로, 마당은 인간과 자연의 만남이 이루어지는 공간이다. 이미 집터 자체가 자연의 조화가 매우 이상적으로 구비된 공간으로 이해되었다. 그 위에 건축된 집에서 마당은 땅을 상징하는 공간이면서 또 하늘이 내려와 땅과 만남으로써 음과 양의 조화를 이루는 공간이다. 따라서 마당은 한국인의 세계이해인 자연을 구성하는 근본원리인 음과 양의 조화의 공간이면서 그 안에 동화된 존재인 인간이 자연과 함께 하는 공간이다. 하늘과 땅과 인간이 조화롭게 만나기 위해서 자연 그대로의 땅과 거리낌 없이 열린 하늘이 마당에 함께 있는 것이다.

마당이 매개하는 이러한 세 가지 측면의 관계를 통해서 울타리는 관계를 특징으로 하는, 관계를 중요한 요소로 고려하는 공간으로 구조화되어 있다고 이해할 수 있다. 또한 인간이 세계를 자신의 존재와 깊이 연관된 다른 존재들과 공존하는 영역으로 이해하고 있음을 보여 준다. 그러한 이해는 인간의 내적인 의식구조가 이미 다른 존재와의 관계를 위한 개방성을 한 특징으로

하고 있기 때문이라고 파악할 수 있다.

다음으로, 골목에서 울타리의 매개적인 특징을 다시 확인할 수 있다. 골목은 울타리 밖에 있으면서 완전한 울타리 밖의 세계가 아닌 특징적인 구조를 가지고 있다. 문을 나서서 이웃하는 울타리 사이에 길게 형성된 골목은 완전한 외부 세계로 나가기 전의 잠정적인 내부이며, 유보된 외부로 이해될 수 있다. 곧바로 안으로 되돌아 갈 수 있는 근접성과 낮고 허술한 울타리를 통해서 골목과 울타리 안이 언제나 서로 연결되어 있음에 비추어서 이러한 골목의 이중적이고 잠정적인 특징은 보다 분명해진다. 이러한 맥락에서 앞에서 골목을 울타리의 안과 밖을 매개하는 중간 세계로 파악하였다.

중간 세계로서의 골목은 울타리 안과 이웃한 울타리의 요소가 만나는 공간이 되고, 또 울타리 안과 밖의 요소가 서로 만나는 공간이 된다. 이웃한 울타리와의 관계를 통해서 이웃공동체의 문화가 형성되고, 울타리 안과 울타리 밖의 요소의 만남과 관계를 통해서 울타리 안의 특수성이 울타리 밖의 보편성과 만나서 충돌하고 새로운 차원으로 매개된다. 여기에서 안과 밖의 넘나듦, 특수성과 보편성의 충돌과 매개의 변증법을 확인할 수 있다.

이외에도 울타리에는 다양한 관계적인 측면들이 있지만 여기에서는 대표적인 관계공간인 마당과 골목을 통해서 관계에 중요한 강조점을 둔 울타리의 공간구조의 특징을 살펴보았다. 그런데 이러한 울타리의 관계공간의 발달과 관계에 대한 강조는 세계를 이루는 요소들이 서로 끊을 수 없는 관계 안에 놓여 있고, 따라서 인간은 관계를 통하지 않고는 바람직한 존재와 참된 인간으로 될 수 없다는 이해에 기초한 것이다. 그것은 또한 울타리 밖의 세계가 관계의 대상으로 이해되어 있음을 말한다. 이러한 세계이해, 관계 중심의 이해 안에서 개방적인 울타리의 공간구조를 만들어 낸 것이다.

또한 울타리와 집이 존재의 근본 공간이라면 이러한 울타리의 개방성은 울타리를 만든 사람들의 존재의 개방성을 반영한다. 반면에 울타리의 목적으로부터 비롯되는 울타리의 폐쇄성은 존재가 갖는 폐쇄성을 반영한다. 그렇다면 이러한 개방성과 폐쇄성의 상충하는 특징은 하나의 존재 안에서 어떻게 포용될 수 있는가? 그리고 여기서 중요하게 논의한 관계의 개념과는 어떤 연관이 있는가?

개방성이 존재의 변화와 성장을 설명하는 측면이라면 폐쇄성은 존재의 영속성을 설명하는 측면이다. 관계는 그 양쪽 측면에 함께 작용한다고 볼 수 있다. 관계 안에 있음으로 인간은 인간 존재로 되고, 관계가 만들어내는 지속적인 성향으로부터 인간의 공통분모들이, 존재의 보편성이 보존된다. 관계는 인간 공동성의 기반이면서 그에 기초한 문화와 사회의 기반이다. 따라서 사회 안에서 공존하는 존재인 인간의 본질을 유지하는 통로이다.

반면에, 관계를 위해 열려진 공간과 관계의 개방성은 인간의 본질의 개방적인 특징, 인간의 가소성과 변화의 조건이 된다. 인간의 본질 안에 이미 굳게 뿌리내린 개방성으로부터 울타리의 개방성이 인간의 변화와 성장을 위한 기제로서 설정되었다고 설명할 수 있다.

여기에서 관계능력은 인간이 인간으로서의 존재를 획득하기 위한 필수적인 능력으로 확인된다. 첫째로는 다른 사람과의 관계, 특히 가족과의 관계 안에서 자신을 비로소 한 인간으로 확립하기 위한 능력이다. 다음으로는 자신의 집, 가족 등의 울타리 안에서 이미 주어진 관계에 충실함을 통한 존재의 보존능력이다. 마지막으로 그러한 울타리 안의 삶과 관계에 충실함을 통한 존재의 보존에 머무르지 않고 세계를 향해 문을 열고 나가서 세계와 관계함을 통해서 자신의 존재를 확장하고 성숙시키기 위한 능력이다. 따라서 관계능력은 존재의 형성, 보존, 변화와 성장 등의 세 차원에 동시에 관계되는 능력이다. 그리고 이 세 차원은 인간의 삶과 사람됨을 포괄한다. 그러므로 우리는 관계 안에서만 인간은 참된 인간일 수 있다고 말할 수 있다.

그리고 이러한 관계능력의 세 차원과 관련해서 오늘날 교육적인 과제가 분명하게 확인된다. 지금 우리의 삶과 교육은 자신의 영역 안에 머물러서 자신의 존재를 유지하고 세계를 자기중심적으로 처리하는 데 맞추어져 있다. 이는 우리의 일상생활의 공간이 단절의 요소들을 보다 강화하고 있는 데서 분명해진다. 마당의 생략과 축소, 높아진 담, 폐쇄적인 주거, 거기에서 비롯되는 이웃의 상실 등에서 그러한 특징을 확인한다. 단절은 또한 학교에서도 확인된다. 학교 공간은 분명하게 일상의 공간과 단절되어 있으며, 학교 내부의 공간들도 서로 연결과 관계를 강조하기보다는 단절과 통제를 위주로 구조화되어 있다. 학교와 지역사회와의 엄격한 단절과 한번 학교 안으로 들어가면 나오지 못하는 학생들, 학급 간 학년 간의 구분, 교사의 공간과 학생의 공간의 분명한 구분과 불충분한 교류 등에서 그러한 요소들을 찾아볼 수 있다.

한마디로, 오늘날의 일상생활과 학교생활에서는 마당이나 골목과 같은 관계를 위한 매개공간과 중간 세계를 찾아보기 어렵게 되었다. 이러한 일상생활과 학교생활을 통해서 학생들은 개방적인 관계능력을 습득하기 힘들게 되었다. 이웃이 없는 삶에서 관계의 대상으로 이웃을 이해하고 스스로 이웃을 만들어 가는 관계의 기술과 능력을 습득하기는 힘들기 때문이다. 또한 이미 일상과 엄격하게 구분하는 것을 전제로 하는 학교를 통해서 삶의 끊을 수 없는 연관성에 대한 이해와 세계와의 폭넓고도 다양한 관계를 통한 자기 확장의 도전을 배우기도 힘들게 되었다. 그러므로 오늘날 학생들의 자기중심성, 폐쇄성, 극단성을 걱정하는 것은 이러한 관계 공간, 관계의 중간 세계의 상실이 초래하는 관계능력의 상실과 개방적인 세계이해의 상실에서 그 한 원인을 찾을 수 있다.

따라서 인간 존재의 개방적인 본질로부터 현실을 바라볼 때, 관계 안에 자신을 투입하는 능력과 개방적인 태도가 이 시대에 필수적으로 요청되는 교육적인 과제가 된다. 인간이 가진 관계의 본성을 다만 자기세계 안에 머물러서 자기를 보존하고 자기중심적으로만 세계를 이해해서 동일성을 재생산하는 데만 사용하지 않고, 관계를 통한 변화와 성숙의 방향으로도 사용할 수 있게 깨우치고 그러한 사용의 능력을 키워주는 것이 중요한 과제로 확인된다. 함께 살아가는 삶에 대한 감각과 공존하는 모든 존재에 대한 책임[228]을 일깨우는 교육이 요청되는 것이다.

그리고 이것은 인위적인 의도와 힘겨운 노력을 수반하는 과제이다. 이미

---

228) E. Levinas, 양명수 번역 · 해설, 『윤리와 무한』, 서울: 다산글방, 2000, 123쪽.

삶 안에 그러한 관계를 위한 공간과 장치가 마련되어 있을 때 그러한 능력의 양성은 자연스러운 습득의 과정으로 이루어진다. 일상의 자연스러운 과정을 통해서 부드럽고 무의식적으로 존재의 내적인 질서로 자리 잡게 된다. 그렇지만 오늘날의 삶에서 그러한 자연적인 경과는 상실되었다. 따라서 그러한 능력을 길러주는 것은 교사와 어른들의 의도적이고 힘겨운 노력을 통해서만 가능하게 되었다.

교육은 언제나 성숙한 사람들에 의한 미성숙한 사람들의 인도의 과정이다. 따라서 대체로 어른들에 의한 어린이의 길인도의 역사이다. 오늘을 주도적으로 살아가는 어른들의 세계이해를 반성하고 그 안에 개방성을 증대시키는 것은 교사로서 그리고 어린이를 성숙으로 인도하는 어른으로서의 당연한 과제이다. 이를 위해서 교사는 자신의 세계관이 어떤 편협한 자기중심성과 폐쇄성에 물들어 있지 않은지를 반성하고 자신의 존재 안에 내면화된 개방성을 통해서 어린이들을 개방적인 세계관과 관계능력으로 인도해 가야 할 것이다. 또한 일상 안에서 관계의 공간을 만들어내는 사회적인 노력과 함께, 이웃을 회복하기 위한 다양한 노력들이 병행되어야 한다.

더 나아가서 학교공간과 생활공간 안에서 개방적인 공간의 구조화와 관계를 위한 열린 공간의 배려와 같은 공간구조적인 측면에서 관계를 미리 고려하는 접근들도 병행되어야 할 것이다. 그런 측면에서 오늘날 학교현장에서과밀학급 해소를 위한 노력들이 뒤로 밀려난 채로 입시제도의 개혁과 교사의 자질 등이 교육개혁과 관련된 중요한 문제로 언급되는 것은 본질에서 벗어난 논의이며, 비인간적인 교육의 방치이다. 우리 사회의 교육논의에 있어서의 비인간성은 이러한 측면에서도 분명하게 확인된다고 할 수 있다. 그러므로 폐쇄적인 공간이 초래하는 인간본성의 왜곡과 비인간화의 문제에 대한 비판과 개선의 노력이 전인적인 성장을 염두에 두는 교육의 필수적인 활동의 한 영역으로 확인된다.

4. 특수와 보편의 중간 세계, 이웃[229]

울타리는 분명하게 경계를 나누지만 또 개방성의 특징을 갖고 있다. 낮은 울타리와 울타리 안의 마당과 울타리 밖의 골목이라는 관계를 위해 배려된 매개 공간을 통해서 외부세계와의 관계의 여백을 남겨 둔다. 그러한 개방성이 울타리와 우리가 철저하게 가족 중심, 혈연 중심의 특징을 갖는 데도 불구하고 지역공동체를 가능하게 하는 요소이다. 이러한 개방성은 울타리 안에서의 비분리성과 관계지향성과 더불어 관계 지향적이고 조화적인 사람됨의 특징을 설명해 주는 요소가 된다. 아울러서 가족이라는 울타리의 경계와 폐쇄성을 벗어나서 마을 단위의 공동체 문화를 꽃피울 수 있게 했다.

먼저 앞서 고찰한 개방적인 특징들을 간단하게 정리하면 다음과 같다.

첫째, 울타리의 재료와 관련된 개방적 특징이다. 전통적인 민가의 울타리는 풀, 나무, 흙, 돌 등을 주로 사용하고 때로는 울타리를 생략하거나 나무를 심어 산울을 두르기도 했다. 이러한 재료가 갖는 공통적인 특징 중의 하나가 견고하고 높은 울타리를 쌓는 것이 힘들다는 것이다. 전혀 불가능한 것은 아니겠으나 이들 재료를 이용해서 굳이 그렇게 크고 튼튼하고 높은 울타리를 찾은 예를 찾아보기 힘들다. 또 굳이 그러한 울타리가 필요한 경우에는 돌을 다듬어서 높은 성을 쌓았던 데서 그 차이를 분명하게 찾을 수 있다. 대체로 울타리는 낮고 엉성해서 안과 밖에서 모두 서로를 내다 볼 수 있게 되어 있었다. 심지어 돌과 벽돌로 쌓은 비교적 견고한 담장에도 외부를 조망할 수 있는 창을 내어서 개방성을 유지하려 했다.

둘째, 울타리에 설치된 문에서도 개방적인 특징을 찾을 수 있다. 울타리에 만들어진 문은 튼튼하지 않고 허술하다. 원래가 폐쇄와 철저한 단절을 목적으로 하거나 외부의 적으로부터의 방어를 목적으로 한 것이 아니기 때문이다. 서민들의 집 울타리에 설치된 사립문의 경우는 다만 집 안에 사람이 있

---

229) 참조: 윤재흥, "골목과 이웃의 교육인간학", 「교육철학」 27-1(2002. 2), 73-90쪽.

는지 없는지를 나타내기 위한 표식에 지나지 않았다. 언제나 누구든지 마음만 먹으면 열고 들어올 수 있는 것이 우리 전통가옥의 문이었다.

셋째, 울타리의 낮은 높이가 또한 울타리의 개방성을 나타낸다. 울타리의 높이는 대체로 어른들의 키보다 높지 않았다. 이와 같은 낮은 울타리는 안과 밖의 사람들이 서로 넘겨다보면서 이야기를 나누고 물건을 주고받을 수 있게 함은 물론, 언제나 다른 사람에 대해 스스로를 노출시키는 상황을 만들었다. 개방성으로 인한 간섭과 상호작용의 가능성이 낮은 울타리 안에 구조화되어 있다.

넷째, 울타리의 개방성을 나타내는 매우 특징적인 요소가 울타리 안에 설정된 관계의 공간인 '마당'이다. 마당은 울타리 안에 있으면서 울타리 안에 속한 사람들 간의 상호작용뿐만 아니라 울타리 안과 울타리 밖에 속한 사람, 자연, 신 등과의 관계를 매개해주는 공간이다. 이 공간이 있어서 보다 적극적인 외부와의 관계가 가능하다. 울타리라는 자기의 영역 안에 외부와의 관계의 공간을 둠으로써 보다 자신 있게 문을 열어둘 수 있고, 낮은 울타리를 만들 수 있다. 반면에 외부로부터의 직접적이고 돌발적인 작용과 개입을 마당 안에서 완충시킴으로써 관계의 위험부담을 줄일 수 있었다. 마당 안에서 벌어지는 여러 가지 의례들이 그러한 만남의 대표적인 예이고, 일상생활에서의 손님맞이와 공동노동의 경우도 그러한 외부와의 관계를 보여주는 예라 할 수 있다. 이 밖에도 울타리의 자연을 향한 생략과 울타리 안에 들어와 있는 자연적인 요소들 안에서 울타리의 개방적인 측면들을 볼 수 있다.

이러한 특징으로부터, 울타리는 경계와 방어를 위한 수단이라고 정의하는 것만으로는 불충분함을 알 수 있다. 확고한 나의 영역이 주는 안정과 자신감에 기초해서 적극적으로 외부와 관계하고 외부의 좋은 영향력들을 수용하려는 개방성을 함께 가지고 있는 공간구조로 이해할 수 있다. 울타리의 다 측면적인 개방성은 안과 밖의 경계라는 울타리의 본질에 비추어 볼 때, 밖에 대한 비교적 긍정적인 이해를 반영하는 것이다. 울타리 밖의 세계가 안을 위협할 수 있는 존재들로 가득 찬 곳이라면 울타리를 그렇게 열어두거나 허술하게 만들 수 없을 것이기 때문이다.

따라서 울타리의 개방성은 외부에 대한 긍정적인 이해를 바탕으로 적극적인 관계를 염두에 둔 것으로 규정할 수 있다. 세상에 존재하는 삶 자체를 홀로 선 삶으로 이해하지 않고 더불어 사는 삶으로 이해하는 세계관이 그 안에 반영되어 있다. 존재한다는 것 자체가 함께 존재하는 것이다. 존재하는 모든 것들이 우리를 에워싸고 있으며 이것들과의 관계 안에서는 우리는 삶을 유지한다. 시각, 촉각, 동정, 공동 작업 등을 통해 우리는 타자와 함께 존재한다.[230] 내 안에 그들이 참여하고 있고, 반대로 그들 속에 내가 있다. 이것이 울타리에 반영된 한국인의 인간관이다.

이러한 울타리의 개방성으로부터 울타리에 반영된 긍정적인 세계이해와 인간이해의 특징적인 측면을 부각해서 이야기하자면 '이웃'과 '자연'으로 이야기할 수 있다. 이 절에서는 '이웃'에 대해서 살펴보고자 한다. '자연'에 대해서는 다음 절에서 논의한다.

울타리와 관련해서 생각할 수 있는 인간상으로는 크게 세 가지를 들 수 있다. 첫째는 울타리 안에 속한 사람들로서 '우리'이다. 둘째는 울타리 밖에 속하면서 우리와 친밀한 관계를 형성하며 지역공동체를 이루는 '이웃'이다. 셋째는 완전한 울타리 밖의 존재이며 관계에서 배제되고 무관한 사람들로서 '남'이다. 따라서 울타리의 인간이해는 우리가 중심에 있고, 그 밖을 이웃이 자리하고, 맨 바깥쪽은 남이 둘러싸고 있는 동심원적인 계층구조이다.

첫 번째인 '우리'는 가족으로 대표된다. 넓은 의미에서는 혈연으로 맺어진 동족을 포함한다. 이들 '우리'는 나와 엄밀하게 분리되지 않는, 나와 같은 존재들로 인식된다. 울타리 안의 공간에서 사람과 사람과의 관계의 기본을 이루고, 관계와 사유의 기본적인 단위가 되는 사람들이다. '우리' 안에서 나의 행위는 모든 것이 '우리'라는 전체와 연결되고, 떼어서 독립적으로 생각할 수 없다. '우리'는 나누어질 수 없는 전체이며, 큰 하나로 존재한다.

'우리'는 또 삶과 관계의 중심이다. 우리 안에서 적용되는 관계의 양식과

---

230) E. Levinas, 앞의 책, 34쪽.

규범이 곧 바람직한 인간관계와 행동의 표상이 된다. 그런 의미에서 가족이 중요하다. 가족은 우리의 원천적인 형태이기 때문이다. 가족 안에서 적용되는 공유에 따른 공감과 일체성, 가부장적인 규범과 남녀차별의 규범이 사회 전체적으로 통용되는 원인이 여기에 있다. 보다 넓은 범주의 '우리' 안에 포함되는 동족이 혈연을 중심으로, 가부장제의 질서에 따라 확산된 관계이기 때문에 '우리' 안에서 적용되는 질서와 규범이 전반적인 인간관계와 사회관계 안으로 확대 적용된 것이다.

울타리와 관련해서 살펴볼 수 있는 두 번째 인간상으로는 '이웃'을 들 수 있다. 이웃은 울타리 안에 들어와 있지 않지만 울타리의 개방성 때문에 부분적으로 울타리 안의 영역에 관계되어 있다. 또 때때로 울타리 안에서 '우리'와 함께 관계하는 존재들이다. 낮은 울타리 너머로 울안을 넘겨다보며 관여하고, 허술한 문을 열고 들어와 참견한다. 마당에서 농경과 관련된 협력적 활동을 함께 하고, 사랑방 모임에 참여한다. 마음만 먹으면 언제든지 큰 부담 없이 울타리 안에 출입하고 작용할 수 있는 사람들이다. 또한 골목을 함께 하는 이웃들은 그 골목을 놀이터로, 또래의 공간으로 이용하는 어린이들의 공동의 양육자이다. 의례의 시간들을 통해서 마을 공동의 문화를 전승하는 공동의 전수자이다. 이웃은 울 밖으로 확대된 관계이며, 우호적인 관계의 영역이며, 공동체의 특성을 갖는다.

그럼에도 불구하고 '이웃'과 '우리' 사이에는 분명한 경계가 있다. 울타리 안에 들어왔던 이웃은 언제나 울타리 안에 머물지는 않는다. 의례가 끝나고, 또 사랑방의 모임이 파하면 자신들의 영역인 울 밖으로 나간다. 이웃과의 관계는 언제나 임시적이고 부분적이다. 이웃은 울 밖에 있지만 울안으로의 출입이 허용된 사람, 울 밖에서 만나면 기꺼이 인사를 나누고 관계를 맺는 사람들이다. 울 밖에 있는 우호적인 영역이다. 이웃은 울타리의 공간구조의 개방성에서 유추할 수 있는 특징적인 영역이며 인간상이다.

셋째, 울타리 밖에서 '이웃'의 영역을 벗어나면 그곳엔 '남'의 영역이 있다. 남은 모르는 대상이다. 적대적이라기보다는 탐색되지 않은, 아직 알 수 없는,

그래서 관계할 수 없거나 관계하기 힘든 사람들이다. 혹시라도 저편에서 먼저 말을 걸거나 적극적으로 관계를 모색해 들어오면 어떻게 대응할지 알 수 없는 사람들이다. 이들에 대해서는 외면하고 모른 체 하는 것이 편하다. 굳이 관계해야 할 필요가 있으면 먼저 신중한 탐색을 거쳐야 한다. 무언가 우리와 같거나 비슷한 요소가 있는지를 따져서 그러한 '같음'을 매개로 관계하는 것이 울타리의 기본적인 관계방식이다.

이들 '남'에 대해서는 적대적이어야 할 필요는 없지만 굳이 적극적으로 관계할 필요도 없다. 굿에서 잡귀들을 불러서 먹이고 보내는 것은 이러한 의식구조를 보여준다. 우리에게 해를 끼치지 않게 다독거릴 필요는 있지만 굳이 관계를 지속하는 것은 불필요하다. 관계를 통해서 이로운 것을 얻기가 힘들다고 생각하는 것이다. 우리와 무관하게 울타리 밖에 머물러 있고 울타리 안의 삶에 관여하지 않기를 원하는 것이다.

위의 논의들에 기초해서 우리는 울타리에 포함된 인간이해를 동심원적인 구조를 갖는 세 집단으로 나누어서 정리할 수 있다. 울타리에 속한 사람들인 '우리'가 중심에 위치하다. 그 바깥에 비교적 우호적이며 울타리 안과 관계 맺을 수 있는 사람들의 범주인 '이웃'이 있고, 우리와 무관한 존재들인 '남'이 가장 바깥쪽에 위치한다. 이는 울타리의 공간구조가 '울안 〉 마을 〉 세계'로, 보다 구체적으로는, '집 〉 마당 〉 울타리 〉 골목 〉 마을 〉 세계'로 구조화된 것에 대응하는 것으로 생각된다.

이와 같은 공간구조의 원근에 대응하는 인간이해의 동심원적 특징은 관계의 안정성과 점진성을 중시하는 의식구조를 반영한다. '우리'의 영역을 우리와 비교적 친밀한 '이웃'으로 둘러쌈으로써 직접적으로 외부에 노출되지 않고 외부로부터의 영향을 부드럽게 내부로 수용하려는 의도가 그 안에 담겨 있다.

따라서 이웃은 공간구조의 점진성에서 '마당'과 '골목'이라는 매개와 사이의 공간의 위치를 인간관계의 확대의 과정에서 차지하고 있다고 할 수 있다. 사이의 공간, 관계의 매개 공간이 울타리의 매우 특징적인 측면이고 개방성을 보여주는 대표적인 공간구조상의 특징이라면 '이웃'은 울타리를 개방적으로 만들 수 있게 하는 울타리 밖에 존재하는 우호적인 사람들이다. 이웃은 '우리'와 '남'을 매개하는 중간적인 역할을 하는 사람들로 울타리의 인간이해의 특징적인 요소라고 할 수 있다.

이러한 이웃과 관련해서 몇 가지 교육적인 의미들을 생각할 수 있다.

첫째, 삶과 교육의 점진성이다. 울타리 중심의 삶, 울타리를 매개로 이루어지는 삶과 교육에서 발견되는 또 다른 특징 중의 하나가 삶과 교육의 점진적이고 단계적인 걸음걸이이다. 가족에서 시작해서 점차로 동족과 이웃, 마을, 세계로 나아가는 관계의 점진적인 확대의 걸음걸이, 교육의 순차성을 확인할 수 있다.

울타리 중심의 삶에서는 먼저 집 안, 가족 안에서의 가족성원으로서의 철저한 길인도가 이루어진다. 그 후에 외부사람들과의 조심스러운 관계가 허용된다. 그 과정은 마당과 사랑방을 출입하는 동족사회의 어른들과의 관계를 통해서 가장 먼저 이루어진다. 그 다음으로 골목에서의 또래집단과의 놀이, 오고가는 동네 어른들과의 만남을 통해서 관계가 이루어진다. 또래들과의 관계, 골목에서의 이웃사회와의 관계를 통한 골목문화의 습득 이후에 보다 넓은 마을의 문화 안으로 인도되어진다.

여기에서 집-마당-골목-마을-세계로의 사회화의 점진성과 단계성이 확인된다.

```
    집,                              울,    골목,    마을    세계

안채          사랑채              마당
가족  친족/동일신분의 남성    이웃    경계    또래/이웃    이웃    남/비인간
```

이러한 관계의 점진적인 확대, 점진적인 사회화와 교육의 걸음걸이를 통해서 매우 중요하게 확인되는 것이 마당과 골목과 마을이다. 마당과 골목 마

을은 모두 이웃과 관련된 공간이다. 마당과 골목, 마을이 있음으로 해서 이러한 관계의 점진적인 확대가 보다 완만하고 자연스러운 과정이 된다.

마당이라는 집 안의 공간 안에서 집 밖의 사람과 관계하는 것은 울타리 밖에서 집 밖의 사람을 만나는 것과는 다르다. 자신에게 친숙한 공간, 가족의 가치관에 의해서 질서 지워지고, 가족들에 둘러싸인 공간 안에서의 만남이기에 그렇다. 자신을 낯선 공간과 낯선 사람들 사이에 노출시키지 않고 친숙한 환경에서 다른 요소들을 대하기 때문이다. 집 안, 울타리 안에 주어진 바깥과의 임시적인 관계 공간인 마당 안에서는 울타리 안의 입장에서, 울타리 안의 기준에서 외부와 관계할 수 있다.

골목은 집 밖에 있으면서 완전히 집 밖이 아닌 공간이다. 문과 연결되어 있어서 언제든지 집 안으로 되돌아올 수 있는 영역이다. 또한 집 밖에 있으면서 다른 사람의 집에도 속하지 않고 큰길로 연결되기 전에 울과 울의 사이에 위치하면서 독특한 공간으로 자리하고 있다.

골목은 어린이들의 놀이터다. 그곳에서 어린이들은 또래들을 만나서 자기들의 세계를 만든다. 집이라는 친밀한 공간, 어머니의 공간, 안정의 장소가 인접해 있기에 어린이들은 골목 안에서 편안하다. 또한 낮은 울타리와 울타리의 불완전한 청각적인 차단효과로 인해서 어른들에 의한 어린이들의 보호와 감시가 언제나 가능한 공간이었다. 이러한 골목은 세계를 향한 어린이들의 첫 모험의 장소이며, 자기 나름의 장소를 만들어 가는 첫 공간이다. 그리고 또래라는 동류집단들과의 관계 형성을 통해서 가족 안에서 습득한 관계의 방식과 규범을 실험해 보는 장소이기도 하다.

그러므로 이러한 마당, 골목 등은 집이라는 중심으로부터 출발하는 관계의 확산의 과정에서 울안과 울 밖의 근본적으로 다른 세계를 매개하는 공간으로 자리 잡고 있다. 이러한 매개의 공간으로 인해서 관계의 확산의 걸음걸이는 보다 점진적이고 부드러운 과정으로 된다.

그렇지만 오늘날 우리의 주거환경에서는 이러한 점진적인 관계의 확산을 매개하는 영역들을 찾아보기 힘들다. 특히 도시주거에서 전통적인 형태의 마당과 골목은 더 이상 찾아보기 어렵다. 완전하게 벽으로 가로막힌 아파트의 공간구조뿐만 아니라 일반 주택에서도 마당과 골목은 더 이상 예전의 영역과는 다른 의미의 영역이 되었다.

오늘날의 삶에서 울타리 중심의 생활에서 확인되던 점진적이고 단계적인 인간관계의 확장 과정은 더 이상 확인되지 않는다. 울타리는 외부로부터의 영향을 차단하고 걸러 낼 수 있는 구조를 가지고 있었다. 어른들에게 비교적 자유롭고 어린이들에게 제한적이었던 문을 통한 출입과 낮은 울타리가 그것이다.

그러나 오늘날은 대중매체를 통해, 학교교육 최우선주의의 그릇된 풍토로 인해서 어른들에 의한 여과과정이 생략되는 경우가 많다. 사회의 여러 양태가 어른들의 여과작용 없이, 집 안의 규범 안으로의 일차적인 수용과정을 거치지 않은 채로 어린이들에게 직접 전달된다. 가족 단위의 소규모 문화의 고유성이 파괴되고 가풍, 가정교육 등의 중요성과 효과가 단절되고 있다. 도덕, 전통 등이 파괴되는 사회문제의 중요한 원인 중의 하나가 여기에 있다. 울타리가 없다는 것은 사회의 다양한 영향력을 걸러 줄 여과장치가 없어졌다는 것을 의미한다. 광범위한 사회로의 거침없는 입성은 예전의 가정의 울타리에 의한 사회화의 차단과 철저한 가정문화 안으로의 인도 이후에 사회로의 적응과정을 거치던 단계적인 절차가 파괴된 것이다.

아울러서 도시 사회에서 골목과 동네라는 상대적으로 광범위한 울타리의 상실이 어린이의 사회화 과정을 크게 변화시켰다. 전통사회에서 사회성원으로서의 사회화 과정은 보다 자연스럽고 순차적이며 생활 안에서 이루어지는 현장 중심의 과정이었다. 이에 비해서 오늘날의 사회화 과정은 학교라는 공적 제도적 인위적 장치 안으로 제한되었다. 생활과 사회화의 과정은 단절되었다. 마을 안에서 이루어지던 지역 성원으로서의, 직장의 성원으로서의 자연스러운 성장의 과정은 도시 사회의 가옥구조의 변화와 직업의 분화에 의해서 폐기되었다. 사회화 과정의 공식화는 생활교육의 총체성으로부터 단편화, 전문화, 세분화된 사회화의 과정을 만들어내고, 규격화된 인간형을 초래하고 있다. 불균형적이고 부분에 치우친 인간상을 만들어내고 있다.

둘째, 공동체에 기초한 삶과 교육이다. 울타리는 이중적인 의미에서 공동체 교육의 장소이다. 우선 공동공간으로서의 울타리 안의 삶, 집 안에서의 삶을 통해서 공동체의 윤리를 습득한다. 다음으로, 낮은 울타리를 사이에 두고 골목을 공유하는 이웃과의 관계를 통해서 공동체의 문화를 배운다.

울타리 안, 집 안은 공동의 공간으로서 가족의 공간이다. 이 공간 안에서 분명한 개인의 공간은 확인되지 않는다. 오히려 각 개인의 공간은 포기되고 철저하게 공간을 공유한다. 모두가 자신의 공간을 갖지 않음으로써 울타리 안 공간 전체, 집 안 전체를 전 구성원이 모두 소유한다. 공간의 공유의 원형이 울타리 안, 한국의 전통적인 서민가족에서 확인된다. 때로 남녀의 공간이 구분되기도 하지만 이 경우에도 남자의 공간은 모든 남성들의 공간이며, 여성의 공간은 모든 여성들의 공간이다. 각 개인에게 완전하게 소유된 공간이란 우리의 전통적인 주거 안에서는 확인되지 않는다.

공간의 공유는 그 안에 생활하는 사람들의 공간 사용에 대한 엄밀한 윤리의 습관화 없이는 불가능하다. 전체가 함께 소유하고 활용하는 공간에서 어떤 한 사람의 그릇된 습관과 자기주장도 전체 구성원에게 불편과 위기를 초래하기 때문이다. 따라서 전통사회의 집에서는 관계에 대한 민감성과 다른 구성원에 대한 배려가 지극히 발달되어 있다. 서로간의 관계를 확실하게 이해하고, 그 관계에 맞게 스스로 행동하는 규범 위에서 공동체의 공간이 유지되어 왔다. 또한 자기를 내세우지 않고, 언제나 공동체 전체를 생각하고, 공동체 안의 다른 사람들을 먼저 배려하는 마음이 우리의 울타리와 집을 유지시켜 왔다. 또한 집을 둘러싼 울타리를 경계로 그 밖에 속하는 이웃과의 관계에서도 이러한 원칙이 일정 정도 적용되었다.

울타리는 안과 밖의 경계를 가르고 구별한다. 그러면서도 울타리는 완전하게 안과 밖을 갈라놓지 않는다. 울타리에는 언제나 개방적인 부분이 있다. 열린 문이 있어 관계를 보장한다. 낮은 울타리는 언제나 바깥 세계에 열려 있으며 바깥 세계의 변화에 민감하다. 이러한 반개방성은 이웃과의 공동의 문화를 가능하게 한다. 그리고 이러한 반개방성이 그렇게도 친밀하고 푸근한 농촌사회의 정(情)의 문화를 만들어낸 한 요소로 작용했다.

그러나 오늘날 한국 도시생활에서 주거에서는 전통적인 의미의 '울타리'를 찾아보기 어렵다. 이는 울타리 밖의 세계에 대한 관계와 울타리 안에 대한 두 측면 모두에 해당한다. 먼저, 울타리 외부에 대한 관계에서 완전한 폐쇄성을 갖지 않고 언제나 부분적으로는 열려 있던 형태의 울타리가 사라져가고 있다. 골목을 향해 열려 있고 낮은 너머로 의사소통이 가능했던, 때때로 시각적인 접촉은 힘들어도 청각적인 소통은 언제나 제한적으로라도 허용되었던 울타리는 사라지고 없다. 울타리는 주택 자체의 외벽에 의해 대체되고, 외벽은 전면적인 차단으로 이웃과의 관계를 단절시킨다.

울타리 안의 영역도 전통적인 의미의 '울타리 안' 공간이 아니다. '울타리 안'은 전통적인 한옥이 지녔던 '소리의 문화', 즉 소리를 통한 의사소통과 시각의 완전한 단절을 배제했던 모습과 달리 개별공간들로 나뉘어져 있다. 공동주택이든 단독주택이든 오늘날의 주거에서는 한옥의 가변적이고 개방적 공간구성을 따르지 않고 있다. 각자의 방과 공간들은 고유한 기능들로 분화되고 고정되어 있고 필요에 의해 변형되고 일상적으로 공유되던 한옥의 공통공간과 유동공간으로서의 모습을 상실했다.

이러한 공간의 공유와 융통성, 개방성의 상실은 그 안에서 생활하는 사람들의 관계의 양상을 본질적으로 변화시킨다. 공유공간과 단절되지 않은 절충적 개방성의 공간에서의 생활과 완전히 단절된 공간에서의 생활은 근본적으로 다를 수밖에 없기 때문이다. 서로간의 관계를 중시하고 타인을 배려하는 것이 언제나 몸에 배어 있던 생활태도에서 개별적이고 독자적인 생활과 사고로 바뀐 것이다.

아파트에는 한국적인 울타리가 없다. 한국적인 '이웃 공간'이 없어진 것이다. 구분하면서도 서로 완전히 단절되지 않았던 종전의 구조가 사라진 것이다. 그 효과는 무엇인가? 아파트의 선호, 그것은 밀집사회에서 자신을 방어하려는 방어기제의 발동인가?

아파트와 같이 이웃과 비교적 완벽한 격리를 보장하는 주거형태는 전통적인 주거의 부분적으로 열린 공간이 가지고 있던 친밀성과 밀접한 상호작용을 불가능하게 만들었다. 따라서 이웃은 거리의 근접에도 불구하고 정서적으로 편안한 대상이 되지 못하고 스트레스를 주는 남이 된다. 이러한 울타리 없는 공간구조 안에서 우리 사회의 이웃 문화, 공동체 문화는 퇴보하고 있다. 이웃을 의식하고 배려할 필요가 없는 단절 속에서 공동체에 필요한 관계의 기법과 규범이 정착될 수 없기 때문이다.

끝으로, 이웃은 조심스러운 관계의 모색과 연습의 공간이다. 이웃은 울타리 안과 연결된 외부 공간이다. 지역공동체로서 울타리 안의 규범과 질서와 문화가 이웃의 문화와 언제나 연결되어 있다. 따라서 이웃 안에서의 관계는 새로운 세계로의 급작스러운 내던져짐이 아니다. 가족의 거주 공간인 울타리 안과 연결된 부드럽게 들어가고 나올 수 있는 공간이다. 그 공간 안에서 어린이들은 자신의 독자적인 관계를 모색한다. 절대적인 자율에 기초한 독자성의 배양이 아니라 이미 언제나 울타리 안, 가족의 공간과 규범에 연결된 이웃 안에서의 관계의 모색이다. 그러한 관계의 모색을 통해서 그는 자신의 관계능력과 관계를 통한 자기의 삶의 형성능력을, 그리고 함께 하는 관계와 삶으로서의 공동체의 형성 능력을 키워가는 것이다.

이러한 '이웃'이라는 모색 공간의 상실은 울타리 안에서 울타리 밖으로의 관계의 변화가 급작스럽게 되고, 낯선 관계 안으로 내던져지는 것을 의미한다. 오늘날 너무나도 많은 청소년들이 너무나도 쉽게 나쁜 관계 안으로 빠져들어서 자신의 삶을 그 그릇된 관계 안에서 망쳐버리고 마는 것은 이러한 관계의 모색의 공간으로서의 '이웃'이 상실되었기 때문이다. 가정과 학교라는 단절된 영역과 절대적으로 보호된 폐쇄적 울타리만 존재하고, '이웃'이라는 건전한 지역사회가 존재하지 않는 현실이 관계능력의 미성숙과 그로 인한 관계의 실패와 사람됨의 위기를 초래하고 있다.

이러한 문제의식에 기초해서 이 시대의 교육이 감당해야할 과제를 제시하면 다음과 같다.

첫째, 이웃을 회복하기 위한 노력이다. 이것은 우선적으로 성인들의 책임이며, 사회적으로 폭넓은 노력을 필요로 한다. 이웃이 회복되기 전에는 우리 사회가 안전하고 바람직한 관계를 위한 장소가 될 수 없고, 따라서 우리의 성장 세대들이 안전하게 세계와의 관계를 모색할 수 없다. 따라서 우리의 미래는 보다 혼란스럽고 위험한 관계들로 가득하게 될 수 있다는 위기의식에 기초해서 다양한 노력들을 기울여야 할 것이다. 지역사회에서의 다양한 관계 공간의 확보와 학교주변 환경의 개선 등이 이러한 노력의 한 부분이 될 것이다.

둘째, 관계를 다양하게 모색하는 활동과 관계능력을 키워주는 교육이 되어야 한다. 학교 안에서의 거의 모든 시간이 점수와 시험에 관련된 활동에 맞추어져 있다. 따라서 학교는 경쟁이라는 개념이 주도하는 공간이 되었다. 경쟁만이 주도적으로 학교를 이끌어 가는 개념이 될 때 그 안에서 인간과 인간의 전인격적인 만남의 시간과 공간은 고려될 수 없다. 삶과 사람됨의 다양한 측면과 진정하고 바람직한 사람됨에 대한 이해가 이루어질 때 경쟁을 벗어난 인간교육의 활동이 학교 안에서 이루어질 수 있다.

셋째, 관계에 대한 비판능력을 습득하게 하는 성숙한 길인도가 교육 안에서 이루어져야 한다. 이러한 과제는 곧 교사의 역할에 대한 새로운 정의를 가져온다. 교사는 단순한 지식의 전수자에 그치지 않고, 언제나 관계의 한 상대편이면서, 동시에 성숙한 관계의 능력으로 미성숙한 관계의 능력을 이끌어주고 그릇된 관계를 비판하고 그 잘못됨을 드러내어서 학생들이 새롭고 바람직한 관계로 나아갈 수 있도록 협력하는 관계의 조력자로 새롭게 이해된다.

5. 이상적인 존재의 질서, 자연[231]

울타리에서 드러나는 매우 중요한 특징 중의 하나가 자연에 대한 태도이다. 한국인에게 있어서 이상적인 공간이란 언제나 자연과 조화를 이룬, 자연의 음과 양의 기운이 조화롭게 어우러져서 그 조화의 좋은 영향이 인간에게 미칠 수 있는 곳이었다. 그래서 집터를 정할 때부터 천지자연의 기운이 조화롭게 만나는 곳인 길지를 택했다. 그 위에 집을 지을 때도 자연으로부터 가져 온 재료들을 최소한으로 가공해서 지으려 했다. 울타리의 재료도 자연에서 가져 온 것을 쓰고, 자연 그대로라고 할 수 있는 생 울타리를 가장 좋은 울타리로 여겼다. 또 자연을 향해서는 울타리를 두르지 않고 열어 두기도 했다.

집 안에 언제나 자연을 들여놓기 위해서 뜰을 조성하고 하늘이 내려와 땅의 기운과 결합할 수 있는 빈 공간으로 마당을 열어 두었다. 담장을 낮게 쌓아서 멀리 보이는 자연의 아름다움을 통해서 마음을 수양하고자 했다. 이처럼 한국의 집과 울타리에는 자연조화를 지향하는 마음이 가득 깃들어 있다. 울타리 안에서 자연에 대한 인간의 관계는 완전한 단절이나 차별이 아니라 관계적 대화적 상호작용적으로 이해된다.

그러므로 울타리를 만들고 그 안에서 살아가는 사람들에게 있어서 세계는 우선 '자연'이었다고 말할 수 있다. 그 자연은 음과 양의 이원적인 세계이면서 그 음과 양이 대립하는 것이 아니라 조화를 이룬 세계였다. 하늘과 땅, 산과 강, 집과 마당, 남자와 여자 등 세계의 모든 요소들은 음과 양으로 나누어서 이해할 수 있고, 그 요소들은 서로 쌍을 이루며 상보적이고 조화롭다. 그 조화 안에 융화될 때 인간은 그 조화의 혜택을 누릴 수 있다. 또 그 조화로움을 닮을 때 조화로운 인격, 바람직한 사람됨을 이룰 수 있다.

그래서 음과 양이 조화를 이룬 명당에 집터를 정했다. 음과 양이 조화를

---

231) 참조: 윤재흥, "전통주거에 반영된 조화적 자연관과 환경교육적 시사", 「한독 교육학연구」 5-1(2000. 10).

이룬 아름다운 산천을 찾아 땅을 일구고 집을 지으며 삶의 터전으로 삼았다. 또한 빼어난 경관을 찾아서 정자를 짓고 자연의 조화로움을 내면화해서 마음과 몸을 갈고 닦는 본보기로 삼고자 했다. 뿐만 아니라 거기에 삶의 뿌리를 두고 일상의 중심이 되는 집을 지을 때도 자연의 모습을 그대로 보존하면서 자연의 재료를 될 수 있으면 가공하지 않은 채로 사용했다. 자연을 집 안에 끌어들이고 바라보며 세계의 기본질서인 음과 양의 조화가 그 안에서 자연스럽게 이루어지도록 만들었다.

이와 같은 울타리를 통해서 울타리를 만든 사람들의 세계관을 이해하면 조화로서의 자연, 조화로움을 통해 인간에게 혜택을 주고 인간의 삶과 사람됨의 본보기가 되는 자연관을 찾을 수 있다. 이러한 자연관에서는 인간은 자연에 대해 절대적인 우위를 차지하는 존재라기보다는 오히려 자연을 모방하고 자연이 주는 혜택을 누리는 존재로 이해된다. 인간에 대해 자연이 동등하거나 우선적인 위치에 있고 자연 안에 구현된 질서를 인정하고 있음을 알 수 있다. 이는 앞에서 '성역' 부분에서 살펴본 바와 같이 자연을 신의 질서가 구현된 것, 신의 창조물로서의 조화로운 질서로 보는 시각과 같은 맥락이다.

이에 반해서 인간은 자연을 모방함으로써 스스로를 성숙으로 이끌어가야 하는 존재로 이해한다. 자연 안에서 심신을 수련해서 자연이 내포하고 있는 조화를 내면화해야 하는 존재이다. 이미 조화로운 완성된 자연에 대해 인간은 부조화된 미완성의 존재로 파악되는 것이다.

이러한 자연이해 안에서는 자연과 가까워질수록 자연을 닮으면 닮을수록 인간은 보다 성숙하고 조화롭게 자신의 내면을 도야한 존재로 될 수 있다. 따라서 언제나 자연을 가까이 하려하고 자연과 닮은 모습으로 생활공간을 만들고 정돈하려 했다. 자연의 요소가 우리의 전통주거에서 그렇게도 빈번하게 확인되고, 또 대표적인 특성으로 거론되는 것은 이와 같은 이해가 그 바탕에 있다고 하겠다.

생활환경 속에 언제나 자연이 들어와 있었기 때문에 어린이들의 생활을 통해서, 가장 친밀한 환경 안에서 자연과 벗할 수 있게 된다. 성장기 전체를 자연적인 환경이 주는 다양한 변화와 자연의 대상들과 관계했던 아름다운 추억들로 채워가게 된다. 별도의 인위적인 교육이 없더라도 이미 삶 자체가 자연을 소중하게 여기고, 자연을 자신의 삶의 한 구성요소로 여기게 된다.

자연과의 관계를 통해서 자신의 삶을 풍요롭게 하고, 자연을 바라보면서 자신의 내면을 바르게 가다듬고자 했던 어른들의 자연관이 삶 속에서 저절로 성장 세대들에게 전달될 수 있었다. 자연을 위한 공간을 언제나 울타리 안에 설정한 생활환경과, 자연과의 조화로운 관계를 삶의 한 중요한 요소로 생각하고 실천했던 어른들의 생활을 통해서 어린이들은 생활 안에서 자연 사랑을 체험하고 내면화했던 것이다. 이처럼 울타리는 생활을 통한 자연교육의 장소였다.

자연친화적인 울타리, 울타리 안에서 저절로 습득되는 자연과의 조화와 자연과의 친밀함은 학교교육에 우선해서 생활 속에서 이루어지는 교육의 중요성을 강조한다. 어린 시절에 자연과 가까이 있음의 중요성을 강조한다. 익숙해져 있음, 친숙함, 생활 속에 언제나 들어와 있는 것은 그것에서부터 분리될 때 생활 속에서 없어질 때 반드시 분리의 고통과 그리움을 수반하게 된다.

따라서 생활 속에 함께 들어와 얽혀 있는 자연을 통해서 자연과 조화하는 삶의 태도를 갖게 하는 것이 가장 쉽고 철저하게 환경에 대한 사랑을 심어 줄 수 있는 교육방법이다. 우리의 삶 안에 언제나 들어와 있는 자연을 통해서 어린이의 삶 안에 자연을 접목시켜야 할 것이다. 이러한 과정을 통하지 않을 때, 환경 교육과 자연에 대한 사랑은 힘겨운 과제이며 부자연스럽고 비본질적인 것이 된다.

어린이의 삶이 인간의 전 생애의 토대를 마련하는 기간이 지나기 전에, 그들의 삶이 어떤 특정한 삶의 양식에 의해서 규정되고 각인되기 전에 어린이들의 삶에 자연을 가까이 베풀어 두는 것이 필요하다. 인위적이고 강제적인 교육은 언제나 불편한 과정이고 재미없는 과정이다. 생활 속에서 언제나 가까이 있는 당연한 것으로 자연을 벗하게 하는 것이 가장 효과적인 교육일 것이다.

이와 함께 강조되어야 할 것이 어른들의 자연에 대한 이해의 방식이다. 먼저 어른들의 내면에서 자연에 대한 바람직한 이해가 전제될 때 어린이의 자연에 대한 이해를 자연스럽게 인도할 수 있다. 이런 점에서 울타리는 좋은 유산이다. 울타리 안에 내포된 자연 친화적인 태도와 세계에 대한 조화로운 이해가 어느 정도 지금의 우리들에게도 남아있다고 생각하기 때문이다.

제8장 결   론

　이 연구는 울타리에 반영된 공간구조와 의식구조를 살펴보고 그 교육인간학적인 의미를 밝히는 것을 목적으로 하였다. 이러한 목적을 달성하기 위해서 세 가지 연구문제를 설정하였다. 첫째, 한국인의 일상적인 생활 속에서 발견할 수 있는 울타리의 모습을 고찰해서 그 공간구조와 인간관계의 특징을 밝힌다. 둘째, 그러한 공간구조와 인간관계의 특징을 바탕으로 한국인의 의식구조와 인간이해의 특징을 밝힌다. 셋째, 울타리에 포함된 인간이해의 교육인간학적인 의미를 해명한다.

　여기에서는 이러한 세 가지 문제를 중심으로 앞서의 연구결과들을 정리한다.

　먼저, 울타리가 갖는 특징은 다음과 같이 몇 가지로 정리할 수 있다.

　첫째, 울타리는 안과 밖을 나눈다. 안은 집, 가족, 우리의 영역이고 밖은 낯설고 혼돈스럽고 어둠이 지배하는 남의 영역이다. 따라서 안과 밖의 구별은 이미 가치 판단을 포함하고 있고 그에 따라서 관계의 양식 또한 차별적이다.

　둘째, 울타리 안의 공간은 가족 공동생활의 공간이며 삶의 중심이다. 한 사람이 태어나서 그의 삶을 시작하는 곳이며 공존을 위한 관계능력을 배우는 곳이다. 아울러서 이곳에서는 인간의 전 생애에 걸친 활동들이 울타리가 제공하는 확고한 중심에 기초해서 나아감과 들어옴의 순환적인 과정으로 전개된다. 그와 병행해서 삶과 사람됨의 세계를 향한 확산과 수렴도 동시에 이루어진다.

　셋째, 울타리는 분명하게 경계를 나누지만 완전하게 차단하지는 않는다. 경계를 나누고 폐쇄적으로 방어하는 특성이 있는 반면 개방성을 또 다른 기본적인 구조로 내포하고 있다. 낮은 담, 마당과 골목 등의 요소가 울타리의 부분적인 개방성을 보여 준다. 개방성을 통로로 울타리의 폐쇄성 안에 머무르지 않고 세계와의 관계를 통해 존재의 성숙을 이룩한다. 이 개방성은 이웃이라는 울타리 밖의 지역공동체와 자연이라는 긍정적인 세계이해를 반영한다.

다음으로, 울타리에 반영된 인간이해는 울타리와 '우리'의 비교를 통해 고찰하였다. 이를 통해서 '우리'와 '울타리'의 관계와 '울타리'와 '우리'가 한국인의 인간이해와 관련해서 어떤 의미를 갖는지를 파악하고자 하였다. '우리'의 특징은 다음과 같이 정리되었다.

첫째, '우리'는 같음과 다름을 기준으로 '우리'와 '남'의 경계를 나누고 차별하는 특징을 가지고 있었다. 우리는 '같음'을 매개로 형성된 관계다. 우리는 같음이 확인되면 급격하게 친밀한 관계를 만들어가고 그 안에서 안주하려 한다. 반대로 같음이 확인되지 않을 경우에는 관계의 망에서 배제하고 남으로 취급해서 도외시한다. 우리를 확인하는 같음의 가장 중요한 요소로는 혈연이 있고, 그 다음이 지연이다. 혈연이 최우선적인 같음의 확인요소이자 우리의 결속요인이라는 사실은 우리가 가족중심적인 특징을 갖는다는 것을 말해 준다. 이것은 우리 사회의 가족주의적 성향과 남성중심성과 남녀차별의 사회적인 관계의 특징을 설명해 주는 기제가 된다. 혈연 다음으로 지연이 중요한 기준이라는 것에서 지역공동체가 한국인의 삶에서 매우 중요한 요소였음을 알 수 있다. 공동체 관계가 울타리의 경계를 넘어서 지역사회로 확대되고 있음을 보여준다.

둘째, '우리'는 인간관계의 기본 단위이며, 중심으로 작용한다. '우리'는 서로 굳게 결속되어 있어서 분리될 수 없는 나와 나의 동질집단의 모임이다. 따라서 언제나 나는 동질집단과 함께 사유되고 행동한다. 우리와 분리된 나는 존재하지 않는다. 그리고 이러한 집단적인 단위로서의 우리가 삶의 모든 관계와 사유의 기본단위가 된다. 우리는 집단지향적인 인간이해이며 사고방식이다.

셋째, '우리'는 관계지향적인 인간관계이며, 사유방식이다. 울타리 안이 적극적인 관계의 공간이고 언제나 관계를 배려하는 공간인 것처럼, 우리 안에서도 언제나 관계를 염두에 두고 있다. '우리'는 운명적 정서적인 관계로 결속되어 있어서 끊어질 수 없는 유대를 형성한다. 우리 안에서 모든 성원들은 자기를 주장하지 않음으로써 더 넓고 큰 자아인 우리를 성취하고 그 안에서 안정을 얻는다. 따라서 관계 안에 흡수되지 않는 돌발성, 독특함은 우리의 결속을 방해하고 곧바로 다른 구성원들의 안정을 침해하는 요소로 이해된다. 관계는 우리 안에서 생존의 전략이며, 필수적 기술이다. 우리는 동화에 충실한 사유이며, 자기 수렴적인 사유이다.

또한 '우리'는 삶의 기본적이고 본질적인 범주이면서 삶의 전반을 포괄하는 인간이해와 사유의 기본적인 단위이다. 우리에 기초한 삶이 한국인의 진정한 삶이고, 삶의 전부이다. 따라서 우리중심의 관계적인 삶은 한국인 그 자체다. 우리로 사유하고 산다는 것은 삶의 전체를 그렇게 사유하고 산다는 것이다. 우리 안에 삶 전체가 들어와 있다. 우리 안에서의 관계지향성은 한국인의 삶 전체로 확대되어 있다.

넷째, '우리'라는 공동체는 존재 형성의 요람이요 세계를 향한 존재의 도전과 성장을 위한 안정의 공간이다. 우리라는 근원적인 인간관계 안으로 인간은 태어난다. 그 근원적인 관계의 다양하고도 깊이 있는 결속 안에서 인간은 비로소 한 인간존재로 형성되며 그 공동체 관계의 질서와 규범을 습득한다. 그 안에 자신의 자리를 마련함으로써 존재 유지의 발판을 마련한다. 아울러서 그 관계의 확고함이 주는 안정에 기초해서 넓은 세계 안에서 자신의 삶과 존재를 성숙시키게 된다. 따라서 한국인의 삶의 구조, 존재의 구조는 우리가 중심을 차지하는 구조이다. 아울러서 우리의 근원적인 형태가 가족이라는 점에서 가족주의적인 사유가 한국인의 존재의 근원적인 모습이며, 가족의 규범이 곧 한국인의 삶의 기본적인 규범이 됨을 알 수 있다.

끝으로, 울타리의 교육인간학적인 의미는 울타리의 공간구조와 의식구조의 특징을 드러내는 몇 가지 개념을 중심으로 정리하였다. 그러한 개념은 중심, 거주, 관계, 이웃, 자연 등이다.

첫째, 울타리는 중심이다. 세계 안에 던져진 존재로서의 인간이 그의 삶과 존재를 뿌리내릴 수 있는 기준점이다. 중심이 부여하는 안정에 기초해서 세계와 관계하고 다시 중심으로 돌아온다. 삶은 중심으로부터의 확산과 다시 중심으로 돌아오는 수렴의 반복적인 과정이다. 중심과 관련해서 파악하면 인간은 세계 안에서 특정한 공간을 정하고 그곳에 뿌리내리고 사는 존재이다. 존재 자체를 어떤 특정한 공간에 연결시키고 그 연결의 확고함에 기초해서 자신의 삶을 확장해 가는 존재로 이해된다. 이 중심에 기초해서 삶과 교육이 이루어진다.

따라서 이러한 중심과 관련해서는 공간과 세계 안에 자신의 중심으로서의 집을 건설하는 능력이 문제가 된다. 그것은 곧 공간과의 관계능력이고 다른 인간과의 관계능력을 동시에 의미한다. 또한 세계 안에서 인간이 아닌 다른 존재들과 공간을 공유하는 문제로 확대된다. 이는 곧 환경교육과 평화교육의 문제로 연결된다.

둘째, 울타리는 또한 거주의 장소이다. 거주는 두 가지 핵심적인 요소로 이해된다. 하나는 특정한 장소를 정하는 것이고, 다른 하나는 그곳에 머무르면서 지속적으로 관계하는 것이다. 특정한 장소를 정하고 지속적으로 그 장소와 관계함으로써 인간은 그의 몸과 영혼을 그 장소에 귀속시킨다. 그러한 지속적인 관계를 통해서 그 장소는 몸의 연장선상에 있게 되고 영혼이 그곳에 깃들게 된다. 따라서 그 장소는 집이 되고 어머니의 품이 되고 고향이 된다.

아울러서 거주는 가족이 공동으로 기거하는 장소이다. 거주는 단순한 특정한 장소에 지속적으로 머무르는 것일 뿐만 아니라 그 안에 함께 하는 가족이 있음으로 말미암아 완성된다. 사랑을 통해서 각자가 자신의 공간을 포기하고 함께 공간을 소유한다. 그리고 그 공간 안에서 지속적으로 함께 작용함으로써 인간은 가족 안에서 자신을 형성하며 가족과 자신을 동일시하게 된다. 이러한 거주와 관련해서 특정한 공간 안에 자신의 존재를 뿌리내리는 존재로서의 인간을 확인한다. 아울러서 가족 안에서 공동생활을 통해서만 진정한 인간으로 될 수 있는 인간의 내적 본질을 확인할 수 있다.

　이러한 거주의 이해 안에서 가정교육의 근원성과 우선성과 공간 안에서 공존하는 능력으로서의 공동체 교육의 중요성을 확인하였다. 아울러서 가정교육의 근원성을 위협하는 첫 번째 요소가 대중매체라는 인식에서 매체비판이 곧 교육의 중요한 과제 영역의 하나로 부각된다.

　셋째, 울타리는 관계의 매개 공간이다. 울타리가 매개하는 관계는 세 차원으로 구분될 수 있다. 먼저, 울타리는 가족이라는 공동체를 통해서 존재의 기본을 형성하는 관계를 제공한다. 다음으로 울타리는 그 안에 속한 사람이 자신의 주어진 세계 안에서 이미 있는 관계에 충실함으로써 자신의 존재를 보존하게 하는 역할을 한다. 이것은 울타리가 매개하는 관계의 두 번째 차원이다. 끝으로, 울타리는 개방적인 통로인 마당, 골목, 낮은 울타리 등을 매개로 세계와 관계한다. 이를 통해서 울타리 안에 속한 존재의 변화와 성장을 가능하게 한다.

　이러한 울타리가 매개하는 관계의 세 차원은 인간의 삶 전체를 포괄하는 것이며, 존재의 형성과 보존과 변화라는 존재 일반을 포괄하는 것이다. 이와 관련해서 인간은 관계 안에서만 진정한 의미의 존재일 수 있다고 이야기할 수 있다. 다시 울타리와 관련해서는, 울타리가 매개하는 관계의 세 차원 안에서 전체적이고 건전한 존재로 될 수 있다고 말할 수 있다.

　울타리가 매개하는 관계의 세 차원과, 관계와 존재의 필연적인 연관으로부터 오늘날의 교육에 부여된 과제가 분명하게 드러난다. 산업화, 도시화로 특징되는 현대사회는 관계공간의 축소, 긍정적인 세계이해의 상실, 그에 따른 관계능력의 약화 등을 초래하였다. 이에 따라서 관계를 통한 존재의 형성, 변화, 성장의 세 차원 모두가 왜곡되거나 위협받고 있다고 이야기할 수 있다. 따라서 관계능력을 길러주는 것이 교육에 있어서 의도적이고, 힘겨운 노력을 수반하는 과제로 새롭고도 중요하게 부각된다. 아울러서 개방적인 세계이해와 관계능력의 표상으로서의 교사의 역할에 대한 새로운 인식을 요청한다.

　넷째, 울타리의 개방성과 긍정적인 세계이해로부터 '이웃'이라는 독특한 인간이해에 도달하였다. 울타리와 관련된 인간상은 크게 '우리', '이웃', '남'의 셋으로 구분할 수 있다. '우리'는 울타리 안에 속한 사람들이다. '이웃'은 울타리 밖에 있으면서 울타리 안과 관계하는 사람들이며, 마당과 골목과 마을이 이웃과 관련된 공간이다. '남'은 완전한 울타리 밖의 사람들로서 우리와는 별개의 사람들이며, 관계 밖의 사람들이다. 이러한 세 가지 인간상 중에서 울타리와 관련해서 특징적이고 의미 있는 인간상이 '이웃'이다. 이웃은 울타리가 지닌 개방성의 특징이 내포하고 있는 인간이해이다. 울타리는 분명하고 철저하게 경계 짓지만 비교적 개방적이다. 울타리의 개방성은 울타리 밖의 사람들에 대한 긍정적인 이해를 반영한다. 경계 밖에 있지만 완전히 단절되어 있지 않은 적극적인 관계의 대상이며, 지역공동체의 구성원이다. '이웃'과 관련해서 우리는 삶의 공동성과 지역공동체 안에서 이루어지는 공동체 교육의 중요성, 삶과 교육의 점진적인 질서를 교육인간학적인 의미로 파악할 수 있다.

다섯째, 울타리의 개방성이 포함하고 있는 세계이해의 독특성은 '자연' 개념을 통해서 분명해진다. 울타리는 인간에 대해서는 경계를 나누지만 자연과는 구별하지 않고 조화하려고 했다. 또한 울타리를 만드는 사람들은 자연과의 관계 안에서만 바람직한 사람됨을 형성할 수 있다고 보았다. 세계 전체를 음과 양의 조화로 보고, 조화 안에서만 안정과 번영이 가능하다고 생각한 전통적인 세계관이 울타리 안에 그대로 스며들어 있었다. 이러한 자연이해 안에서 삶과 교육은 자연과 어울리고 동화되어 있었다. 일상적인 삶의 현장에서의 자연교육, 사람됨 속에 언제나 함께 들어와 있는 자연, 인간 이외의 다른 존재와의 공존을 이상적인 삶으로 생각하는 공존의 능력 등이 중요한 교육적 의미로 파악되었다.

이 연구를 통해서 우리는 울타리가 한국인의 삶의 기본적인 범주로서 공간 안에서 이루어지는 일상뿐만 아니라 인간관계와 사유의 중심임을 보았다. 이러한 울타리를 중심으로 한국인의 삶 전체가 이루어지며, 울타리 안에서 만들어지고 적용되는 원리들이 한국인의 삶을 포괄하는 원리가 됨을 보았다.

따라서 울타리가 중심이 되는, 울타리가 기본이 되는 삶이 한국인의 고유성의 근원이라고 할 수 있다.

울타리의 특징 중에서도 개방성과 관계가 교육적으로 중요한 의미를 갖는다. 관계는 인간이 인간으로 존재를 확립하는 통로이며, 자신의 존재를 자기가 속한 집단과 자신의 영역과의 관계를 통해서 충실하게 유지하는 보존의 통로이기도 하다. 또한 그러한 기존의 관계가 주는 안정에 기초해서 세계와의 개방적인 관계 안에서 기존의 존재 안에 머무르지 않고 새로운 변화와 성장으로 자신을 매개하는 통로이다. 관계는 형성, 보존, 변화의 세 차원에 걸쳐서 인간의 삶과 사람됨을 규정한다.

그리고 이 세 차원과 관련해서 중심, 거주, 이웃, 자연의 개념들이 함께 설명되고 이해된다. 중심은 인간의 세계와 관계하는 과정에서 근거가 되고, 다양한 관계 안에서 자신의 존재를 상실한 채 원심력에 의해서 흩어져 버리지 않게 하는 근거로 작용한다. 중심에 기초한 관계를 통해서 인간은 자신의 존재를 세계 안에서 근거지울 수 있다. 거주는 가족이라는 근원적인 관계집단과 더불어 특정한 장소에 머무르고 지속적으로 함께 작용함으로써 존재의 기본적인 구조를 그 안에서 형성하고 또 그 관계 안에 머무름을 통해서 존재를 영속적으로 이어가는 활동으로 이해할 수 있다. 이웃과 자연은 관계중심으로, 상호 연관되어 분리될 수 없고 언제나 나와 관계되어 있거나 혹은 잠정적인 관계의 대상으로 긍정적으로 이해된 인간과 세계이다. 그러한 긍정적인 세계, 가족 안에서 협소하고 특수하게 형성된 존재로부터 벗어나 보편과 관계하고 존재의 성숙을 성취할 수 있다.

따라서 관계는 매개공간으로서의 울타리의 공간구조와 개방적인 세계이해에서 찾아낼 수 있는 핵심개념이라고 할 수 있다. 관계 개념 안에서 인간은 근본적으로 다른 존재와 세계와의 관계를 통해서만 자신의 존재를 획득하고 또 존재를 지속할 수 있음은 물론 보편과 성숙으로 나아갈 수 있는 존재로 이해된다. 그러기에 울타리는 매개의 공간과 개방성을 기본적인 특징으로 구조화되어 있으며, 그 안에서 이루어지는 관계를 통해서 존재를 포괄적으로 규정한다.

　관계를 통해서만 진정한 존재일 수 있고, 또 존재를 유지할 수 있고 관계의 개방성 안에서 보편성에 연결되고 성숙할 수 있는 인간의 존재해명으로부터 교육에 있어서 긍정적이고 개방적인 세계이해와 관계능력의 획득이 중요하고도 새로운 과제로 확인되었다. 관계를 중심으로 이해된 인간이해 안에서 교육은 관계능력을 매개하고 관계에 대하여 자신을 개방하는 능력, 세계에 대한 긍정적인 이해와 타자의 세계에 대한 인정과 대화능력을 함양하는 활동으로 이해된다. 교사는 관계의 매개자로, 긍정적인 세계이해와 관계에 대한 개방성의 표상으로서 미성숙한 존재인 어린이와 청소년들을 세계의 다양성과 연관성에 눈뜨게 하는 협력자로 이해된다.

　긍정적인 세계이해와 관계능력의 매개가 교육의 중요한 과제로 확인될 때, 그리고 그러한 과제의 성취 안에서만 바람직한 인간 존재로서의 성장이 가능할 때 오늘의 교육 안에서 그러한 과제가 제대로 수행되고 있는지가 문제이다. 울타리에 의해서 자연스럽게 매개되던 긍정적 세계이해와 관계능력의 습득은 오늘날 울타리의 폐쇄성의 증대와 매개공간이자 관계를 위한 중간세계인 마당과 골목의 공간구조의 변질과 상실 안에서 함께 상실되고 말았다. 따라서 관계와 관련된 이러한 두 과제는 교육 안에서 의도적이고 힘겨운 노력을 요구하는 일이 된다.

　교육이 지식의 전수와 경쟁력의 향상을 위한 수단으로 이해되는 현실에서 이러한 과제에 대한 이해와 의도적인 노력은 더욱 힘겨운 과제일 수밖에 없다. 그럼에도 불구하고 인간의 전체적인 성숙을 도모하는 교육의 근원적인 과제와 교육의 현장에서 비인간화의 심화와 비례해서 점차적으로 증대하는 인간화에 대한 요구에 귀 기울일 때 이러한 과제에 대한 이해와 노력은 보다 절실해 진다. 또한, 개별적인 존재의 전인적인 성장의 문제만이 아니라 다른 인간과의 공존과 세계 안에서 다른 존재들과의 공존의 문제에 대한 해결의 실마리도 개방적인 세계이해와 관계능력의 매개 안에서 찾을 수 있을 것으로 생각한다.

아울러서, 교육인간학의 근본 전제인 인간중심의 태도와 인식론을 철저하게 고수하면서 우리의 삶 가운데 간직되어 있는 인간이해를 드러내고 체계화하는 작업들이 다양하게 이루어져야 한다. 인간이해의 개방성의 전제에 기초해서 교육을 학교 안에서 이루어지는 제도교육 중심으로만 이해하는 태도에서 벗어나서 삶의 전반과 관련된 주제들로 교육연구의 시야를 확장하는 노력이 필요하다. 전체적인 사람됨과 포괄적으로 연결되어 있는 일상으로부터 인간 본질을 구성하는 다양한 특징들을 밝혀내고 이를 통해서 전체 인간의 이해에 기여하고, 그 인간이해를 교육실천으로 되가져오는 연구들이 요청된다. 그러한 작업을 통해서 한국인의 삶과 교육의 근본적인 원리와 함축된 인간이해를 찾아낼 수 있다. 더 나아가서 보편적인 인간이해의 해명에도 기여할 수 있을 것이다. 또한 편협하고 단순한 인간이해에 폐쇄적으로 사로잡혀서 교육을 도구화하고 비인간화하는 현실을 비판하고 극복할 수 있는 포괄적인 인간이해를 끊임없이 추구해 갈 수 있을 것이다.

참고문헌

국내문헌

강영환, 『집의 사회사』, 서울: 웅진출판사, 1992.

______, 『한국 주거문화의 역사』, 서울: 기문당, 1994.

______, "韓國 傳統住居에 나타난 陰陽觀", 「민속학 연구」 4호(1997), 133-149쪽.

강헌규, 『韓國語 語源硏究史』, 서울: 집문당, 1988.

김경동 외, 『한국사회과학방법론의 탐색』, 서울: 서울대학교출판부, 1986.

김경동, 『한국인의 가치관과 사회의식: 변화의 경험적 추적』, 서울: 박영사, 1992.

______, 『한국사회 변동론』, 서울: 나남, 1993.

김광언, 『韓國의 住居民俗誌』, 서울: 민음사, 1988.

김교태, "Otto F. Bollnow의 인간학적 교육학에 관한 연구", 석사학위논문, 경북대학교 대학원, 1974.

김민수, 최호철, 김무림 편, 『우리말 語源辭典』, 서울: 태학사, 1997.

김병길, 김계현, "Otto. F. Bollnow 教育思想에서 본 「집」의 教育人間學的 機能", 한국교육철학회(대구), 「교육철학」 9(1991), 5-45쪽.

김병옥, "교육인간학의 의의와 과제", 한국교육학회교육철학연구회, 『현대교육철학의 제 문제』, 서울: 세영사, 1981, 421-441쪽.

김상봉, 『학벌사회』, 서울: 한길사, 2005.

김선기, "한·일·몽 단어 비교", 「한글」 142(1968. 10), 7-51쪽.

김선양, 손인수, 이돈희, 한공우(편), 『한국교육학의 탐색』, 서울: 고려원, 1985.

김영근, "막스·쉘러(M. Scheler) 철학에 있어서 인간의 문제", 연세대학교매지학술연구소, 「매지논총」 제1집(1985. 2), 133-156쪽.

______, "현대의 인간학에 대한 일반적 고찰", 연세대학교매지학술연구소, 「매지논총」 제2집(1986. 2), 77-102쪽.

김영철, "建築을 통해서 나타나는 人間 存在의 定着과 集中", 「대한건축학회논문집」 11. 9(1995. 9), 3-14쪽.

김욱동 편, 『바흐찐과 대화주의』, 서울: 나남, 1990.

______, 『포스트모더니즘과 포스트구조주의』, 서울: 현암사, 1991.

김인회, 『한국인의 가치관』, 서울: 문음사, 1983.

______, 『敎育史 敎育哲學 講義 - 敎育의 歷史的 哲學的 理解』, 서울: 문음사, 1985

______, 『韓國巫俗思想研究』, 서울: 집문당, 1988.

김인회, 정순목, 『韓國文化와 敎育』, 서울: 이화여자대학교 출판부, 1974.

김정기, 『한국의 목조건축』, 서울: 일지사, 1992.

김종헌, 주남철, "韓國傳統住居에 있어서 안채와 사랑채의 分化過程에 대한 研究", 「대한건축학회논문집」 12. 2(1996. 2), 81-89쪽.

김주수, 이희배, 『가족관계학』, 서울: 진명출판사, 1982.

김주희, "한국 전통사회에 있어서의 이차집단의 성격 -그 연속 및 변화-", 한국문화인류학회, 「한국문화인류학」 제15집(1983), 29-41쪽.

김진균, "한국의 교육문화에 대한 사회학적 접근", 한국기독교사회연구원(편), 『한국사회변동연구 1』, 서울: 민중사, 1984.

남영신, 『우리말 분류 대사전』, 서울: 성안당, 1994.

박동환, 『동양의 논리는 어디에 있는가』, 서울: 고려원, 1993.

______, 『서양의 논리 동양의 마음』, 서울: 까치, 1989.

박선희, "조선시대 반가의 주생활과 공간사용에 관한 연구", 박사학위논문, 연세대학교 대학원, 1991.

박순영 편, 『사회구조와 삶의 질서』, 서울: 학문과 사상사, 1986.

박영순 외, 『우리 옛집 이야기: 한국 전통주택의 실내공간』, 서울: 열화당, 1998.

박용수 편, 『우리말 갈래사전』, 서울: 한길사, 1989.

박이문, "한국학의 방법론", 「정신문화」 12(1982, 봄), 72-85쪽.

백문식, 『우리말의 뿌리를 찾아서』, 서울: 삼광출판사, 1998.

손세관, 『都市住居 形成의 歷史』, 서울: 열화당, 1993.

송강호, "깨우침에 관한 교육인간학적 고찰", 석사학위논문, 연세대학교 대학원, 1988.

______, 『깨우침에 관한 교육인간학』, 서울: 학민사, 1988.

신영훈, 『한국의 살림집 上: 韓國傳統民家의 原形硏究』, 서울: 열화당, 1983.

______, 『한옥의 조형』, 서울: 대원사, 1989.

______, "울타리 - 인정이 넘나드는 '낮은 세상', 그 속에 자연을 품는다" 삼성문화재단, 「문화와 나」(1998. 7, 8월호), 30-32쪽.

안옥규, 『우리말의 뿌리: 알고 쓰면 유익한 우리말 900가지』, 서울: 학민사, 1994.

양주동, "國語彙의 聲調美·構成美 - 대표 單語 10개·그 語原", 「세대」(1966. 11) 212-224쪽.

여중철, "同族集團의 諸 機能 - 慶北 月城郡 江東面 良洞里를 中心으로 -", 한국문화인류학회, 「문화인류학」 제6집(1973, 4년도 합병호), 109-130쪽.

오세철, 『한국인의 사회심리』, 서울: 박영사, 1982.

오인탁, "교육인간학의 문제와 방법", 「교육학연구」 8. 1(1970. 5), 28-36쪽.

______, "인간학적 비교: 이해지평의 정신과학적 확대", 「교회와 신학」 10(1978), 146-171쪽.

______, "교육학에 있어서의 인간학적 비교방법론 시론", 한국교육철학회, 「교육철학」 2(1980. 3), 131-151쪽.

218

　　　　，"교육철학의 제3영역으로서의 교육학 방법론 문제", 「한국교육학회 82 연차학술대회 발표논문 요약집」(1982).

　　　　，"교육인간학과 인간교육학", 한국교육학회 창립 30주년기념사업회 편, 『교육과 사색』, 서울: 정민사, 1983, 37-42쪽.

　　　　，"현대교육학연구의 좌표 – 이념과 사상의 측면", 「교육학 연구」 22. 2(1984. 9), 5-13쪽.

　　　　，"단계와 교육인간학", 박순영 외, 『이성과 결단 – 단계의 철학과 교육사상』, 서울: 문우사, 1985, 231-249쪽.

　　　　，"교육의 인간화", 「교육학연구」 24(1986), 31-37쪽.

　　　　，『현대교육철학』, 서울: 서광사, 1990.

오인탁, 김창환, 윤재흥, 『현대 한국 교육철학과 교육사학의 전개』, 서울: 학지사, 2001.

오인탁, 윤재흥, 『한국의 현대교육철학의 전개』, 서울: 성지출판사, 1992.

유초하, "전통의 계승과 사회역사적 요인에 대한 반성적 고찰", 『90년대 한국 사회의 쟁점』, 서울: 한길사, 1990, 365-366쪽.

윤사순, "한국인의 전통적 윤리관: 한국인의 전통윤리", 「정신문화연구」 22(1984. 가을호), 3-12쪽.

윤서석 외, 『현대사회와 가정문화』, 서울: 수학사, 1986.

윤장섭, 『韓國建築史』, 서울: 동명사, 1998.

윤재흥, "교육학 성격논쟁에 관한 학사적 연구", 석사학위논문, 연세대학교 대학원, 1991. 8; 『교육학의 성격논쟁에 관한 학사적 연구』, 서울: 성지출판사, 1992.

　　　　，"마당의 교육인간학적 고찰", 「연세교육연구」 12-1(2000. 1).

　　　　，"전통주거에 반영된 조화적 자연관과 환경교육적 시사", 「한독교육학연구」 5-1(2000. 10).

　　　　，"대화적 세계관의 인식론적 토대와 그 교육학적 의미", 「연세교육연구」 13-1(2001. 2), 171-190.

______, "인식론적 전제와 방법론에 비추어 본 교육인간학의 의의", 「교육철학」 26(2001. 8), 163-184.

______, "골목과 이웃의 교육인간학", 「교육철학」 27-1(2002. 2), 73-90쪽.

______, "집의 교육인간학: 전통 한옥을 중심으로", 「한국교육사학」 25-2(2003. 12), 53-73쪽.

______, 『우리 옛집, 사람됨의 공간』, 집문당, 2004.

______, "Bollnow의 교사관", 「한국교육사학」, 27-1(2005. 4), 51-73.

윤태림, 『한국인』, 서울: 현암사, 1993.

이광규, 『한국가족의 구조분석』, 서울: 일지사, 1975.

______, 『韓國의 家族과 宗族』, 서울: 민음사, 1990.

______, 『가족과 친족』, 서울: 일주각, 1992.

이규태, 『(續) 한국인의 의식구조(下) - 한국인의 멋의 뿌리는?』, 서울: 신원문화사, 1983.

______, 『재미있는 우리의 집 이야기』, 서울: 기린원, 1991.

이규호, 『사람됨의 뜻 - 철학적 인간학』, 서울: 제일출판사, 1967.

______, 『앎과 삶』, 서울: 연세대학교 출판부, 1971.

______, 『말의 힘』, 서울: 제일출판사, 1974.

______, 『교육과 사상』, 서울: 배영사, 1976.

______, 『현대철학의 이해』, 서울: 민영사, 1977.

______, 『대화의 철학: 진리에 이르는 길』, 시공사, 1999.

______ 편, 『실존과 허무』, 태극출판사, 1978.

이남덕, 『한국어 어원 연구 I - Ⅳ』, 서울: 이화여자대학교 출판부, 1985-1986.

이수원, "한국인의 인간관계와 情空間", 「현대사회」 26(1987. 여름호), 146-157쪽.

이종각, 『한국교육학의 논리와 운동』, 서울: 문음사, 1990.

이형행, 『신교육행정론』, 서울: 문음사, 1992.

이효재, 『가족과 사회』, 서울: 경문사, 1983.

장보웅, 『한국의 민가연구』, 서울: 보진재출판사, 1981.

장승희, "위기현상에 대한 교육철학적 고찰 -O. F. Bollnow의 실존적 교육사
상을 중심으로-", 석사학위논문, 고려대학교 대학원, 1981.

정동오, 『한국의 정원: 韓國園林硏究』, 서울: 민음사, 1988.

정영철, 이해성, "巫俗儀禮를 通해 본 濟州道傳統住居의 空間構造 및 意味에 관
한 硏究", 「대한건축학회논문집」 7. 1(1991. 2), 73-85쪽.

정영철, "韓國傳統建築의 人間中心的 特性에 관한 硏究", 「대한건축학회논문집」
12. 2(1996. 2), 99-111쪽.

______, "家庭信仰構造로 본 傳統住居의 空間構成에 관한 硏究", 「대한건축학회논
문집」 13. 2(1997. 2), 61-72쪽.

정재훈 외, 『한국의 옛 조경』, 서울: 대원사, 1990.

정혜영, "'교육인간학'의 대상영역과 과제", 「교육학연구」 29. 1(통권 63호, 1991.
6), 187-198쪽.

______, "독일교육학 안에서 '교육인간학'의 성립과 전개에 관한 연구", 박사학위논
문, 연세대학교 대학원, 1991.

______, 『교육인간학의 성립과 전개』, 서울: 성지출판사, 1991.

______, "한국에서 '교육인간학' 수용의 성격과 과제", 김인회 외, 『한국교육의
역사와 문화 재조명』, 서울: 학지사, 1993, 93-111쪽.

조경만, "農業에 內在된 自然/人間關係의 考察", 한국역사민속학회 편, 「역사민
속학」, 서울: 이론과 실천, 1992, 7-31쪽.

조성기, "韓國 傳統住宅의 안마당에 관한 硏究-神話的 思惟體系를 통하여",
「대한건축학회논문집」 11. 1(1995. 1), 71-80쪽.

조정식, "마당의 語意와 超越的 特性에 관한 연구", 「대한건축학회논문집」 12.
2(1996. 2), 91-97쪽.

조혜정, 『한국의 여성과 남성』, 서울: 문학과 지성사, 1988.

주남철, 『韓國建築美』, 서울: 일지사, 1983.

______, "韓國傳統建築에 나타나는 美的 特徵, 美意識, 美學思想", 고려대학교 한국
학연구소, 「한국학연구」 제4집(1992), 267-301쪽.

진교훈, 『철학적 인간학 연구(Ⅰ)』, 서울: 경문사, 1982.

차인석, 『사회인식론』, 서울: 민음사, 1990.

최길성, "巫俗에 있어서 「집」과 「女性」", 김인회 외, 『한국무속의 종합적 고찰』,
서울: 고려대학교 민족문화연구소, 1982, 93-125쪽.

최 백, "韓國의 집-그 構造分析: 큰집, 작은집 關係를 中心으로", 한국문화인류
학회, 「한국문화인류학」 제13집(1981), 119-135쪽.

최봉영, 『한국인의 사회적 성격(Ⅰ) -일반이론의 구성-』, 서울: 도서출판 느
티나무, 1994.

최승열, 『한국어의 어원』, 서울: 한샘, 1987.

최재석, 『한국인의 사회적 성격』, 서울: 개문사, 1976.

______, 『韓國家族研究』, 서울: 일지사, 1982.

한기언, 『韓國人의 敎育哲學』, 서울: 서울대학교출판부, 1988.

허재윤, 『인간이란 무엇인가』, 대구: 이문출판사, 1986.

홍형옥, "韓國 傳統住居生活 硏究(Ⅰ) -朝鮮時代 家族生活을 中心으로-", 「경
희대학교 논문집」 (인문·사회과학 편) 제11집 (1982), 47-68쪽.

______, "韓國 傳統住居生活 硏究(Ⅱ) -家族內 人間關係의 構造를 中心으로-",
「경희대학교 논문집」(인문·사회과학 편) 제14집(1985), 61-88쪽.

______, 『한국住居史』, 서울: 민음사, 1992.

외국문헌

Aronowitz, S. & Giroux, H. A., *Postmodern Education*, Mineapolis; Univ. of
Minesota Press, 1991.

Bachelard, Gaston, *L'air et les Songes*. 정영란 역, 『공기와 꿈 - 운동에 관한 상상력 연구』, 서울: 민음사, 1993.

―――――, *La Poétique de Léspace*. 곽광수 역, 『공간의 시학』, 서울: 민음사, 1990.

Bakhtin, Mikhail M., 이득재 편역, 『바흐찐의 소설미학』, 서울: 열린책들, 1988.

Bernstein, Richard J. Ed., *Habermas and Modernity*. Cambridge, Massachusetts: The Mit Press, 1985.

Bollnow, O. F. *Existenzphilosophie und Pädagogik*. Stuttgart, 1959.

―――――, *Existenzphilosophie und Pädagogik*. 이규호 역, 『실존철학과 교육학』, 서울: 배영사, 1967: 윤재홍 역, 기독언어문화사, 2001..

―――――, *Neue Geborgenheit-Das Problem einer Überwindung des Existentialismus*. 2 Aufl. Stuttgart, 1960.

―――――, *Pädagogische Atmosphäre. Untersuchungen über die gefühlsmäßigen zwischenmenschlichen Voraussetzungen der Erziehung*. Heiderberg, 1964.

―――――, *Pädagogik in anthropologischer Sicht*. 오인탁, 정혜영 역, 『교육의 인간학』, 서울: 문음사, 1988.

―――――, *Mensch und Raum*. 5 Aufl. Stuttgart, 1984.

―――――, Die philosophische Anthropologie und ihre methodischen Prinzipien. Hrsg. von Roman Rocek und Oskar Schatz, *Philosophische Anthropologie heute*. München, 1972, pp.19-36.

―――――, *Die anthropologische Betrachtungsweise in der Pädagogig*. Essen, 1965.

―――――, *Die anthropologische Betrachtungsweise in der Pädagogig*. 하영석, 허재윤 역, "교육학에 있어서의 인간학적 고찰방식", 『교육학과 인간학』, 서울: 형설출판사, 1977, 3-92쪽.

________, Die Lebensphilosophie, 백승균 역, 『삶의 철학』, 서울: 경문사, 1979.

________, *Philosophie der Erkentnis: Das Vorverständnis und die Erfahrung des Neuen,* 백승균 역, 『인식의 해석학: 인식의 철학 I』, 서울: 서광사, 1993.

________, *Das Doppelgesicht der Wahrheit: Philosophie der Erkenntnis,* 백승균 역, 『진리의 양면성: 인식의 철학 II』, 서울: 서광사, 1994.

Broom, Donald M., *Biology of Behavior: Mechanisms, Functions and Applications,* New York: Cambridge University Press, 1981.

Collingwood, R. G., *The Idea of History.* Oxford Paperbacks, 1966.

Critchley S. & Bernasconi R. Ed., *The Cambridge Companion to Levinas,* Cambridge University Press, 2002.

Davis, C., *Levinas. An Introduction,* Indiana: University of Notre Dame Press, 1996.

Dubos, René, *A God Within.* 김용준 역, 『內在하는 神』, 서울: 탐구당, 1988.

______, *Man Adapting.* 김숙희 역, 『적응하는 인간(下)』, 서울: 이화여자대학교 출판부, 1987.

Eliade, Mircea, *The Sacred and the Profane, The Nature of Religion.* 이동하 역, 『聖과 俗 - 종교의 본질』, 서울: 학민사, 1993.

______, *Images and Symbols: Studies in Religious Symbolism.* 이재실 옮김, 『이미지와 상징: 주술적 - 종교적 상징체계에 관한 시론』, 서울: 까치, 1998.

Evans-Pritchard, E. E., *Theories of Primitive Religion,* 김두진 역, 『원시종교론』, 서울: 탐구당, 1980.

Finkielklaut, A., L'humanité Perdue. 이자경 역, 『잃어버린 인간성 - 20세기에 관한 에세이』, 서울: 당대, 1997.

Fromm, E., *Escape from freedom,* London: Routledge & Kegan Paul, 1960.

Gadamer, Hans-Georg, *Wahrheit und Methode: Grundzüge einer*

Philosophischen Hermeneutik, in Gesammelte Werke, 5. Aufl. Tübingen, 1986.

______, Tr. by R. Sullivan, *Philosophical Apprenticeships*, Cambridge, Massachusetts: The MIT press, 1985.

Galvin Katheleen M. & Bernald J. Brommel, *Family Communication-Cohesion and Change*. 이재연, 최영희 공역, 『의사소통과 가족관계』, 서울: 형설출판사, 1990.

Giroux H. A., *Border Crossings: Cultural Workers and the Politics of Education*, London: Routledge, 1992.

Habermas, J., *Die Neue Unübersichtlichkeit: Kleine Politische Schriften, V*, Frankfurt am Main, 1985.

______, *Die Neue Unübersichtlichkeit*. 이진우, 박미애 역, 『새로운 불투명성』, 서울: 문예출판사, 1995.

Heidegger, M., *Sein und Zeit*. in Gesamtausgabe, Frankfurt am Main: 1977.

______, *Sein und Zeit*, 이규호 역, 『존재와 시간』, 서울: 청산출판사, 1974.

Hall, E. T., *The Silent Language*, N. Y.: Doubleday & Co., 1959.

Lacan, J. 권택영 엮음, 민승기, 이미선, 권택영 옮김, 『자크 라캉 욕망이론』, 문예출판사, 1994.

Landmann, Michael, *Philosophische Anthropologie. Menschhliche Selbstdeutung in Geschichte und Gegenwart*. Berlin 1969.

______, *Philosophische Anthropologie. Menschhliche Selbstdeutung in Geschichte und Gegenwart*. 진교훈 역, 『철학적 인간학: 역사와 현재에 있어서 인간의 자기해명』, 서울: 경문사, 1977.

Leslie, G. R., *The Family in Social Context*, New York: Oxford Univ. Press, 1973.

Levinas, E., 강영안 옮김, 『시간과 타자』, 서울: 문예출판사, 1996.

Levinas, E., 양명수 번역·해설, 『윤리와 무한』, 서울: 다산글방, 2000.

Maffesoli, Michel., *La Contemplation du Monde*. 박재환, 이상훈 역, 『현대를 생각한다 - 이미지와 스타일의 시대』, 서울: 문예출판사, 1997.

Norberg-Schulz, Christian, *Meaning in Western Architecture*, New York: Praeger Publishers, 1975.

Peursen, C. A. Van, *The Strategy of Culture-A View of the Changes Taking Place in Our Ways of Thinking and Living Today*. 오영환 역, 『문화의 전략 - 현대문화론의 철학적 과제 - 』, 서울: 법문사, 1979.

______, *Body, Soul, Spirit*. 손봉호, 강영안 역, 『몸 · 영혼 · 정신: 철학적 인간학 입문』, 서울: 서광사, 1985.

Plessner, Helmuth, *Die Stufen des Organischen und der Mensch: Einleitung in die philosophische Anthropologie*. 3 unveränderte Aufl., Berlin, 1975.

Polany, Michael, *The Study of Man*. Chicago: The University of Chicago Press, 1963.

Rapoport, Amos, *House Form and Culture*, Englewood Cliffs, N. J.: Prentice-Hall, Inc, 1969.; 이계목 역, 『주거형태와 문화』, 서울: 열화당, 1985.

Rorty, Richard M. Ed., *The Linguistic Turn. Essay in Philosophical Method*. Chicago: The University of Chicago Press, 1992.

Sarup, Madan, *An Introductory Guide to Post-Structualism and Postmodernism*, Georgia: The University of Georgia Press, 1989.

Saxton, Lloyd, *The Individual, Marriage, and the Family*, Belmont, California: Wadsworth Publishing Company, Inc., 1968.

Scheler, Max, *Die Stellung des Menschen im Kosmos*. 8. Afl, Darmstadt, 1975.

Setha, M. Low & Erve Chambers Ed., *Housing, Culture, and Design. A Comparative Perspective*. University of Pennsylvania Press, 1989.

______, *Housing, Culture, and Design. A Comparative Perspective.* 주거문화연구회 역, 『주거・문화・디자인』, 서울: 신광출판사, 1994.

Snow, C. P., *The Two Cultures: And A Second Look.* 오영환 역, 『두文化와 科學革命』, 서울: 박영사, 1982.

Sommer, R., *Personal Space: The Behavioral Basis of Design,* Englewood Cliffs, N. J.: Prentice-Hall, 1969.

______, *Personal Space: The Behavioral Basis of Design.* 이경회, 김정태 역, 『개인의 공간』, 서울: 기문당, 1996.

Störig, Hans J., *Kleine Weltgeschichte der Philosophie.* 임석진 역, 『세계철학사 下』, 왜관: 분도출판사, 1978.

Wallace, Robert A., *The Ecology and Evolution of Animal Behavior,* 2nd Ed. Santa Monica: Goodyear Publishing Co. Inc., 1979.

Wellmer, Albrecht, *Zur Dialektik von Moderne und Postmoderne: Vernunftkritik nach Adorno,* Frankfurt am Main, 1990.

Wilson, Edward O., *Sociobiology.* 이병훈, 박시룡 역, 『사회생물학: 사회적 진화와 메커니즘』 I, II, 서울: 민음사, 1989.

Wulf, Christoph., *Theorien und Konzepte der Erziehungswissenschaft,* München, 1983.

찾아 보기

개념 색인

· 저자 ·

윤재흥
(尹在興)

· 약 력 ·

연세대학교 교육학과를 졸업하고 동 대학원 교육학과에서 석사와 박사를
마쳤다. 현재 나사렛대학교 교직과 교수로 있으면서 교육개발지원센터장
을 맡고 있다.

· 주요논저 ·

「Bollnow의 교사관」
「집의 교육인간학」
「골목과 이웃의 교육인간학」
「마당의 교육인간학적 고찰」
「대화적 세계관의 인식론적 토대와 그 교육학적 의미」
「인식론적 전제와 방법론에 비추어 본 교육인간학의 의의」
『우리 옛집, 사람됨의 공간』
『교육학의 성격논쟁에 관한 학사적 연구』
『교육학 연구의 논리』(공저)
『교육의 역사 철학적 지평』(공저)
『새로운 학교문화운동』(공저)
『현대한국교육철학과 교육사학의 전개』(공저)
외 다수

울타리와 우리의 교육인간학

· 초판 인쇄	2006년 11월 20일
· 초판 발행	2006년 11월 20일
· 지 은 이	윤재홍
· 펴 낸 이	채종준
· 펴 낸 곳	한국학술정보㈜
	경기도 파주시 교하읍 문발리 526-2
	파주출판문화정보산업단지
	전화 031) 908-3181(대표) · 팩스 031) 908-3189
	홈페이지 http://www.kstudy.com
	e-mail(출판사업부) publish@kstudy.com
· 등 록	제일산-115호(2000. 6. 19)
· 가 격	25,000원

ISBN 89-534-5944-3 93370 (Paper Book)
　　　 89-534-5945-1 98370 (e-Book)